■ 知行经管系列 ■

中国对外贸易理论与政策

主　编　赵玉阁

副主编　梁　晶　梅锦萍

东南大学出版社
SOUTHEAST UNIVERSITY PRESS
·南京·

图书在版编目(CIP)数据

中国对外贸易理论与政策 / 赵玉阁主编. —南京：东南大学出版社，2014.2

（知行经管系列）

ISBN 978-7-5641-4692-4

Ⅰ.①中… Ⅱ.①赵… Ⅲ.①对外贸易-贸易理论-中国 ②对外贸易政策-中国 Ⅳ.①F752

中国版本图书馆 CIP 数据核字(2013)第 305778 号

中国对外贸易理论与政策

出版发行	东南大学出版社
出 版 人	江建中
社　　址	南京市四牌楼 2 号（邮编：210096）
网　　址	http://www.seupress.com
责任编辑	孙松茜（E—mail：ssq19972002@aliyun.com）
经　　销	全国各地新华书店
印　　刷	南京玉河印刷厂
开　　本	700mm×1000mm　1/16
印　　张	15.75
字　　数	309 千字
版　　次	2014 年 2 月第 1 版
印　　次	2014 年 2 月第 1 次印刷
书　　号	ISBN 978-7-5641-4692-4
定　　价	39.80 元

（本社图书若有印装质量问题，请直接与营销部联系。电话：025-83791830）

知行经管系列编委会名单

（按姓氏拼音排序）

主　任：赵玉阁

副主任：季　兵　　林　彬　　刘宏波　　张志军
　　　　赵　彤　　朱长宏

委　员：陈少英　　戴孝悌　　高振杨　　季　兵
　　　　林　彬　　刘宏波　　单以红　　沈　毅
　　　　席佳蓓　　许国银　　张美文　　张志军
　　　　赵　彤　　赵玉阁　　周　娇　　朱长宏

总 序

胡锦涛总书记在庆祝清华大学建校100周年大会上的讲话中,明确指出了全面提高高等教育质量的战略思路。全面提高高等教育质量,要坚持以提升人才培养水平为核心。高等教育的根本任务是培养人才。要从教育规律、教学规律和人才成长的规律出发,更新教育理念,把促进人的全面发展和适应社会需要作为衡量人才培养水平的根本标准,形成体系开放、机制灵活、渠道互通、选择多样的人才培养体系。

面对新形势对高等教育人才培养提出的新要求,我们一直在思索,作为新办本科院校经济管理专业在课程设置、教材选择、教学方式等方面怎样才能使培养的学生适应社会经济发展的客观需要。

顾明远先生主编的《教育大词典》对教材的界定为:教材是教师和学生据以进行教学活动的材料,教学的主要媒体,通常按照课程标准(或教学大纲)的规定,分学科门类和年级顺序编辑,包括文字教材和视听教材。由此可见,教材是体现教学内容的知识载体,人才的培养离不开教材。高质量教材是高质量人才培养的基本保障。

鉴于教材质量在高等教育人才培养中的基础地位和重要作用,按照高等院校经济类和管理类学科本科专业应用型人才培养要求,我们深入分析了新办本科院校经济管理类专业本科学生的现状及存在的问题,探索经济管理类专业高素质应用型本科人才培养途径,在明确人才培养定位的基础上,组织了长期在教学第一线从事教学工作的教师进行教材编写。我们在策划和编写本系列教材过程中始终贯彻精品战略的指导思想,以科学性、先进性、系统性、实用性和创新性为目标,教材编写特色主要体现在强调"新思维、新理念、新能力"三个方面。

1. 新思维

关注经济全球化发展新进程和经济管理学科发展的大背景,贯彻教育部《普通高等学校本科专业目录(2012年)》对经济类和管理类学科本科专业设置及人才培养的新要求,编写内容更新,汇集了国内外相关领域的最新观点、方法及教学改革成果,力求简明易懂、内容系统和实用;编写体例新颖,注意广泛吸收国内外优秀教材的写作思路和写作方法,图文并茂;教材体系完整,涵盖经济类和管理类专业核心课程和专业课程,注重把握相关课程之间的关系,构建完整、严密的知识体系。

2. 新理念

秉承陶行知先生"教学做合一"的教育理念,突出创新能力和创新意识培养;贯彻以学生为本的教学理念,注重提高学生学习兴趣和学习动力,如在编写中注重增加相关内容以支持教师在课堂中使用启发式教学等先进的教学手段和多元化教学方法,以激发学生的学习兴趣和学习动力。

3. 新能力

高素质应用型本科人才培养目标核心是培养学生的综合能力,本系列教材力图在培养学生自我学习能力、创新思维能力、创造性解决问题能力和自我更新知识能力方面有所建树。教材具备大量案例研究分析内容,特别是列举了我国经济管理工作中的最新实际实例和操作性较强的案例,将理论知识与实际相结合,让学生在学习过程中理论联系实际,增强学生的实际操作能力。

感谢参加本系列教材编写和审稿的老师们付出的大量卓有成效的辛勤劳动。由于编写时间紧等原因,本系列教材肯定还存在一定的不足和错漏,但本系列教材是开放式的,我们将根据社会经济发展和人才培养的需要、学科发展的需要、教学改革的需要、专业设置和课程改革的需要,对教材的内容进行不断地补充和完善。我们相信在各位老师的关心和帮助下,本系列教材一定能够不断改进和完善,在我国经管专业课程体系建设中起到应有的促进作用。

赵玉阁

2013 年 2 月 1 日

目 录

第1章 中国对外贸易的建立和发展 …………………………………… 1

第1节 中国对外贸易的建立 …………………………………… 1
第2节 中国社会主义初级阶段对外贸易的发展 ……………… 3
第3节 对外贸易在国民经济中的地位和作用 ………………… 6

第2章 中国发展对外经贸的基本理论 ………………………………… 9

第1节 邓小平理论是中国发展对外经贸事业的指导思想 …… 9
第2节 马克思主义的国际分工理论 …………………………… 13
第3节 马克思主义的国际价值理论 …………………………… 16
第4节 马克思主义的社会再生产理论 ………………………… 17
第5节 西方国际贸易理论 ……………………………………… 19

第3章 中国对外贸易发展战略 ………………………………………… 25

第1节 中国出口贸易的总体发展战略 ………………………… 25
第2节 中国进口贸易的总体发展战略 ………………………… 32
第3节 市场多元化战略 ………………………………………… 36
第4节 大经贸战略 ……………………………………………… 40
第5节 以质取胜战略 …………………………………………… 42
第6节 科技兴贸战略 …………………………………………… 44
第7节 我国近年来的贸易新战略 ……………………………… 47
第8节 我国对外贸易战略的缺陷及完善 ……………………… 54

第4章 中国对外贸易管理 ……………………………………………… 58

第1节 中国对外贸易管理的必要性 …………………………… 58
第2节 中国对外贸易管理发展概述 …………………………… 59

第 3 节　中国对外贸易管理的法制手段 ……………………………… 63
第 4 节　中国对外贸易管理的经济调控手段 …………………………… 69
第 5 节　中国对外贸易管理的行政手段 ………………………………… 77

第 5 章　中国服务贸易 ……………………………………………………… 83

第 1 节　服务贸易概述 …………………………………………………… 83
第 2 节　中国服务贸易的发展 …………………………………………… 89
第 3 节　我国发展服务贸易的对策 ……………………………………… 99

第 6 章　中国技术贸易 …………………………………………………… 102

第 1 节　知识产权制度 ………………………………………………… 102
第 2 节　国际技术贸易的程序 ………………………………………… 110
第 3 节　中国技术进口管理 …………………………………………… 113
第 4 节　中国技术出口 ………………………………………………… 118

第 7 章　中国对外贸易的促进措施 …………………………………… 122

第 1 节　促进出口的相关措施 ………………………………………… 122
第 2 节　促进进口的相关措施 ………………………………………… 131
第 3 节　出口管制的相关措施 ………………………………………… 136

第 8 章　中国对外贸易体制改革 ……………………………………… 138

第 1 节　中国对外贸易体制的建立和发展 …………………………… 138
第 2 节　中国对外贸易体制的改革 …………………………………… 143

第 9 章　中国对外贸易关系 ……………………………………………… 168

第 1 节　中国对外贸易关系的基本政策 ……………………………… 168
第 2 节　中国与主要发达国家的经贸关系 …………………………… 171
第 3 节　中国与发展中国家的经贸关系 ……………………………… 193
第 4 节　中国与独联体东欧国家的经贸关系 ………………………… 220
第 5 节　内地与港、澳、台地区的经贸关系 ………………………… 228

参考文献 ……………………………………………………………………… 242

后记 …………………………………………………………………………… 244

第1章 中国对外贸易的建立和发展

学习目标

了解中国对外贸易建立和发展历程;掌握对外贸易在我国国民经济中的地位;重点掌握对外贸易在我国国民经济中的作用。

第1节 中国对外贸易的建立

一、旧中国对外贸易的特征和性质

(一)旧中国对外贸易的特征

旧中国,在帝国主义列强的不断侵略下,我国的主权和领土完整遭到了严重破坏,对外贸易丧失了独立自主的地位,完全依附于帝国主义。其主要特征是:

1. 对外贸易被帝国主义和官僚买办资产阶级所控制、垄断

帝国主义列强窃取了在华各种特权后,外国资本大量涌入,势力迅速扩张,从而完全控制了中国对外贸易以及外汇、金融、航运、保险、商品检验等有关部门。中国的官僚买办资产阶级,也开办了各种垄断性的进出口贸易公司,它实际上是外国垄断资本在华的代理行。

2. 进出口商品结构完全适应帝国主义掠夺资源、倾销商品的需要

帝国主义国家凭借其特权,一方面任意从中国廉价掠取原料,另一方面又强行推销其制成品,严重打击了中国民族经济的发展。

3. 贸易对象集中于少数帝国主义国家

贸易对象主要集中在英、日、美、德、法、俄等少数国家。

4. 对外贸易长期入超和不等价交换

帝国主义国家对中国倾销商品,使中国对外贸易自 1877—1949 年的 73 年中,年年入超,加深了中国对帝国主义国家的屈从和依赖。帝国主义国家还凭借对中国外贸的控制权,肆意扩大中国进口制成品和出口原料产品之间的价格剪刀差,通过不等价交换,对中国人民进行残酷剥削和掠夺。

（二）旧中国对外贸易的性质

旧中国，我国的对外贸易完全依附于帝国主义列强，是半殖民地性质的对外贸易，完全丧失了独立自主的地位。

二、中国社会主义对外贸易的建立

新中国成立后，我国立即废除了帝国主义在华的一切特权，收回了被它们长期霸占的旧海关，建立了人民的新海关，取消了它们对外汇、金融、航运、保险、商检等方面的垄断，摧毁了它们对外贸的控制，实行了对外贸易统制，把对外贸易的独立自主权牢牢地掌握在中国人民的手中。同时，从没收对外贸易中的官僚资本、建立国营对外贸易企业以及改造私营进出口业等三个方面，全面建立起中国的社会主义对外贸易。

（一）没收对外贸易中的官僚资本

官僚资本是帝国主义的总买办，国家对它采取没收的政策。新中国接管了中央信托局、输出入管理委员会等旧政府的外贸机构，没收了蒋、宋、孔、陈四大家族官僚资本的外贸企业。官僚资本的外贸企业与官僚资本的工商企业在拥有资产方面有所不同，前者的主要资产是外汇，后者的主要资产是机器设备和厂房等。官僚资本的外贸企业所拥有的外汇，在人民解放战争胜利进行过程中，已全部被官僚资产阶级卷逃或汇出中国大陆。因此，所没收的官僚资本的外贸企业的资产是有限的。国家对它进行了民主改造和重新组织，使之转变为社会主义的国营外贸企业。

对于外国在中国的外贸企业，没有实施没收，允许其在服从我国政府法令的条件下继续经营。但是，由于它们都是依靠帝国主义特权起家的，在特权取消以后，难以经营，大都申请歇业，或作价转让给中国政府。

（二）建立国营对外贸易企业

在人民解放战争胜利进行中，官僚资本外贸企业的主要资产——外汇早已席卷一空，国家不可能依靠这些没收的外贸企业来进行对外贸易。新中国成立后，为了适应恢复国民经济、发展对外贸易的需要，依靠国家政权和整个社会经济的力量，在山东、东北、华北、华东等解放区进行对外贸易的基础上逐步建立起由中央人民政府贸易部领导的国营对外贸易企业，在对外贸易经营中起主导作用。

（三）改造私营进出口业

私营进出口业是建立在生产资料私人资本所有制基础上的，国家对它实行利用、限制和改造的政策。利用它们与资本主义国家厂商的贸易关系、经营进出口业务的经验与专长、对资本主义市场的熟悉和了解以及对许多出口商品的产销、加工、保管、运输等方面的丰富知识,限制它们的剥削和盲目经营,制止它们的投机违法活动,通过国家资本主义的道路,逐步把私营进出口企业改造成为社会主义对外贸易企业。

1956年,在全国公私合营高潮中,私营进出口企业也实行了全行业公私合营。合营后,根据社会主义对外贸易工作的需要,迅速对原来的商号进行合并改组,当时,全国共成立了54个公私合营对外贸易公司。这些公司的所有制发生了根本性质的变化,资本家原来占有的资产已经转由国家支配和使用,他们除了拿定息之外,已经不能支配这些资产。他们也不可能以资本家的身份去掌握经营管理权和人事调配权,合营公司已经基本上是社会主义性质的了。

从此,在我国对外贸易领域中,基本上完成了对生产资料私有制的社会主义改造,我国对外贸易已基本上是全民所有制。随着我国进入社会主义的初级阶段,我国社会主义的对外贸易也就全面确立了。

第2节 中国社会主义初级阶段对外贸易的发展

我国社会主义对外贸易的发展已有50多年的历史,进入社会主义初级阶段也有50年,在这50多年里,我国对外贸易的发展大体上经历了以下几个时期:

一、国民经济恢复时期(1950—1952年)

建国初期,经过战争的创伤,工农业生产遭到严重的破坏,国民经济濒临绝境,而帝国主义对我国采取敌视、孤立和封锁禁运的政策。在这种历史条件下,我国迅速同原苏联、东欧等社会主义国家建立和发展经济贸易关系,并同美国等主要资本主义国家进行针锋相对的反封锁禁运的斗争,及时进口了恢复和发展工农业以及交通运输所必需的重要物资和原材料,同时组织了农副产品和一些原料产品的出口。我国进出口总额从1950年的11.35亿美元增长到1952年的19.41亿美元。

二、第一个五年计划时期(1953—1957年)

从1953年起我国进入大规模的经济建设时期,国民经济的主要任务是集中主要力量建立我国社会主义工业化的初步基础。因此我国大力组织了前苏联帮助我国设计的156个大型项目及社会主义工业化所必需的工业器材和原材料等,同时,也发展了与东南亚和西方国家的贸易关系,进口了一些重要物资。至1957年,生产资料进口的比重已高达92%,出口除传统农副土特产品外,还增加了工业品和成套设备。1957年,我国进出口总额达31.03亿美元。

三、第二个五年计划和国民经济调整时期(1958—1965 年)

1958 年在国民经济"大跃进"的"左"的指导思想影响下,对外贸易也提高了指标。1959 年进出口总额猛增到 43.81 亿美元。从 1959 年开始遭到连续三年的灾害,再加上 1960 年中苏关系的恶化,使我国的国民经济发生了暂时困难,对外贸易也被迫大幅度连年下降,至 1962 年进出口总额降为 26.63 亿美元。党中央确定对国民经济实行"调整、巩固、充实、提高"的方针后,从西方国家进口了大量的粮食和其他市场物资,1962—1964 年消费资料进口的比重均高达 44%以上,对度过困难时期、保障人民生活需要起了重要作用。随着国民经济情况的好转,1965 年进出口总额恢复到 42.45 亿美元的水平。

四、十年动乱时期(1966—1976 年)

在这一时期里,由于"左"倾错误严重泛滥,国民经济遭到重大破坏,对外贸易处于停滞状态。1969 年,对外贸易总额只有 40.29 亿美元,1970 年以后,由周恩来、邓小平同志先后主持党中央日常工作,国民经济才有所恢复,加上当时比较有利的国际形势,使对外贸易有所上升,1976 年进出口总额为 134.33 亿美元。

五、社会主义建设新时期(1977—1992 年)

1978 年 12 月党的十一届三中全会召开以来,党把工作重点转移到社会主义现代化建设上来,实行"对外开放,对内搞活经济"的政策,着手经济体制的改革,我国国民经济得到了迅速的发展,对外贸易也获得大幅度的增长,经过十几年的发展,1992 年,在关贸总协定公布的 25 个主要贸易国家和地区中,中国位列第 11 位,进出口总额超过韩国、西班牙和前苏联。

六、社会主义市场经济体制建立时期(1993 年至今)

随着中国社会主义市场经济体制建设的不断加快,中国对外贸易额也呈现逐步增加的态势。1993 年世界进出口总额比上年下降了 1.5%,而我国进出口总额比上年却增长了 18.2%,达到 1 957 亿美元,占世界进出口总额的比重达 2.6%,在世界主要贸易国家和地区中继续保持第 11 位。1994 年世界进出口总额比上年增长 11.6%,但我国进出口总额比上年增长更快,达 20.9%,金额突破 2 000 亿美元大关,达到 2 367 亿美元,在世界主要贸易国家和地区中继续保持第 11 位。1995 年世界进出口总额比上年猛增 19%,而我国进出口额比上年增长 18.7%,略低于世界增长速度,金额为 2 809 亿美元,排名继续保持第 11 位。1996 年,我国进出口总额达 2 899 亿美元,比上年增长 3.2%。1997 年,我国进出口总额达 3 251 亿美元。1998 年,我国进出口总额达 3 239 亿美元。2000 年,我国进出口总额达4 743亿美元。2001年,我国进出口总额达5 098亿美元。2002年,我国进出口总额达6 208亿美元,位居全球贸易总体第4位。2003年,我国外贸进出口总额突破了8 500亿美元,居全球第4位。

"十五"时期,我国进出口保持了更为迅猛的增长,外经贸发展的质量和效益进一步提高,货物进出口总额累计45 578亿美元,出口23 852亿美元,进口21 726亿美元,分别较"九五"时期增长156%、148%和167%。仅2005年进出口总额就达14 219亿美元。

"十一五"期间,进出口规模跃上新台阶。"十一五"期间,我国对外贸易进出口额116 818亿美元,出口63 995亿美元,进口52 823亿美元,较"十五"期间分别增长156%、168%、143%。2010年,进出口总额达到2.97万亿美元,比"十五"末翻了一番,年均增长15.9%,世界排名由第3位升至第2位。其中,出口1.58万亿美元,年均增长15.7%,占全球份额由7.3%升至10.4%,世界排名由第3位升至第1位。进口1.4万亿美元,年均增长16.1%,占全球份额由6.1%升至9.1%,世界排名由第3位升至第2位。

出口商品结构持续优化。工业制成品出口比重由"十五"末的93.6%提高到94.8%。机电产品出口比重由56%提高到59.2%。高新技术产品出口比重由28.6%提高到31.2%。农轻纺等传统行业出口质量和效益稳步提升。高耗能、高污染、资源性产品出口比重由"十五"末的6.6%降至5.5%。

扩大进口取得积极成效。进口关税总水平由"十五"末的9.9%降至9.8%。取消了800多个税目商品的自动进口许可管理,贸易便利化程度进一步提高。进口年均增速高于出口0.4个百分点,贸易平衡状况明显改善,顺差占国内生产总值的比重由"十五"末的4.5%降至3.1%。

外贸发展更加均衡协调。民营企业经营活力进一步释放,进出口比重由"十五"末的15.7%提高到25.2%。一般贸易进出口快速增长,占比由41.4%提高到50.1%。中西部地区进出口增速显著高于东部地区和全国平均水平,占比由8.3%提高到9.9%。

市场多元化取得新进展。对欧盟、美国、日本、中国香港四个传统市场进出口比重由"十五"末的52.7%降至46.9%。对新兴市场进出口快速增长,占比提高,与"十五"末相比,对东盟由9.2%提高到9.8%,对金砖国家由4.9%提高到6.9%,对拉丁美洲由3.5%提高到6.2%,对非洲由2.8%提高到4.3%。同时,多双边和区域经贸合作进一步加强,成功签订和实施了一批自贸区协定。

外贸体制机制不断完善。市场配置资源的基础性作用进一步增强,以政府宏观管理、中介组织服务协调、企业自主经营为特征的外贸运行机制基本形成。以出口退税、出口信用保险、贸易融资等为主要内容的外贸促进体系日趋完善。行政许可事项明显减少,许可证、配额、国营贸易等管理手段不断完善。建立健全了大宗商品进口协调机制和报告制度,成功开展了部分重点商品进口联合谈判。

"十二五"期间,要坚持在稳定增长的同时优化外贸结构,促进贸易平衡,实现外贸可持续发展。2011年进出口总额3.64万亿美元,其中出口1.9万亿美元,进口1.74万亿美元,同比分别增长16.88%、20.25%、24.29%。经国务院批准,《2011年关税实施方案》自2011年1月1日起实施,其中包括进口关税调整、出口关税调整、税则税目调整三个方面。调整后,2011年的关税总水平为9.8%,其中农产品平均税率15.2%,工业品平均税率8.9%,逐步达到WTO组织对我国进口税率的要求。2012年进出口总额达3.86万亿美元,同比增长6.2%。预计2013年我国进出口总额将超过4万亿美元。

第3节 对外贸易在国民经济中的地位和作用

对外贸易是一国国民经济的有机组成部分。随着社会生产力的发展,随着国际分工不断深化细化,各国经济发展与对外贸易发展越来越密切地联系起来。所以,发展对外贸易,对任何一个国家的国民经济来说,都处于十分重要的地位。

一、对外贸易在我国国民经济中处于重要的战略地位

(一)我国处于社会主义初级阶段决定我国对外贸易处于重要战略地位

我国经济发展水平低,科学技术水平落后,表明我们仍没有超越社会主义初级阶段。社会主义的根本任务是发展生产力,在初级阶段,为了摆脱贫穷和落后,实现工业化,实现生产的商品化、社会化、现代化,就必须对资源、劳动力、资金、技术、市场等生产要素进行最佳的组合。要利用两种资源——国内资源和国际资源,要打开两个市场——国内市场和国际市场,要学会两套本领——组织国内建设的本领和发展对外经济关系的本领。这就决定了我国的对外贸易应处于重要的战略地位,发挥应有的作用,以加速实现经济的现代化。

(二)发展社会主义市场经济决定我国对外贸易处于重要战略地位

市场经济是以市场作为资源配置的基础性和主要手段的经济。利用市场经济机制配置作用,不仅包括国内市场机制,同时还包括国际市场机制,从而使经济作用在不同国家之间、不同经济部门之间达到合理配置,促进生产的发展,获得最佳经济效益。因此,市场经济与对外贸易是不可分割的,市场经济正是通过包括对外贸易在内的一系列途径来优化资源配置的。培育和发展社会主义市场经济,强化市场机制的作用,就意味着要大力发展对外贸易,从而决定了对外贸易在国民经济中必须处于重要的战略地位。

（三）实行对外开放政策决定我国对外贸易处于重要战略地位

党的十一届三中全会以后，我国改变了自我封闭、自我循环的状况，实行对外开放政策。这是我国长期的基本国策。而对外开放最重要的内容是发展对外贸易，特别是要发展出口贸易。对外开放的其他内容，如引进先进技术、利用外贸、对外经济援助、对外经济技术合作等，都必须以对外贸易为基础，通过对外贸易来实现。因此，对外贸易的发展影响着对外开放的广度和深度，从而使对外贸易处于重要的战略地位。

二、对外贸易在国民经济中的作用

对外贸易在国民经济发展过程中，可以优化生产要素的组合和经济资源的配置，可以实现商品实物形态的转换和实现价值的增值，因而对外贸易具有其他经济部门所不能代替的特殊职能。

（一）促进国民经济协调发展

对外贸易具有促进社会生产两大部类在价值形态和实物形态平衡的特殊职能。一方面，通过国际范围的商品交换，转换使用价值形态，用本国一部分产品到国外去换取国内所必需的另一部分产品，可以有计划地调节国内供需的不足或过剩，调整各方面的比例关系。另一方面，通过出口贸易，为国内产品开拓国外市场，扩大我国社会再生产的规模，同样具有促进国民经济综合平衡的作用。

（二）推动工农业生产的发展

我国对外贸易通过出口和进口两个方面推动工农业生产的发展，通过组织农副产品和工矿产品的出口，促进工农业生产的发展。通过引进先进技术和设备，进口国内短缺的生产资料，同样可以促进工农业生产的发展。

（三）提高科学技术水平

从国外引进先进技术和设备，是我国加快社会主义现代化建设的需要，是我国对外贸易的重要任务。通过技术贸易等方式，引进先进技术，可使科学技术水平落后的国家在发展科学技术的道路上少走弯路，跨越某些传统的发展阶段，实现跳跃式的发展。我国从总体上看科技水平较落后，但通过引进技术，逐步缩短了与先进国家的差距，有的领域还赶上了先进国家而居世界领先地位。

（四）丰富国内市场

社会主义生产的目的，是为了满足人民群众日益增长的物质和文化需要，在主要依靠国内生产供应的同时，也应发挥对外贸易在这方面的作用。新中国成立以来，我国进口了大量的生活必需品和一部分耐用消费品，在提高人民的物质文化生活水平方面起了重要的作用。

（五）增加财政收入和外汇收入

出口贸易是我国外汇收入最重要的来源,出口贸易外汇收入约占我国外汇收入的70%左右。对外贸易的发展同时还可增加各级政府的财政收入。与对外贸易直接有关的进出口关税、外经贸企业所得税、进口物资增值税等等,都可增加财政收入。

（六）扩大劳动就业

世界上许多国家,都把发展对外贸易作为解决国内劳动就业的一个重要手段。中国现在是一个拥有13亿多人口的国家,劳动就业成为尖锐的社会问题,它关系到国家的安全和政局的稳定。从进口来看,按国内每亿元工业产值约容纳8 000个劳动力的比例计算,我国每年进口的设备和其他生产资料大约可解决900多万人就业。从出口来看,可为劳动就业提供更多的机会。我国出口商品大多数属于劳动密集型产品,加工贸易在全部出口中已占一半以上。据计算,我国每出口1亿元工业品,一年可为1.2万人提供就业机会,这样,国内从事出口商品生产的人数就有几千万人。我国对外贸易的发展可以为我国的劳动就业提供越来越多的机会。

（七）推动对外经济关系的开展

利用外资,引进技术,开展对外承包工程和劳务合作,发展对外经济技术援助,加强国际经济技术合作等等,都与发展对外贸易有密切联系。在考虑利用外资时,要同时考虑还债的能力和出口的扩大,以扩大出口所获取的外汇来偿还外债。引进国外的先进技术、设备或出口技术,都要通过贸易的方式来实现。开展对外承包工程和劳务合作时,要带动建材等物资的出口。如果没有对方所需要的物资和技术出口,就谈不上对外经济技术援助。加强国际间经济技术合作,必须考虑贸易的配合。因此,从这个意义上说,发展对外贸易是开展对外经济关系的中心环节。

（八）为国民经济的发展创造良好的外部环境

新中国成立60多年来,在平等互利的原则基础上,我国同世界上228个国家和地区建立和发展了贸易关系。通过贸易往来,增进了同各国人民的相互了解和友谊,发展了同经济发达国家的联系,支援了发展中国家的经济建设,改善了同周边国家的睦邻友好关系,从而全面发展了正常友好的国家关系,维持了世界和平,为我国国民经济的发展和社会主义现代化建设创造了良好的外部环境。

思考与练习
1. 新中国成立后,我国是如何建立社会主义对外贸易的?
2. 为什么对外贸易在我国国民经济中处于重要的战略地位?
3. 对外贸易在国民经济中发挥哪些主要作用?

第2章 中国发展对外经贸的基本理论

> 学习目标

了解邓小平理论和马克思主义关于发展对外经贸事业的基本理论;掌握邓小平理论和马克思主义关于发展对外经贸理论的主要内容;重点掌握邓小平理论是我国发展对外贸易事业的指导思想、马克思主义国际分工理论是我国发展对外经贸事业的理论基础和马克思主义的社会再生产理论论证了我国发展对外经贸事业的必要性;理解西方贸易理论的发展历程和主要内容。

第1节　邓小平理论是中国发展对外经贸事业的指导思想

邓小平理论是在当代世界和平与发展已成为两大主题的历史条件下,在总结我国社会主义建设成功和挫折的历史经验和借鉴其他国家社会主义兴衰成败历史经验的基础上,逐步形成和发展起来的。它是马克思主义基本原理和当代中国具体实际和时代特征相结合的最新成果,是在新的历史条件下对马列主义毛泽东思想的继承和发展。这个理论第一次比较系统地、初步地回答了中国这样的原来经济文化比较落后的国家如何建设、巩固和发展社会主义的一系列基本问题。这不仅对我国的改革开放和现代化建设具有重大的理论和实践指导意义,而且对于马克思主义的科学社会主义学说也是一个新的重大贡献。党的十五大把邓小平理论确立为党的指导思想。

一、邓小平理论的基本内容

邓小平理论内容十分丰富。根据邓小平同志的一系列重要论述和十几年来我国建设和改革的实践经验,党的十三大、十三届七中全会和江泽民同志在建党70周年大会上的讲话以及十四大报告,曾经从不同角度作过阐述和概括。党的十五大报告中对邓小平理论做出了全面的概括,并将其写进了党章。

第一,邓小平理论坚持解放思想,实事求是,在新的实践基础上继承前人又突破陈规,开拓了马克思主义的新境界。

第二,邓小平理论坚持科学社会主义理论和实践的基本成果,抓住"什么是社会主义、怎样建设社会主义"这个根本问题,深刻地揭示社会主义的本质,把对社会主义的认识提高到新的科学水平。

第三,邓小平理论坚持用马克思主义的宽广眼界观察世界,对当今时代特征和总体国际形势,对世界上其他社会主义国家的成败、发展中国家谋求发展的得失、发达国家发展的态势和矛盾,进行正确分析,作出了新的科学判断。

第四,邓小平理论形成了新的建设有中国特色社会主义理论的科学体系。

在社会主义的发展道路问题上,强调走自己的路,不把书本当教条,不照搬外国模式,以马克思主义为指导,以实践作为检验真理的唯一标准,解放思想,实事求是,尊重群众的首创精神,建设有中国特色的社会主义。

在社会主义发展阶段问题上,作出了我国还处在社会主义初级阶段的科学论断,强调这是一个至少上百年的很长的历史阶段,制定一切方针政策都必须以这个基本国情为依据,不能脱离实际,超越阶段。

在社会主义根本任务问题上,指出社会主义本质是解放生产力,发展生产力,消灭剥削,消除两极分化,最终达到共同富裕。强调现阶段我国社会的主要矛盾是人民日益增长的物质文化需要同落后的社会生产力之间的矛盾,必须把发展生产力摆在首要位置,以经济建设为中心,推动社会全面进步。判断各方面工作的是非得失,归根到底,要以是否有利于发展社会主义社会的生产力,是否有利于增强社会主义国家的综合国力,是否有利于提高人民的生活水平为标准。科学技术是第一生产力,经济建设必须依靠科技进步和劳动者素质的提高。

在社会主义发展动力问题上,强调改革也是一场革命,也是解放生产力,是中国现代化的必由之路,僵化停滞是没有出路的。经济体制改革的目标,是在坚持公有制和按劳分配为主体,其他经济成分和分配方式为补充的基础上,建立和完善社会主义市场经济体制。政治体制改革的目标,是以完善人民代表大会制度、共产党领导的多党合作和政治协商制度为主要内容,发展社会主义民主政治。同经济、政治的改革和发展相适应,以"有理想、有道德、有文化、有纪律"为目标,建设社会主义精神文明。

在社会主义建设的外部条件问题上,指出和平与发展是当代世界两大主题,必须坚持独立自主的和平外交政策,为我国现代化建设争取有利的国际环境。强调实行对外开放是改革和建设必不可少的,应当吸收利用世界各国包括资本主义发达国家所创造的一切先进文明成果来发展社会主义,封闭只能导致落后。

在社会主义建设的政治保证问题上,强调坚持社会主义道路、坚持人民民主专政、坚持中国共产党的领导、坚持马克思列宁主义毛泽东思想。这四项基本原则是立国之本,是改革开放和现代化建设健康发展的保证,又从改革开放和现代化建设获得新的时代内容。

在社会主义建设的战略步骤问题上,提出基本实现现代化分三步走。在现代化建设的漫长过程中要抓住时机,争取出现若干个发展速度比较快、效益又比较好的阶段,每隔几年上一个台阶。贫穷不是社会主义、同步富裕又是不可能的,必须允许和鼓励一部分地区一部分人先富起来,以带动越来越多的地区和人民逐步达到共同富裕。

在社会主义的领导力量和依靠力量问题上,强调作为工人阶级先锋队的共产党是社会主义事业的领导核心,党必须适应改革开放和现代化建设的需要,不断改善和加强对各方面工作的领导,改善和加强自身建设。执政党的党风,党同人民群众的联系,是关系党生死存亡的问题,必须依靠广大工人、农民、知识分子,必须依靠各族人民的团结,必须依靠全体社会主义劳动者、拥护社会主义的爱国者和拥护祖国统一的爱国者的最广泛的统一战线。党领导的人民军队是社会主义祖国的保卫者和建设社会主义的重要力量。

在祖国统一的问题上,提出"一个国家、两种制度"的创造性构想。在一个中国的前提下,国家的主体坚持社会主义制度,香港、澳门、台湾地区保持原有的资本主义制度长期不变,按照这个原则来推进祖国和平统一大业的完成。

二、邓小平理论是我国发展对外贸易事业的指导思想

邓小平同志从马克思主义、毛泽东思想的基本原则出发,从历史经验和世界经济发展的过程中,把发展对外贸易问题创造性的纳入了对外开放的理论中,同时对外开放理论是邓小平有中国特色社会主义理论的重要组成部分,这个理论的创立和发展具有划时代意义。

(一)提出中国的对外开放应该是面对全世界的全方位开放

如果中国的对外开放只局限于少数几个国家,必然造成市场结构单一,会制约我国对外贸易事业的发展。早在1984年,邓小平同志就指出:"对外开放,我们有一些人没有弄清楚,认为只是对西方的开放,其实我们是三个方面的开放,即对西方发达国家的开放,对前苏联和东欧国家的开放,对第三世界发展中国家的开放。虽然我国现代化建设时期迫切需要发达国家的先进技术和资金,但作为一个发展中国家中的大国,我们也应该十分重视同发展中国家发展经贸合作关系,这样一方面可以扩大我们的市场,另一方面可以改变不合理的世界经济秩序,促进世界各国的共同繁荣。"在邓小平理论的指导下,我国适时开展了市场多元化战略,原来单一的市场结构得到纠正,为中国对外贸易向深度和广度发展奠定了良好的基础。

(二)指出对外贸易在中国经济建设中应该发挥更大的作用

根据世界经济的实践证明,对外贸易在各国经济发展中,无不扮演着重要的角色,这一点也被世界经济理论所证明。邓小平同志反复强调,对外贸易在社会

主义建设中处于重要的战略地位。进行现代化建设,需要利用两种资源,打开两个市场,学会两套本领,而这一切都离不开对外贸易活动,因此,它是对外开放工作中的最重要内容。对外贸易的规模和能力,在很大程度上决定着我国对外开放的程度和范围,影响着国内经济建设的规模和进程。1984年,邓小平同志曾在一次讲话中谈到:"现在我国的对外贸易额是400多亿美元,这么一点进出口,就能实现翻两番呀? 我国年国民生产总值达到1万亿美元的时候,我们的产品怎么办? 统统在国内销?"邓小平同志讲的我国国民生产总值达到1万亿美元的目标,今天我们已经实现,而在这其中,我国的对外贸易依存度已经达到40%,看来,邓小平同志的讲话非常有前瞻性。

(三) 强调中国应该大胆参与世界经济发展的各种模式

改革开放前,我国的对外经济活动仅限于商品贸易,且渠道单一,方式僵化,而且规模很小,经济效益很差。改革开放后,邓小平同志在发展对外贸易、兴办经济特区、引进外资、改进外援等问题上都提出了许多新的有开创性的意见,并成功地将这些思想运用于实践。二十多年来,中国对外贸易活动不断参与世界的商品贸易、技术贸易、服务贸易等各种活动,在方式上采用了中外合资、中外合作、外商独资、加工贸易、补偿贸易、出口信贷、BOT工程等举措,促进中国对外贸易的全面繁荣。

(四) 明确利用外贸的形式不但包括引进外资,而且包括利用直接投资

1983年,邓小平同志指出:"中国是一个大市场,许多国家想和我们搞点合作,做点买卖,我们要很好利用,这是一个战略问题。"从这时起,中国引进国外资本开始全面启动。在二战结束以后,国际投资在国际贸易中,扮演着越来越重要的角色,尤其是跨国公司的异军突起,在这样的大背景下,中国怎样更好地参与国际分工面临着一个怎样解放思想的问题。1992年的邓小平同志的南巡讲话为中国进一步改革开放提供了理论指导。他谈到:"多搞一点三资企业,不要怕,只要我们头脑清醒,就不怕。我们有优势,有国有大中型企业,有乡镇企业,更重要的是政权在我们手里。有的人认为多一分外资就多一分资本主义,这些人连基本常识都没有。我国现阶段的三资企业,按照现行的法规政策,外商总是要赚些钱,但是国家还要拿回税收,工人还要拿回工资,我们还可以学习技术和管理,还可以得到信息,打开市场,因此,三资企业受到我国政治经济条件制约,是社会主义经济的有益的补充,归根结底是有利于社会主义的。"从1992年起,我国利用外资开始走上以利用直接投资为主的轨道上来,不论从利用外资的规模还是利用外资的水平,我国今天都已经走在世界的前列,2002年,我国引进外资已达到500多亿美元,而2011年我国实际使用外资已达1176.98亿美元,位列世界第二名。

第 2 节　马克思主义的国际分工理论

国际分工是指世界上各国之间的劳动分工。它是社会分工发展到一定阶段、国民经济内部分工超越国家界限发展的结果,是国际贸易和世界市场的基础。

一、马克思主义国际分工理论的基本内容

马克思主义的国际分工理论指出,国际分工是客观的经济范畴,是人类生产力发展到一定阶段的必然产物。18 世纪后期大机器生产的建立,使资本主义的社会化大生产最终形成,以机器技术为基础的社会化生产的不断发展,必然超出国界,把一系列国家和地区纳入国际分工和国际交换之中,国际分工体系和生产国际化开始形成。到 19 世纪末和 20 世纪初,发生了第二次科技革命,国际分工有了进一步发展,形成了统一的世界市场。马克思和恩格斯针对当时的情况,在《共产党宣言》中明确指出:"资产阶级,由于开拓了世界市场,使一切国家的生产和消费都成为世界性的了";"过去那种地方的和民族的自给自足和闭关自守状态,被各民族的各方面的互相往来和各方面的互相依赖所代替了"。国际分工的深化,世界市场的扩大是人类生产力发展的必然结果,又为生产力的大发展创造了必要的前提。马克思指出,由于世界市场的扩大使资产阶级有可能实现生产力的飞跃发展。马克思在上述著作中说:"资产阶级在它的不到一百年的阶级统治中所创造的生产力,比过去一切世代创造的全部生产力还要多,还要大。"

国际分工是生产力发展的必然结果,突出地表现在科学技术的重要作用上。迄今为止出现的三次科学技术革命,都深刻地改变了许多生产领域,不断地改善工艺技术、劳动过程和生产过程,使社会分工和国际分工随之发生变革。从 19 世纪 70 年代开始的第二次科技革命,促进了生产力的进一步发展,加速了资本的积累与集中,资本输出成为重要的经济现象,使国际分工进一步发展。第二次世界大战以后,出现了第三次科学技术革命,使生产力的发展日益超越国家的界限,形成了生产力的国际化和生产的国际化,出现了大量的跨国公司,推动国际分工发展成为世界分工。这次科学技术革命使国际分工从部门之间扩大到产业内部,出现了各国在产品零件、部件和工艺流程上的内部分工;使国际交通、通讯工具不断革新,运输费用不断下降。电信及交通运输技术改革的结果,一方面是加快了速度,另一方面是降低了运费。它们都对世界分工产生了广泛的影响。第三次科技革命,使人类生产力向更高度发展,国际分工和生产国际化进一步加强,世界各国、各民族经济的相互需要和相互依赖达到空前的规模。

社会生产力的不断发展,是国际分工深化细化、国际贸易迅速发展的客观基础。而国际分工的深化细化、国际贸易的发展又反过来促进社会生产力进一步的

发展。两者相辅相成,相互影响,相互促进。

马克思不仅从生产力方面科学地分析国际分工产生和发展的客观性,而且从生产关系方面揭示了资本主义国际分工的性质和特征。马克思指出:"一种和机器生产中心相适应的新的国际分工产生了,它使地球的一部分成为主要从事农业的生产地区,以服务于另一部分主要从事工业的生产地区。"(马克思:《资本论》第一卷,第494~495页,人民出版社1975年版)这样就形成了18世纪末期到19世纪中叶的资本主义国际分工,即资本主义工业国和农业国的国际分工——宗主国与殖民地之间的国际分工。

从19世纪末期到第二次世界大战,是资本主义国际分工发展阶段。帝国主义通过资本输出把资本主义生产日益扩大到殖民地和半殖民地,造成殖民地经济的单一化和畸形化,从而使宗主国与殖民地之间、发达的工业国与初级产品生产国之间的国际分工日益加深,形成了资本主义国际分工体系。

由此可见,并不存在抽象的国际分工。资本主义国际分工的形成和发展是建立在资本主义生产关系的基础上的。因此,资本主义国际分工必然带有强制、畸形和剥削的性质和特征,帝国主义国家和殖民地半殖民地国家之间的相互分工互为市场的依赖关系,具有控制和被控制、剥削和被剥削的关系。

二、马克思主义国际分工理论是我国发展对外经贸事业的理论基础

第二次世界大战后,随着科学技术的突飞猛进,资本主义的国际分工发生了很大变化,工业国与农业国的分工、工业制成品生产国与初级产品生产国之间的分工,已经不是国际分工的最主要形式了。工业发达国家之间的分工占有重要地位。但是,建立在私有制生产关系基础上的资本主义国际分工的不平等性质是不会改变的。

社会主义生产方式是在资本主义生产方式经济矛盾激化、阶级矛盾激化基础上产生的,而且一般是在资本主义世界经济和政治中比较薄弱的环节中产生的。社会主义国家从诞生之日起,就是在国际分工、生产国际化高度发展的基础上进行再生产活动的;同时,由于社会主义在资本主义世界薄弱环节中产生,它在经济建设中又必然面临着技术落后和资金不足的巨大困难,必须充分吸收西方取得的生产力和科学技术的全部成就。因此,社会主义经济建设存在着积极参与和利用国际分工的客观必然性和必要性,关起门来搞社会主义建设是不行的。

党的十三大报告指出:"当今的世界是开放的世界";"今后,我们必须以更加勇敢的姿态进入世界经济舞台,正确选择进出口战略和利用外资战略,进一步扩展同世界各国包括发达国家和发展中国家的经济技术合作和贸易交流,为加快我国科技进步和提高经济效益创造更好的条件。"党的十八大三中全会提出,适应经济全球化新形势,必须推动对内对外开放相互促进、引进来和走出去更好结合,促

进国际国内要素有序自由流动、资源高效配置、市场深度融合,加快培育参与和引领国际经济合作竞争新优势,以开放促改革。要放宽投资准入,加快自由贸易区建设,扩大内陆沿边开放。依据马克思主义关于资本主义生产关系决定资本主义国际分工的强制和剥削性质的理论,我国作为一个以公有制为基础的社会主义国家,积极参与和利用国际分工,大力发展对外经济贸易事业,在同西方资本主义国家的经济贸易关系中一方面存在着相互需要、相互依存,促进双方经济发展的内容;另一方面又存在控制和反控制、剥削和反剥削的斗争。

三、我国利用国际分工应坚持的原则

我国利用国际分工必须坚持以下原则:

(一)独立自主的原则

我国利用国际分工必须在独立自主的基础上进行,反对别国利用经济贸易关系干涉我国的内政,影响我国的政治独立和经济独立。只有在独立自主的前提下利用国际分工,才能正确地利用西方发达国家的资金、技术和管理经验,防止资本主义经济对我国社会主义经济建设的干扰、侵袭和影响。

(二)平等互利的原则

我国利用国际分工,发展社会主义性质的对外经济贸易关系,必然要坚持平等互利的原则。我国同各国进行贸易时,不附加不平等的条件和不合理的要求,也绝不允许别国把任何不平等的条件和不合理的要求强加给我国。在贸易往来中,我国根据双方的需要和可能,在自愿的基础上进行,而不强人所难。在贸易协定、贸易合同中双方的权利和义务要符合对等原则。实践证明,我国在利用国际分工中坚持平等互利原则,可以抵制外国不平等待遇和不合理要求,不仅符合我国的利益,而且有利于国际贸易中破除资本主义国际分工中的强制和剥削性质,有利于破除旧的不合理、不公正的国际贸易秩序,逐步建立新的尊重各国主权、平等互利的国际贸易新秩序。

(三)符合我国国情的原则

我国利用国际分工的根本目的是发展社会主义经济,发展生产力。因此,利用国际分工必须符合我国国情,从我国国民经济建设的需要和可能出发。脱离我国的国情,脱离社会主义建设的要求,就不可能按照正确的方向利用国际分工。

总之,马克思主义的国际分工理论科学地论证了国际分工、国际贸易发展与社会生产力进步之间的辩证关系,并揭示了国际分工的性质,为我们参与国际分工指明了方向,是我国发展对外贸易的理论基础。

第3节 马克思主义的国际价值理论

一、马克思主义国际价值理论的基本内容

马克思应用劳动价值论来考察世界市场,创立了"国际价值"的科学要领,这是马克思的国内价值理论的进一步发展。

马克思的价值理论指出:价值规律是商品生产和商品交换的经济规律,只要存在商品生产和商品交换,就必然存在价值规律的作用。商品的价值不取决于生产者的主观愿望,也不取决于商品生产者的个别劳动时间,而是取决于生产商品的社会必要劳动时间。当各国的产品相遇在世界市场时,商品交换的比例显然不能各按各的"国民平均水平的强度"作为依据。各国互不相同的社会必要劳动时间,是以个别劳动时间的身份出现在世界市场上的,而在世界市场上考虑产品的劳动耗费时,"它的计量单位是世界劳动的平均单位。"(《资本论》第一卷,第614页)鉴于各国劳动强度和劳动生产率互不相同,马克思得出的结论是:"因此,不同国家在同一劳动时间内所生产的同种商品的不同量,有不同的国际价值。"(《资本论》第一卷,第614页)。

马克思在论述国内价值理论的基础上,进一步指出,国际社会必要劳动时间决定国际价值。这样,同一种商品具有国内价值和国际价值两种根本不同的价值尺度。商品在国内交换时,是以国内价值作为衡量的尺度;而在国际交换时,则是以国际价值作为衡量的尺度。马克思指出:各种商品在这两种不同的价值尺度之间存在着不同的比例关系,存在着比较差异,这是价值规律发生作用的结果。

由于商品的国内价值与国际价值存在"比较差异",因此,从理论上考察,在正常的、平等的贸易条件下,国际交换的双方都有可能获取利益。马克思一方面充分揭露、批判宗主国对殖民地附属国通过贸易进行掠夺、剥削,进行不等价交换,使殖民地附属国成为帝国主义的销售市场、原料来源地和投资场所。另一方面,马克思又科学地指出:由于存在国内价值和国际价值的比较差异,在正常情况下,贸易双方都可能通过国际交换,实现比较少的劳动消耗,获得较多的劳动产品。马克思说,即使经济技术比较落后,劳动生产率比较低的国家,在国际交换中,它们"所付出的实物形态的物化劳动多于它所得到的,但是它由此得到的商品比它自己所能生产的更便宜"(《资本论》第三卷,第265页),从而节约社会劳动获取经济利益。

二、马克思主义国际价值理论是我国发展对外经贸事业的重要理论依据

马克思关于国际交换可能使双方互利的原理揭示了通过国际交换使双方互

利的客观可能性。因此,马克思的国际价值理论是各国可以通过国际贸易取得本国的利益,节约社会劳动,增加价值总量,也就是取得经济效益的理论依据。作为一个经济落后的社会主义国家,应当更自觉地运用马克思主义国际价值理论,大力发展对外贸易,通过实现对外价值形态的转换,大量节约社会劳动,促进经济的发展。

第4节 马克思主义的社会再生产理论

一、马克思主义社会再生产理论的基本含义

马克思的社会再生产理论指出,社会生产各部类之间以及每个部类的内部必须保持一定的比例关系,包括第一部类——生产资料的部类和第二部类——生产消费资料的部类之间,农业、轻工业和重工业之间,农业生产内部,工业生产内部,都必须保持适当的比例关系,社会再生产才能顺利发展,取得高的经济发展速度和好的经济效益。社会生产各部类之间及其内部的比例关系,不仅在价值形态上要求平衡,而且在实物形态上也要求平衡。但是,由于各国的生产水平、经济结构、科学技术条件以及资源和气候因素等的影响,各国社会总产品的实际实物构成,往往与扩大再生产的发展以及进行技术改造所要求的实物构成有差距。也就是说,在一国范围内,不可能在实物形态上达到社会扩大再生产所要求的平衡关系,任何一个国家都不可能生产自己发展经济所需要的一切。而对外贸易的主要特点是可以同国外实现实物形态的转换,即可以把生产资料转换成消费资料、把消费资料转换成生产资料,或者在生产资料和消费资料内部实现转换。这是其他经济部门所无法做到的。从这个意义上看,可以说对外贸易是国民经济的一个特殊的经济部门。只有通过对外贸易,用国内一部分产品到国外去换取本国社会再生产所需要的另一部分产品,即进行实物形态的转换,以调整第一部类与第二部类以及它们的内部结构在实物形态上的比例关系,在较高的水平上实现综合平衡,从而取得社会经济发展的宏观经济效益。通过对外贸易实物形态转换实现的这种社会再生产比例关系的客观要求,对一国经济的发展是具有战略意义的。

二、马克思主义的社会再生产理论论证了我国发展对外经贸事业的重要性

如果不发展对外贸易,社会扩大再生产的客观比例关系得不到满足,国民经济综合平衡只能建立在短线经济部门的基础上,许多长线和中线经济部门的产品将脱离社会扩大再生产的轨道。这是一种原始的国民经济综合平衡,扩大再生产完全建立在封闭的民族经济自我循环的基础上。这样,民族经济的内在力量不能

全部投入社会扩大再生产,严重影响社会再生产的规模和经济发展的速度。

相反,积极发展对外贸易,进行实物形态的转换,根据扩大再生产的需要,以我所有换我所无,以长线产品换短线产品,使国民经济各部门之间及其内部得到调剂和补充。这样,就可以建立一种中等水平的国民经济综合平衡,使民族经济的内在力量基本上都进入社会再生产活动,从而可以扩大社会再生产的规模,加快经济发展的速度,取得较好的社会经济效益。毫无疑问,发展这样的对外贸易比不发展对外贸易、不利用国际分工,是一个巨大的进步。因为,这时的对外贸易对国民经济各部门起着调余缺的积极作用,可以扩大经济发展的规模,加速经济发展的速度。

但是,这样的对外贸易,只是根据各类产品在国民经济发展中的不同地位,按照自用有余的原则,挤出来出口,有则出,没有则不出,出口仅仅是为了进口;而进口基本上是面向国内,填空补缺,是自给自足经济思想影响的表现。在这种思想影响下,就不能充分参与和利用国际分工,发挥对外贸易的战略作用,使对外贸易长期处于规模狭小、结构落后的状况,使国民经济建设基本上建立在本国经济自我循环的基础上。这是不符合现代经济发展的客观要求的。

我国社会主义扩大再生产是在生产国际化高速发展的情况下进行的。在当代科学技术突飞猛进的情况下,国际间的相互需要和依赖进一步加强。如果我们不积极参与和利用国际分工,不充分利用国际条件,而将经济建设基本上建立在本国经济的自我循环的基础上,也就不能更有效地利用国际资源,发挥本国优势,达到大规模节约社会劳动、迅速发展生产力的目的。我们必须改变比较封闭的、基本上自我循环的状态,逐步建立起以国内资源和市场为主、国内外资源和市场适当有机结合的新的经济循环。而对外贸易在这种新的经济循环中显然不仅仅对国民经济起调剂和补充作用,还必须起强有力的杠杆和推动作用。只有通过对外贸易才能根据我国的需要和国外市场的可能,将国内外资源和市场适当有机地结合起来,促进国民经济的发展。

在这种新的经济循环下,我国国民经济有可能建立起超越本国经济内在力量的扩大再生产规模,建立起高级的国民经济综合平衡,从而取得最佳的经济发展速度和经济效益。

建立在新的经济循环基础上的高级的国民经济综合平衡,必须改变原有的"内向型"的经济模式,大力发展开放型经济。

改革开放为中国的进出口贸易发展提供了良好的机遇。中国进出口贸易发展的实践充分证明了对外贸易有利于实现国内外资源的优化配置。通过出口贸易,可以使我国生产突破国内市场狭小的限制,实现国内外资源和生产要素的合理配置,扩大经济规模,获取最佳的经济效益,促进国民经济的高速发展。从资源条件看,我国的自然资源和种类虽然颇丰,但人均资源占有量很低,特别是技术资源较为匮乏。这样,通过外贸出口换取大量外汇,进口国内短缺物资和先进技术设备,形成国内外资源的转换,实现资源的有效配置和合理利用,对我国的经济发展具有特殊的重要意义。通过进口贸易,可以使我国缓解国民经济发展的瓶颈制约,发挥比较优势,引进更多的先进技术和设备,加快社会主义现代化建设步伐。我国对外贸易的迅速发展为建立我国国内外优势互补的实物形态平衡关系起到了非常有益的作用。

第5节 西方国际贸易理论

西方国际贸易理论的发展历程大致经历了三个阶段。

第一阶段是古典贸易理论阶段,包括:亚当·斯密在其1776年发表的《国民财富的性质和原因的研究》一书中提出的"绝对优势理论";1817年大卫·李嘉图在其《政治经济学及赋税原理》一书中发展的以"比较优势理论"为基础的国际贸易理论;1841年里德里希·李斯特在《政治经济学的国民体系》中提出基于国家主义的贸易保护政策理论,指出保护制度要与国家工业的发展程度相适应,又称幼稚产业保护论。

第二阶段是新古典贸易理论阶段,主要包括:1919年埃利·赫克歇尔提出的要素禀赋论,指出了产生比较优势差异必备的两个条件;1930年他的学生伯尔蒂尔·俄林所充实论证了这一论点,并在其代表作《地区间贸易和国际贸易》进一步发展了生产要素禀赋理论,这一理论又被称为H-O理论;根据H-O理论,美国作为一个资本丰裕而劳动力相对稀缺的国家,其对外贸易结构应该是出口资本、技术密集型产品,进口劳动密集型产品,而里昂惕夫用美国1947年200个行业的统计数据对其进出口贸易结构进行验证时,结果却得出了与H-O理论完全相反的结论,这一难题被称为里昂惕夫悖论。

第三阶段是国际贸易新理论阶段,这一阶段的贸易理论主要是战后西方经济学界对传统国际贸易理论的检验、修补和扩展以及为解释新贸易现象而出现的贸易理论,包括偏好相似理论、产业内贸易理论以及国家竞争优势理论。

一、古典贸易理论

(一)绝对优势理论

在《国富论》中,亚当·斯密指出:"如果一件东西购买所花费用比在家里生产为小,就应当去买而不要在家里生产,这是每一个精明的家长都知道的格言。裁缝不为自己做鞋子,鞋匠不为自己缝衣服,农场主既不打算为自己做鞋子,也不打算为自己缝衣服,他们都感到应当把自己的全部精力集中用于比他人处于有利地位的职业,然后用自己的产品去交换其他产品,会比自己生产一切物品更加有利。"这种分工原则同样适用于国家之间。亚当·斯密认为在国际分工中,每个国家应该专门生产自己具有绝对优势的产品,并用其中一部分交换其具有绝对劣势的产品,这样就会使各国的资源得到最有效率的利用,更好地促进分工和交换,使每个国家都获得最大利益。绝对优势是指一国在生产某种商品的成本绝对地低于他国,即当两个国家生产两种商品,使用一种生产要素——劳动时,如果刚好 A 国家在一种商品上劳动生产率高,B 国家在这种商品上劳动生产率低,则 A 国在该生产上具有绝对优势,这样的产业被称为具有绝对优势的产业,相反则是绝对劣势产业。两个国家之间的绝对差异来源于各自的自然禀赋和后天生产条件。

按照绝对优势进行国际分工和贸易,各国都能通过发挥生产的绝对优势而获得贸易利益,其直接利益体现在劳动生产率的提高、消费品数量的增加和劳动时间的节约,这是因为根据各自的绝对优势"有了分工,同数劳动者就能完成比过去多得多的工作量"。

(二) 比较优势理论

绝对优势理论只能解释在生产上各具绝对优势的国家之间的贸易,无法解释几乎没有绝对优势的发展中国家与发达国家之间的贸易。鉴于绝对优势理论的局限性,大卫·李嘉图继承和发展了斯密的理论。

李嘉图认为国际贸易分工的基础不限于绝对成本差异,即使一国在所有产品的生产中劳动生产率都处于全面优势或全面劣势的地位,只要有利或不利的程度有所不同,该国就可以通过生产劳动生产率差异较小的产品参加国际贸易,从而获得比较利益。遵循"两优取其重,两劣取其轻"的原则,认为国家间技术水平的相对差异产生了比较成本的差异,构成国际贸易的原因,并决定着国际贸易的模式。

比较优势是指,如果一个国家在本国生产一种产品的机会成本低于在其他国家生产该产品的机会成本的话,则这个国家在生产该种产品上就拥有比较优势。每个国家都应根据各自的相对优劣势,集中生产并出口其具有"比较优势"的产品,进口其具有"比较劣势"的产品。

(三) 幼稚产业保护论

无论是亚当·斯密的绝对优势理论还是大卫·李嘉图的比较优势理论,都是建立在自由贸易、自由竞争基础之上的。而李斯特认为,在现代化的第一阶段,后发国家应采取自由贸易政策,学习先发国家;在现代化的第二阶段,后发国家向先发国家发展的过程中应采取保护主义政策,保护本国的工业;在第三阶段,后发国家成为强国后再逐步恢复自由贸易。李斯特提倡关税保护,但不是对所有行业无条件的保护,而是主张对具有发展潜力的幼稚工业进行有限期的保护,其最终目的仍是自由贸易。

对幼稚产业的保护已成为各个国家尤其是发展中国家限制进口,排斥国外竞争者的相对合理的理由。尽管对幼稚产业进行一定的保护并不违背 WTO 的有关规则,但还是有许多人对这种做法提出了质疑:① 幼稚产业选择问题;② 被保护产业无效率问题;③ 国际资本市场融资问题。

二、新古典贸易理论

(一) 要素禀赋论

要素禀赋论即 H-O 理论(赫克歇尔—俄林理论)以要素分布为客观基础,强调各个国家和地区不同要素禀赋和不同商品的不同生产函数对贸易产生的决定性作用。

赫克歇尔—俄林模型的基本假定条件为:

(1) 假定各国的生产函数是一样的,即劳动生产率一样;

(2) 假定只有两个国家,只生产两种商品,且这两种商品只使用两种生产要素;

(3) 两国的需求偏好相同;

(4) 假定只有商品贸易,且贸易是平衡的,各国的市场都是完全竞争的;

(5) 生产要素在一国内部可以自由流动,在国家之间不能流动。

在这种假设条件下,产生国际贸易的原因是国际价格的差异,而国际价格的差异来源于各国相对生产成本的差异,在劳动生产率相同的条件下造成各国相对生产成本的差异的原因是生产要素相对价格的差异,在需求偏好相同条件下造成一国生产要素相对价格差异的原因在于一国生产要素供给比例的差异,一般来说,如果不考虑需求因素,一国的要素丰裕程度决定着这种要素的相对价格,丰裕要素的价格会低一些,而稀缺要素的价格会高一些。也就是说,各国生产要素的禀赋差异导致各国生产要素相对价格的差异,进而导致各国产品相对价格的差异,最后导致了国家贸易的产生。也即国际贸易发生的根本原因在于各国要素禀赋的差异。

根据赫克歇尔—俄林理论,各国应当生产那些密集使用本国丰裕生产要素的产品,进口密集使用本国稀缺要素的产品。因而资本相对丰裕的国家出口资本密集型产品,比如发达国家,劳动相对密集的国家则出口劳动密集型产品,比如中国、印度。

(二) 里昂惕夫悖论

赫克歇尔—俄林理论创立之后广泛为西方经济学界接受,一些经济学家试图通过从实证的角度证明这一理论的正确性。根据赫克歇尔—俄林理论,战后美国作为资本充足、科技发达、劳动相对不足的国家,应当在生产资本密集型产品上具有相对优势。美国经济学家里昂惕夫运用投入—产出分析法,以美国为例对美国1947年200个行业的材料进行计算的结果显示美国出口竟然是劳动密集型产品,而进口的却是资本密集型产品,这与赫克歇尔—俄林模型的预测不同,被称为里昂惕夫之谜或里昂惕夫悖论。

针对里昂惕夫悖论西方经济学家从不同的角度提出了各种各样的理论解释,如生产要素密集度变换论、要素非同质性、贸易壁垒说等,但是仍未找到一个为理论界共同接受的解释。

三、新贸易理论

(一)产业内贸易理论

传统的国际贸易理论,主要是国与国、劳动生产率差别较大的和不同产业之间的贸易。但自20世纪60年代以来,随着科学技术的不断发展,国际贸易实践中又出现了一种和传统的国际贸易理论结论相悖的新现象,即国际贸易大多发生在发达国家之间,同时既进口又出口同类产品的现象,产业内贸易理论能够解释这种新现象。

产业内贸易理论的基本假设前提有:① 市场不安全竞争,即垄断竞争;② 经济中具有规模收益。

对于产业内贸易的界定,人们提出了两个标准:一是产品具有相似性,即消费上能够互相替代;二是产品生产中的投入要素相似或者相同;三是产品贸易的双向流动,即既进口又出口。

格鲁贝尔把产业内贸易分为两种类型:一种是同质产品的产业内贸易;一种是异质产品的产业内贸易。同质产品指相互之间可以完全替代的产品,对于这种同质产品的产业内贸易可以通过改进(不完全竞争和规模经济条件下的)的赫克歇尔—俄林模型进行解释。资料表明,大多数的产业内贸易发生在异质产品之间。在制造业中,产业内贸易商品明显偏高的是机械、药品和运输工具,比如在汽车产业,福特不同于本田、丰田或是雪佛兰。

产品差异性是产业内贸易发生的基础,这种差异可以体现在商品质量差别、内在结构、颜色、款式、包装、售后服务等各个方面。而在需求端的消费者则具有不同的需求偏好,对同种使用价值商品的选择各不相同,这样,各种具有不同特征的产品会在一定程度上形成垄断。当具有某一特征的商品满足不同国家的消费者时,国际贸易就发生了,因而这种差异性就构成了产业内贸易的基础。

需求偏好相似是产业内贸易的动因。从需求的角度来看,如果两个国家的消费者具有相同或者相似的需求偏好,那么两国相互交叉的产业就会越多,产生产业内贸易的基础就越大。一般来说收入水平越接近的国家之间的需求偏好就越接近,其产业内贸易业越多,这就解释了为什么产业内贸易主要发生在发达国家与发达国家之间。

规模经济是产业内贸易的利益源泉。规模经济是指大规模的生产可以充分利用自然资源、交通运输及通讯设施等良好环境,提高厂房、设备的利用率和劳动生产率,从而达到降低成本的目的。如果 A 国在生产某一特定商品上具有规模经济,则如果 A 国因某一偶然因素向 B 国出口此商品,则 A 国会增加产量,且随着产量的增加,长期平均成本逐渐下降,最终将会使得 B 国此类商品的生产者退出生产转而生产其他商品,同样 A 国的资源都用来生产此类商品,其他商品就会从 B 国进口,这样产业内贸易就发生了。

(二) 偏好相似理论

偏好相似理论又称需求相似理论,是瑞典经济学家斯戴芬·伯伦斯坦·林德于 1961 年在其论文《论贸易和转变》中提出的。林德认为国际贸易是国内消费的延伸,一国产品的出口结构、流向及贸易量的大小决定于本国的需求偏好,而一国的需求偏好决定于该国的平均收入水平。这是因为一种产品的国内需求是其能够出口的前提条件,一般来说各国都是针对本国消费者的需求开发新的产品,首先满足本国的市场需求,并通过消费信息反馈进行反复的改进和修正,通过大规模生产实现规模经济才能向国外出口。而平均收入水平是影响一国需求结构的最重要因素,通常,高收入国家对技术水平高、加工程度深、价值较大的高档商品的需求较大。

重叠需求是两国开展国际贸易的基础,处于重叠需求范围的商品,两国均可进口和出口。收入水平接近的国家,其需求结构就越接近,则重叠需求范围的商品越多,两国间贸易范围可能越大。如果人均收入水平相差较大,需求偏好相异,两国贸易则会存在障碍。此外,即便两国中一国具有某种产品的比较优势,但是如果另一国没有对这种商品的需求,则两国仍不会发生贸易。

(三) 国家竞争优势理论

国家竞争优势理论又称"国家竞争优势钻石理论"、"钻石理论",是由哈佛大学教授迈克尔·波特在其代表作《国家竞争优势》中提出的,从宏观的角度论述一国如何造就和保持本国产业和产品的相对优势。

波特认为影响国家在国际竞争中能否获胜的环境因素有四个:① 生产要素:人力资源;自然资源;知识资源;资本资源;基础设施。根据要素的层次分为初级要素和高级要素,初级要素是指一个国家先天拥有的自然资源和地理位置等;高级要素则是指社会和个人通过投资和发展而创造的因素。一个国家若要取得竞争优势,高级要素远比初级要素重要。② 需求因素:国内需求条件是特定产业是否具有国际竞争力的另一个重要影响因素。挑剔的买主、前瞻性的需求以及国内需求的增长速度都会对一国的竞争优势产生深远影响。③ 产业因素:即与企业有关联的产业和供应商的竞争力。一个企业的经营要通过合作、适时生产和信息交流与众多的相关企业和行业保持联系,并从中获得和保持竞争力,如果这种接触是各方的主观愿望,那么产生的交互作用就是成功的。④ 企业竞争:指一国国内支配企业创建、组织和管理的条件。以上四个因素相互作用,构成了"钻石模型"。

思考与练习

1. 为什么邓小平理论是我国发展对外贸易事业的指导思想?
2. 为什么马克思主义国际分工理论是我国发展对外贸易事业的重要依据?
3. 如何运用马克思主义的社会再生产理论来论证我国发展对外经贸的重要性?
4. 如何运用马克思主义的国际价值理论来论证我国发展对外经贸的重要性?
5. 简述西方贸易理论的发展历程。

第3章 中国对外贸易发展战略

> **学习目标**

了解中国发展进出口贸易的战略意义;掌握我国所采取的市场多元化战略、大经贸战略、以质取胜战略和科技兴贸战略;重点掌握中国出口贸易发展战略和进口贸易发展战略的主要内容。

第1节 中国出口贸易的总体发展战略

发展对外贸易,关键是扩大出口贸易。因为出口贸易是进口贸易、引进技术、利用外资及一切对外经济活动的物质基础。随着我国经济的进一步开放和市场化进程的加快,出口贸易在国民经济发展中的地位越来越重要。因此,发展出口贸易,是我国从一个经济发展水平较低的国家发展成为经济发达的现代化强国的重要条件,具有重大的战略意义。

一、我国发展出口贸易的战略意义

(一)出口贸易是我国外汇收入的主要来源,其规模制约着我国进口的规模和引进技术的规模

新中国成立以来,我国的外汇收入中,出口贸易的收入约占五分之四左右,旅游、侨汇、劳务等非贸易外汇收入约占五分之一左右。因此,出口规模的大小基本上决定了我国进口重要原材料和引进国外先进技术的规模,从而影响我国经济建设的规模和进程。

(二)出口贸易制约着我国利用外资的规模

利用外资是扩大我国再生产规模,加速经济建设,引进先进技术、先进工艺、优质原材料和先进经营管理经验的重大战略举措。而利用外资的规模是受出口贸易的规模制约的,因为,不论以什么方式利用外资,也不论利用外资的条件如何,归根到底,利用外资的本息都要用出口所得的收入来偿还。

（三）出口贸易可以促进国民经济的技术进步

国民经济发展必须依靠科学技术的进步。而发展出口贸易，使国内产品进入国际市场，参与激烈的国际竞争，可以不断降低产品成本和提高产品质量。这就要求出口生产企业不断提高生产技术水平，更新设备和工艺，采用新的原材料和先进的经营管理方法，才能提高劳动生产率，改进出口商品质量、增加花色品种，在国际竞争中立于不败之地。由此，推动出口企业的技术改造并对国内产品起到辐射和带动作用，促进整个国民经济的技术进步。

（四）出口贸易可以推动产业结构和经济结构的优化

现代化建设事业的根本任务之一，就是要不断地使产业结构和经济结构向先进方向发展。出口贸易的发展，必然要求国内经济与世界经济接轨，要求国内产品与世界产品互接互补，积极发展国际市场需求的产品，不断改善出口商品结构，由此也就要求不断调整出口产业结构，而出口产业结构的优化，必然通过与国内产业的关联性而传导开来，进而带动国内产业结构及整个国民经济结构的优化。

（五）出口贸易有利于创造我国经济建设的良好外部环境

出口贸易是我国发展对外经济贸易关系的最基本的内容，是广泛参与国际经济、技术交流与合作的前提。中外经济联系的加强，必然促进国家关系向前发展。同时，发展出口贸易使我国产品更多地进入国际市场，由此可以促进以商品为载体的精神文化交流，使世界上更多的人民了解中国，这既可以增进同各国人民的联系和友谊，又可促进我国与其他国家建立和发展友好的、正常的国家关系，维护世界和平与稳定，从而为我国经济建设创造良好的外部环境。

二、出口商品战略

出口商品战略就是根据我国经济发展的具体情况和国际市场的需要，对出口商品构成做出战略性安排。在我国不同的历史时期，制定了不同的出口商品战略。

（一）"六五"时期中国的出口商品战略

"六五"计划时期，根据我国刚刚改革开放，产业结构和生产技术落后的情况，我国制定的出口商品战略是：发挥我国传统技艺精湛的优势，发展工艺品和传统的轻纺产品出口；发挥我国劳动力众多的优势，发展进料加工；发挥我国现有工业基础的作用，发展各种机电产品和多种有色金属、稀有金属加工品的出口。根据该战略，"六五"计划期间，我国优先发展了石油、煤炭等矿产品和农副土特产品的出口，重点发展了轻纺产品的出口，逐步发展了机电产品及有色金属、稀有金属加工品的出口。

(二)"七五"时期中国的出口商品战略

经过"六五"计划时期的努力,我国出口商品中制成品的比重逐渐上升,但初级产品仍占较大比重。针对这种情况,我国在"七五"计划中提出的新的出口商品战略是:我国出口商品构成要逐步实现由主要出口初级产品向主要出口工业制成品的转变,由主要出口粗加工制成向主要出口精加工制成品的转变。在此期间,我国减少了一些大宗原料产品如石油、棉花、粮食及某些矿产品的出口,使轻纺产品出口得到较快的发展,机电产品及某些高科技产品出口也有了一定的发展。因此,到"七五"期末,我国实现了由主要出口初级产品向主要出口工业制成品的历史性转变。

(三)"八五"时期中国的出口商品战略

进入"八五"计划时期,我国一大批利用外资和引进技术项目开始创造效益。因此,"八五"计划期间的出口商品战略是:逐步实现由粗加工制成品出口为主向精加工制成品出口为主的转变,努力增加附加值高的机电产品、轻纺产品和高技术产品的出口,鼓励那些在国际市场上有发展前景、竞争力强的拳头产品出口。根据这一战略方针,"八五"计划期间,我国首先大力发展了机电产品的出口。其次相应发展了劳动密集型的轻纺产品的出口,同时积极发展了高科技产品的出口,此外继续保持了某些矿产品和农副产品的出口。经过"八五"期间的努力,我国出口商品结构进一步优化,轻纺产品和机电产品已取代农副产品及资源性产品,成为出口的支柱产品。但从总体上看,我国出口商品仍以粗加工、低附加值的劳动密集型产品为主,出口商品的国际竞争力较弱。

(四)"九五"时期中国的出口商品战略

适应形势发展的需要,"九五"计划期间的出口商品战略是:进一步优化进出口商品结构。着重提高轻纺产品的质量、档次、加快产品升级换代,扩大花色品种,创立名牌,提高产品附加值。进一步扩大机电产品出口,特别是成套设备出口。发展附加值高和综合利用农业资源的创汇农业。

(五)"十五"时期中国的出口商品战略

进入"十五"计划以后,我国经济发展面临一个空前发展的好机遇,加入WTO给中国发展出口贸易提供了一个更加和谐、稳定的发展空间。"十五"计划期间的商品出口战略是:继续扩大大宗传统产品和劳动密集型工业制成品出口,不断提高其技术含量和附加值,增加高新技术产品和高附加值产品出口,2005年机电产品出口比重提高到50%左右。

(六)"十一五"时期中国的出口商品战略

随着我国对外贸易规模的迅速扩张,我国出口商品结构的调整显得尤其紧迫。我国对外贸易中有近一半是以加工贸易的方式完成的。在这个背景下"十一五"规划期间提出的出口商品战略是：优化出口结构。在继续保持外贸适度增长的基础上，着力提高我国对外贸易的竞争力和综合效益，加快从贸易大国向贸易强国转变。在增长目标上，要从规模速度型增长向质量效益型增长转变。在竞争方式上，从低成本、低价格优势向综合竞争力、核心竞争力优势转变。在结构导向上，从重视出口创汇向进出口均衡发展、实现贸易平衡转变。到2010年货物贸易、服务贸易进出口总额分别达到23 000亿美元和400亿美元。

（七）"十二五"时期中国的出口商品战略

受国际金融危机的影响，"十二五"规划期间是我国外贸发展的重要战略机遇期，同时面临的形式更加严峻和复杂。"十二五"规划的出口商品战略调整为：稳增长促平衡取得实质进展；进出口商品结构进一步优化；发展空间布局更加完善；国际竞争力明显增强；并将出口增速调低至年均10%。

同时为适应我国对外开放由出口和吸收外资为主转向进口和出口、吸收外资和对外投资并重的新形势，必须更加注重出口与进口的协调发展；注重外贸与外资、外经协调发展；注重传统出口产业与新兴产业协调发展；注重各种经营主体协调发展；注重东部与中西部外贸协调发展；注重于主要经贸伙伴关系的协调发展。

三、进口替代战略

（一）进口替代战略的概念

进口替代战略是指用本国产品来替代进口品，或者说，通过限制工业制成品的进口来促进本国工业化的战略。进口替代战略是20世纪五六十年代两位来自发展中国家的经济学家普雷维什和辛格提出的，之后亚非拉许多发展中国家都在不同程度上实行了进口替代战略。

进口替代一般有两个阶段：第一个阶段，先建立和发展一批最终消费品工业，如食品、服装、家电制造业以及相关的纺织、皮革、木材工业等，以求用国内生产的消费品替代进口品，当国内生产的消费品能够替代进口商品并满足国内市场需求时就进入第二阶段：进口替代由消费品转向国内短缺的资本品和中间产品的生产，如机器制造、石油加工、钢铁工业等资本密集型工业。经过这两个阶段的发展，进口替代工业日趋成熟，为全面的工业化奠定了基础。

（二）进口替代战略实施的限制条件

进口替代战略的实施需要实行贸易保护政策，主要包括3个方面：① 关税保护，即对最终消费品的进口征收高关税，对生产最终消费品所需的资本品和中间产品征收低关税或免征关税。② 进口配额，即限制各类商品的进口数量，以减少非必需品的进口,并保证国家扶植的工业企业能够得到进口的资本品和中间产品,降低它们的生产成本。③ 使本国货币升值,以降低进口商品的成本,减轻外汇不足的压力。其中关税和配额是进口替代战略中最重要的保护措施。

(三) 进口替代战略的积极作用

实施进口替代战略对一个经济落后的发展中国家来说通常能起到以下积极作用:

第一,为弱小的民族工业的成长创造出一个宽松的发展环境。这种战略及其配套政策要重点保护的是落后国家的幼稚工业,这种工业的产品成本高、质量低、竞争力较差,很难与外国的同类产品进行市场较量。各国的经济发展史已充分证明,在一个没有保护的市场中进行竞争,落后国家的幼稚工业会在发达国家的成熟工业面前败下阵来。实施进口替代战略的国家为本国的弱小工业提供了一个温和的成长空间,使民族工业能在这种环境里从幼稚走向成熟,从弱小走向强大。自己的国家也会在这个过程中由一个农业国或二流工业国发展成为一个新兴的工业化国家。

第二,改善了发展中国家的经济结构,增强了经济成长的独立性。发展中国家的传统经济结构是单一的、畸形的,主要依靠农产品和矿产品的生产和出口来维持国民经济的运行。通过进口替代战略的实施,这种传统的经济结构会发生明显的改善,主要表现为:① 国内生产总值中工业的比重在上升;② 工业生产总值中制造业的比重在上升;③ 制造业中重化工业和机电工业的比重在上升。这几个"上升"表明了发展中国家工业化进程的合理化与经济结构的多样化。这种多样化的经济结构使发展中国家摆脱了历史上对发达国家过分依赖的状态,增强了独立自主发展民族经济的信心和能力。

第三,扭转了发展中国家在国际分工体系中的不利地位。各种资料表明,国际分工体系对生产和出口初级产品的发展中国家是不利的,具体表现为这类国家的贸易条件处于一种长期恶化的趋势。这种趋势在战后更为明显,国际市场上初级产品的相对价格不断下降,工业制成品的相对价格不断上升。实施进口替代战略的国家已经在很大程度上扭转了这种不利局面,因为它们已改变了生产和出口初级产品并进口工业制成品的传统做法,把更多的初级产品留在国内,供自己的进口替代工业使用,国内消费所需要的多数工业制成品也已经能够由本国企业来提供,使加工和销售利润更多地留在了国内。

我国进口替代战略的实施,使得中国能够在保持国际收支平衡的条件下,初步形成一个完整的工业体系。

(四) 进口替代战略的消极作用

进口替代战略在促进我国经济发展,形成完整工业体系的同时,也产生着若干消极影响：

第一，保护完好的市场环境抑制了企业的积极进取精神，使经济发展易产生高成本和低效率。这主要是因为在严密的保护中，本国企业感受不到来自进口产品的激烈的生存竞争。对进口产品的数量限制，使本国企业的产品即使质量差、价格高，也仍然有销路，也同样有利润。在这种环境下的企业就会满足于既得利益，就会失去自我完善、不断改进技术水平和管理水平的内在动力和外在压力。长期实施进口替代战略的国家所普遍存在的企业的低素质和生产的低效率就是由此产生的。

第二，经济发展难以形成规模效益。现代经济发展非常注重规模效益问题，一个企业或一项生产的产品量只有达到一定的规模，经济效益才能提高。进口替代战略下的企业生产主要面向国内市场，政府并不特别鼓励去开发国外市场，这就使产品销售受到很大限制，囿于收入水平低、消费层次浅的国内消费者群。这种状况在一定程度上制约了企业生产规模的合理扩大，并使企业的生产设备和人员常常得不到充分运用。在一些较小的国家和地区中，这种消极作用尤为明显。

第三，国际收支经常项目的逆差状况长期得不到缓解。实施进口替代战略的目标之一是想通过保护贸易政策限制产品进口，以便改善不利的国际收支状况。然而，该战略实施的结果表明，这一目标远远没能达到。实际达到的结果不是进口产品量的大幅度减少，而是进口商品结构的改变：资本品的进口代替了消费品的进口。资本品的进口，无论是机器设备还是原材料，都是为了提高国内的工业化水平，以实现用国产品代替进口品这一重大战略目标，因而这一阶段多进口些资本品是合理的。

第四，进口替代战略易造成市场信号扭曲，导致资源配置不合理和产业结构失衡。进口替代战略下的政府对经济运行的干预较强，比如过重的进口许可证限制、过多的政府补贴，这些都会使市场信号出现扭曲，使产品价格不能正确反映一国资源的稀缺程度，从而导致资源使用上的浪费和产业结构上的倾斜。如保护政策所重点培植的国内进口替代行业，会因为产品价格高、利润大而诱导厂商们无节制地向这类行业投资，最终会导致产品滞销、设备闲置。

四、出口导向战略

(一) 出口导向战略的概念

出口替代战略是根据国际比较优势的原则，通过扩大其有比较利益的产品的出口，以改善本国资源的配置，从中获得贸易利益和推动本国经济的发展。其核心思想是使本国的工业生产面向世界市场，并以制成品的出口代替初级产品的出口。该战略以出口鼓励作为经济动力的发展模式，将本国产品置于国际竞争的环境中，其优点是比较显著的。以这种方式发展的国家，大都取得了实绩优良的高速经济增长,比如亚洲"四小龙"通过实施出口导向战略在20世纪80年代的工业化率达到了28%～38%,高于同期发达国家平均水平的24%。

出口导向战略一般也要经历两个阶段:第一个阶段,以轻工业产品出口替代初级产品出口,主要发展劳动密集型产业,如食品、服装、纺织品、一般家电制造业等,随着生产规模的扩大和国际市场环境的变化就进入了第二个阶段;第二个阶段是以重化工业产品出口替代轻工业产品的出口,致力于发展资本密集型和技术密集型工业,如机械电子、石化等行业。此后,极少数发展中国家和地区开始着手建立知识和信息密集型等高科技产业,力图在高科技产业产品的世界出口贸易中占有一席之地。

出口导向战略的实施需要一定的措施:

(1) 对出口企业给予优惠政策,如减免税收、低息贷款、增加补贴等。

(2) 对出口企业需从国外进口的资本品、中间产品和技术专利等实行减免税、放宽进口配额。

(3) 使本国货币贬值以降低本国出口商品以外币计算的价格,增加企业和产品在国际市场上的竞争力。

(二) 出口导向战略的利弊

在中国这个资金、技术缺乏,市场狭小和大部分人从事农业的不发达经济中,选择出口导向型战略:① 可以充分利用国外的资源,并与本国具有绝对优势的劳动力资源相结合,生产并出口本国具有比较优势的产品,以缓解外汇压力;② 可以在国际分工中节约劳动,充分发挥自身的比较优势,在全球性的产业结构调整中,促进本国产业结构的优化升级,获取因分工而产生的规模经济效益;③ 可以通过对外贸易,互通有无,使本国居民享受到更多的经济福利,提高其生活水平;④ 可以通过外部市场的开拓,带动国内相关产业和部门的发展,不仅为国内的剩余产品或闲置生产资源找到了出路,还扩大了就业量;⑤ 可以通过保持较高的出口增长率来保持较高的经济增长速度,使一国经济在很大程度上融入世界经济大循环圈中;⑥ 由于国际竞争压力对国内企业形成了有效的激励,促使国内企业必须不断提高生产效率、改善经济管理、开发新技术、培训员工,只有这样才能在激烈的国际竞争中求得生存和发展。近20年来,几乎所有经济高速增长的国家和地区都是出口占GDP比重不断上升的国家和地区,包括中国、亚洲"四小龙"、东盟等。

实施外向型经济的上述种种优越性,基本上已为人们所共识。但是,出口导向型发展模式也具有特殊局限性:

(1) 出口导向型发展模式对于大国和小国的作用是不同的。一般而言,小国因地域狭小,人口总量不大,市场容量较小,如采取出口导向型经济发展模式,积极扩大外贸出口,就可以使其产品生产达到规模经济的要求,取得较大的规模经济效益;另外,小国的失业劳动力、剩余产品、闲置生产资源的数量相对于大国而言都比较小,只要出口达到一定规模,就可能在很大程度上解决这些问题。而大国则不然,其庞大的国内市场足以支撑任何一种产品达到规模经济的要求,如中国,其国内供给满足其国内需求的程度较高,无需过分依赖于国外的市场需求;且相对于小国而言,大国面临数额巨大的失业劳动力、剩余产品等问题,即使有较大的出口增长,也只能在一个相对较小的范围内解决问题。

(2)依赖大量出口来推动本国经济发展,会增加本国经济的对外依赖性,从而丧失经济发展的主动权。无论是发达国家还是发展中国家,在经济的发展过程中,一味地将出口作为经济的发展动力的话,最终可能会降低甚至丧失本国经济自我发展能力和抵御外部冲击的"免疫力",从而更易受到外部市场的摆布,这对一国经济的长远发展是非常不利的。特别是对于作为发展中国家的中国而言,这种危害性是很大而且是显而易见的:首先,发展中国家对外开放的水平受制于其国内的经济发展水平,这决定了一个经济落后的国家即使实行了全面的对外开放,其水平和层次也不会很高,这必然会降低其在开放中所能获取的比较利益;其次,发展中国家在国际政治经济旧秩序中处于非常不平等的地位,不平等的贸易地位将使之获利较少甚至无法获利,并且其贸易条件将不断恶化,从而使这些国家在对外开放中陷入比较利益的陷阱而无力逃脱;再次,出口导向型战略的实施,容易使许多跨国公司介入发展中国家的"出口替代活动"中,很容易使发展中国家的产品所有权、销售权和管理权落入其强有力的控制之中,这非常不利于发展中国家战略性产业的成长和起飞,并可能在发展中国家对一些跨国公司失去控制力的情况下,危及这些国家的经济安全;第四,出口导向型发展战略的作用受到市场发展的制约。我国所奉行的出口导向型是以国外市场的需求,主要又是发达国家的市场需求为重点的。在20世纪七八十年代,正值西方产业结构调整的高潮,西方产业结构的高级化,使得一些传统产业逐步退出其市场,这时亚洲一些国家成功实施出口导向型战略,将大量传统产业打入发达国家市场,正好适应了其市场上传统产品不足、需要填补的要求,但是现在这个特殊的历史背景已经不存在了。

第2节 中国进口贸易的总体发展战略

党的十四大明确指出:"适当增加进口,更多地利用国外资源和引进先进技术。""十一五规划"提出:"积极扩大进口,实行进出口基本平衡的政策,发挥进口在促进我国经济发展中的作用。扩大先进技术、关键设备及零部件和国内短缺的能源、原材料进口,促进资源进口多元化。"2013年党的十八大报告指出:"坚持出口和进口并重,强化贸易政策和产业政策协调,形成以技术、品牌、质量、服务为核心的出口竞争新优势,促进加工贸易转型升级,发展服务贸易,推动对外贸易平衡发展。提高利用外资综合优势和总体效益，推动引资、引技、引智有机结合。"进口贸易也是对外贸易的一个主要方面。我们应当使进口贸易保持适度的规模与速度。

一、进口贸易发展概况

新中国成立以来，随着我国经贸事业的发展，随着出口贸易规模的不断扩大，进口贸易得到巨大发展。

新中国成立初期的1950年，进口贸易额仅有5.8亿美元，到改革开放前的1978年，才发展到108.9亿美元；20世纪80年代以后，进口贸易增长速度大大加快，1990年突破1 000亿美元，90年代继续保持高增长率，2002年我国进口总额达到2 952亿美元，到2011年我国进口总额为17 434.84亿美元，进口总额由2000年占世界总进口额的3.4%增长到9.5%。进口贸易与国民经济的内在联系不断加强，国民经济的进口贸易依存度有了显著提高。

进口商品的构成是随着我国经济建设对进口需求的变化而变化的。20世纪50年代，启动工业化是压倒一切的任务，在进口商品结构中生产资料进口的比重高达90%以上，而消费资料进口不足10%。60年代初，由于三年自然灾害的发生，我国大量进口了粮食、油脂、糖等基本生存物资，为度过自然灾害起到了积极作用。改革开放以来，随着我国工业化向纵深发展，进口贸易中引进先进技术、设备所占的比例逐步提高。目前在我国进口商品构成中，初级产品所占比重逐步增加，由2001年的18.7%增加到2011年的35%，工业制成品所占比重则由2001年的81.3%降到65%。

我国的进口市场也出现了明显的变化，20世纪50年代以原苏联、东欧为主，60年代开始逐步转向日本、西欧等市场。目前我国进口市场遍布世界各地，但以西方发达国家为主。

总之，新中国成立以来我国进口贸易的发展表明，我国的进口贸易为发展工农业生产，加速社会主义现代化建设，起着积极的作用。

二、进口贸易发展战略

进口贸易发展战略是指根据国内生产、消费的需要，对一定时期进口商品的构成所作的战略性规划。进口贸易发展战略是以国民经济的发展目标为依据的。根据"十五"计划发展国民经济和产业结构调整的需要，我国现阶段进口商品结构作如下规划：

（一）积极引进先进技术和关键设备

我国进口的重点要放在引进先进技术和关键设备上。科学技术是第一生产力。要把我国经济发展逐步转移到主要依靠科学技术进步和提高劳动者的素质的轨道上来,就必须把引进先进技术和关键设备列为进口商品战略的重点。

为了逐步实现产业结构合理化、现代化,应围绕国家重点建设和重点技术改造,以能源、交通、通信、原材料、国防、科技和农业等行业所需要的重大技术和装备为重点,有重点、有步骤地组织先进技术与关键设备的引进,提高其在进口中的比重。

1. 确保能源、交通、通信和重要原材料等基础工业及基础设施的重点建设

能源是我国经济建设的重点,又是薄弱环节。我国不仅能源增长偏低,而且利用率低,美国等工业发达国家能源利用系数在50%左右,而我国仅有28%左右。近几年,我国每年缺电约700亿度,缺油约500万吨。据预测,在本世纪末前,能源紧张的状况将继续存在,能源紧张严重制约经济的发展。我们应加强能源开发,积极引进太阳能、核能、地热和电力、煤炭、石油、水利资源开发等方面的先进技术设备。

交通、通信既是国民经济建设的战略重点,又是薄弱环节。我国铁路、公路通车里程远远落后于发达国家,海洋运输、航空运输也落后,目前我国运输部门只能满足全国运输需求的60%左右,严重影响了生产建设与人民生活。为了改变交通运输和邮电通信薄弱状况,我们要重视电气化铁路、深水泊位和光缆干线等交通通信方面先进技术设备的引进。

以钢铁、铝、基本化工为主的重要原材料工业,也是我国的薄弱环节,在进口中要确保这些重要原材料工业的重点建设。

2. 扶持机械、轻纺和交通设备制造等加工工业的技术改造

我国国民经济和社会发展10年规划要求,到上世纪末,机械工业和轻工业的主要产品中40%左右达到或接近国际较先进的水平,纺织工业的总体装备技术达到国际较先进水平。加工工业的改造与提高,是一个重要而艰巨的任务。为使我国通过技术进步和技术改造走上内涵扩大再生产的发展道路,我们应通过进口贸易,积极引进精密高效的机床、仪器、仪表等先进技术,扶持加工工业,特别是其中大中型骨干企业的技术改造与提高。

3. 积极支持电子等先导产业的拓展

电子、信息、航天、生物工程和新能源、新材料工业等等,是在高新科技领域中,跟踪国际先进技术水平,对我国经济技术发展有重大意义的先导产业。我们要重视先导产业的拓展。目前限于我们的条件,可以先把重点放在电子和信息产业上,注重引进先进的微电子技术、计算机技术和传感技术,使之成为促进产业结构合理化、现代化的带头产业。

(二)认真组织好重点建设物资、农用物资和"以进养出"物资的进口

在重点建设物资和农用物资中,由于种种原因难以在国内满足需要,例如:有的原材料(钢材、纸张等),受生产水平所限,不能满足要求;有的工业原料(橡胶等)受自然气候影响,国内生产困难;有的矿产资源(铜矿等)品位偏低;有的资源(金刚石、白金等)国内不足;有的地矿资源人均占有量不足等等,所以,我们要充分利用国外资源与国际市场的作用,进口钢材、铜、铝、化肥、橡胶、木材、纸张等重点建设和农业需要的物资,以保证重点建设的顺利进行和农业的发展。

"以进养出",包括进口原材料加工成品出口,进口主件或零配件,加工装配出口;以国产原料为主,进口辅料加工成品出口;进口饲料、肥料、种子、种畜等养殖种植农副土特畜产品出口以及进口某些商品调换国内农副产品出口。这是一种利用国外资源,发挥国内劳动力优势,创汇增收的进口贸易方式。我们应保证"以进养出"物资的进口。

(三) 适当组织生活必需品进口,保证市场物资供应

在发展生产的基础上,保障供给,不断提高人民生活水平,这是我们一切经济活动的根本目的。由于在不同时期受自然的、生产的条件和主客观的种种因素的影响,国内所生产的物资还不能完全保证人民生活的必需和市场的供应,还需要适当地组织进口。

我国进口的生活必需品,主要是粮、油、糖和棉花等。适当进口这些生活必需品,保证粮油供应的充足,这是关系国计民生的大事。它对于保障社会的安定、经济的增长,有着举足轻重的影响。对于农业的休养生息、合理调整农业结构也有积极意义。

从国际市场行情看,经济作物的价格,普遍高于粮食价格,在粮食作物中,大米价格又高于小麦价格。通常1吨大米可以串换1.5~2吨小麦。如果我们发展经济作物去换取粮食进口,或者用大米、花生、杂豆等国际市场上价格较高的粮食去串换小麦、玉米等价格较低的粮食,不仅可以增加国内的粮食供应和储备,而且可以增创和节约外汇,提高外贸经济效益,增加农民收入,维护农民利益和国家利益。

三、进口贸易的基本指导方针和原则

(一) 基本指导方针

在对外经济贸易方面,应当"坚定不移地执行独立自主、自力更生、艰苦奋斗、勤俭建国的方针。"根据我国国情和需要,以国民经济总体发展战略为依据,在自力更生的基础上,充分利用国际市场,以提高经济效益为中心,合理组织进口。要按照有利于技术进步、有利于增加出口创汇能力和有利于节约使用外汇的原则,合理安排进口,积极引进先进技术,并加强消化、吸收和创新,努力发展替代进口产品的生产,促进民族工业的振兴和发展,为加速实现社会主义现代化服务。

(二) 进口贸易的原则

(1) 凡是国内能够生产,并且在数量上和质量上都能满足需要的,应由国内解决,不应组织进口。

(2) 国内虽能生产,但数量、品种和质量还不能满足需要的产品,经济建设和人民生活急需的产品,或发展出口生产必需的物资和设备,可以适当进口。

(3) 对可增强自力更生能力,加速社会主义建设的先进技术和设备,要优先安排进口。

(4) 进口商品要由"调剂型"向"发展型"转变,要符合中国产业政策的要求。

(5) 要保持适当的进口速度与规模。一般说来,进口的规模与速度取决于出口,而出口的发展,要根据生产能力与国际市场的情况来确定。应本着进出口基本平衡,略有节余的原则,积极扩大进口。

第3节 市场多元化战略

"市场多元化战略"战略是"七五"计划中第一次提出来的。在"七五"计划中提出了要使我国出口市场格局从单一化向多元化转变的战略。概括起来讲,"七五"时期的市场多元化战略就是巩固和发展亚洲太平洋地区市场,开拓西欧共同体市场,恢复和发展同原苏联、东欧国家的贸易,拓展中东、拉美市场,发展同亚非拉发展中国家的出口贸易。

"八五"计划时期,市场多元化战略的基本要求是:在继续巩固西方发达国家和港澳市场的同时,加快开拓发展中国家、独联体国家和周边国家的市场,力争对后一类市场的出口比重逐步有所提高,以避免对某一市场的过度依赖并防范市场风险。

"九五"计划时期,市场多元化战略的基本要求是:在巩固和发展西方发达国家市场的基础上,大力开拓新市场,包括独联体市场、东欧市场、非洲市场、中东市场和拉美市场。

"十五"计划时期,市场多元化战略的基本要求是恢复和巩固亚洲市场,进一步拓展美国、欧盟市场,大力开拓独联体、东欧、中东、非洲、拉美市场。

"十一五"规划时期,市场多元化战略要求积极参与国际区域经济合作机制,加强对话与协商,发展与各国的双边、多边经贸合作。积极参与多边贸易、投资规则制定,推动建立国际经济新秩序。

"十二五"规划时期,市场多元化战略要求加快实施自由贸易区战略,进一步加强与主要贸易伙伴的经济联系,深化同新兴市场国际和发展中国家务实合作。利用亚太经合组织等各类国际区域和次区域合作机制,加强与其他国家和地区的区域合作。

一、中国实施出口市场多元战略的必要性

(一) 实施市场多元化,有利于中国减小对某些市场过分依赖而带来的风险

在世界向多极化发展,国际经济区域化、集团化日益明显的情况下,实施市场多元化,有助于我国外贸分散风险,减少摩擦,提高整体经济效益。尤其是面对国际经济关系政治化倾向日益明显、贸易保护主义盛行、某些发达国家与我国贸易摩擦频频发生,对我国形成越来越强劲的竞争的形势,实施市场多元化,有利于我国摆脱对某些市场的过分依赖,防止出现突发事件而遭受重大损失。

(二) 实施市场多元化,有利于中国出口贸易持续、健康、稳定发展

只有多元化市场,才能扩大我国传统商品的出口规模,因为我国传统的出口商品,如轻纺产品,主要出口到发达国家市场,其中有不少商品要受到配额等数量限制,并不断遭到进口国的反倾销指控。如果将这些商品的一部分转向新市场,则可摆脱传统出口市场的限制,扩大我国出口产品规模,保持外贸出口的持续增长。

(三) 实施市场多元化,有利于中国在国际分工和国际竞争中争取有利地位

面对竞争激烈的国际市场,客观上要求我国在发展出口贸易的过程中,不要过于依靠少数几个国家和地区。因为这往往会造成它们对某些产品市场和价格的垄断,甚至附加一些不合理的要求。而我国又由于市场过于狭小,只能受制于人。所以,只有实施市场多元化,才能有效地争取对等和公平的竞争条件,保证我国在国际交换和国际竞争中处于积极主动的竞争地位。

(四) 实施市场多元化,有利于中国加强同发展中国家的经贸往来与合作

拓展与发展中家和地区的贸易关系,不仅潜力很大,而且也是政治和经济上的需要。我国同属发展中国家,与发展中国家在历史上有共同的遭遇,在世界经济交往中有许多共同语言、共同利益,是反对大国强权政治和维护民族独立的发展中国家的同盟军。同时,我国与发展中国家在经济贸易上有很强的互补性。因此,实施市场多元化有利于我国加强同发展中国家的经贸往来与合作,促进双方经济的迅速发展,走共同富裕的道路。

二、中国市场多元化战略内容

(一) 继续巩固和发展西方发达国家和港澳市场

我国传统市场——西方发达国家和港澳地区,与我国经济互补性强,我国产品在这些市场上适销对路,加之这些国家和地区消费水平高,购买力强,市场容量

巨大,因而是我国产品的主销市场。同时传统市场也是我国现代化建设所需资金、技术及重要物资的主要来源。要大量引进西方先进技术、设备,所需资金还必须依靠对这些国家的出口,否则,进口将难以持续。因而对西方发达国家和港澳地区市场,我们必须在巩固的基础上向纵深发展。

（1）要努力改善我国出口商品结构,提高出口商品质量、档次和附加值,不断开发新产品,使出口商品跟上这些市场需求的变化。

（2）要进一步了解和研究发达国家和地区的贸易法规和惯例,充分运用它们先进的贸易基础设施和销售网络,稳定和提高我国出口商品的市场占有率。

（3）要根据各个市场的不同特点,制定相应的开拓战略。美国是世界上最大的进口国,市场容量大,进口范围广,商品需求层次多,各类商品都有市场。而我国对美国出口商品的种类只占美国进口商品种类的一小部分,大部分仍是空白。今后,应重点开拓美国轻工业品、机电产品市场。日本经济与中国经济互补性很强,在日本产业结构向技术密集型转化过程中,我国应尽快调整对日本出口商品结构,在保持轻纺产品出口稳定增长的同时,要逐步提高机电产品的出口比重。欧盟工业发达,经济实力雄厚,其对外贸易额占世界贸易额的40%以上,具有极强的购买力。同时,随着欧洲一体化进程的加快,对内自由,对外保护趋势加剧。而我国向欧盟出口的发展,主要是依靠低价格、大幅度增加出口量来实现的,由此招致其对我国出口商品实行反倾销制裁。同时我国出口的大部分主要商品受到其配额限制。因此,今后应努力调整出口产品结构,在保持传统产品出口的同时,不断开发新产品,提高产品质量、档次,主要通过优质优价的商品来巩固和发展欧盟市场。

港澳地区目前是内地最大的出口市场和转口市场。应充分利用香港国际贸易和国际金融中心的地位,继续发挥其作为内地出口商品中转站的作用,推动内地与香港的经济合作向更高层次发展。同时要加强向港澳地区出口的管理和协调工作,保证对港澳地区出口的稳定增长,并避免转口贸易的冲击。

（二）重点开拓亚、非、拉发展中国家市场

广大发展中国家,虽然进出口总额仅占世界总量的20%左右,但其地域广阔,人口众多,整体上是一个很有潜力的大市场。我国产品进入发展中国家市场具有一定的优势:一是我国的出口商品价格、出口商品结构很适合发展中国家的消费水平。我国出口的轻纺产品以中低档为主,价格低廉,非常适合发展中国家的需要。我国普通的机电产品,操作技术要求不高,价格合理,与多数发展中国家的产业结构、生产力水平相配套。二是不少发展中国家资源丰富,如非洲有"世界原料库"之称,农业、林业、矿产资源都非常丰富,其中很多资源是我国经济建设所需要的。同时不少国家工业品短缺,而我国拥有强大的生产能力。因此,双方在经济上有一定的互补性。

我们应根据各个市场的不同特点,采取灵活多样的政策,提高我国商品在发展中国家市场的占有率。

亚洲特别是东南亚地区经济增长强劲,与中国既有着地理位置接近的有利条件,又有着相似的文化背景。近年来,各国纷纷实行经济转轨,市场对外开放,这是我们开拓东盟市场的有利时机。而且中国与东盟各国外交关系的不断改善也为我们进入东盟市场提供了条件。我们应积极利用这些条件,在东盟未形成自由贸易区之前,我们可以以合资、独资、合作的方式在东盟建立贸易公司,享受其内部消除其非关税壁垒的种种优惠条件,同时把我国与东盟在一些商品上的竞争关系变为互补、互利的关系,扩大我国商品对东盟的出口。

拉美国家近年来经济发展较快,市场容量扩大,许多国家实行贸易自由化,市场开放度提高,这为我们扩大出口和到当地投资办企业提供了条件,而我们同拉美的贸易还较少,扩大贸易有很大潜力。

非洲单个国家的市场不大,但是整个非洲每年有 2000 亿美元的贸易额,而我国对其出口所占比重很小,开拓非洲市场有良好的基础。

(三) 积极扩大独联体、东欧国家市场

独联体、东欧国家市场是一个拥有 4 亿多人口的大市场,不少国家自然资源丰富,物质技术基础雄厚,消费需求总量较大。从长远看,该地区国家经济有巨大的发展潜力,其市场容量将进一步扩大。因此,开拓独联体、东欧国家市场是我国实施市场多元化战略的重要组成部分。

我国开拓独联体、东欧国家市场的有利条件是:一方面,独联体不少国家与我国相邻,发展双边贸易往来有着地理、交通上的便利。另一方面,我国与独联体国家经济结构、产业结构的差异使双方在经济贸易上有着广泛的互补性,独联体的机械设备、运输工具、钢材等重工业产品及一些资源性产品是我国现代化建设所需要的,中国丰富的轻纺产品和食品等也很受独联体、东欧国家的欢迎。

我国开拓独联体、东欧国家市场也面临着挑战。一是这一地区,尤其是俄罗斯经济受亚洲金融危机的影响再度出现巨大动荡,生产下滑,对外贸易萎缩,通胀率回升,居民生活水平下降,要扭转这一局面需要一定的时期。二是西方国家及周边国家的商品大量涌入该市场,而我国商品在质量、价格、交货条件等方面都不如这些国家。三是双方贸易方式不规范,银行结算系统不畅、信誉差、履约率低,符合国际贸易规范的机制尚未建立等,也影响我国对这一地区出口的扩大。

进一步开拓独联体、东欧市场应采取有力的措施。① 加强市场调研,苏联解体和对外贸易国家垄断制的变化,使我国与原苏联多年来的贸易关系模式发生了巨大变化,原有的专业外贸公司已被成千上万的新公司所代替。对于这一变化,我国必须加强市场调研,及时掌握这些新公司的资信与经营能力,了解熟悉独联体、东欧各国的新政策、新法规,抓住时机占领市场。② 努力扩大优质产品出口,

提高中国商品在独联体、东欧市场的信誉。近年来部分经营作风不正的贸易商贩使大量假冒伪劣商品进入独联体、东欧国家市场,严重破坏了我国出口商品的信誉,造成很坏的影响。因此,今后应加强我国有实力、信誉好的国有外贸企业和有外贸经营权的生产企业同独联体、东欧相关企业的联系,努力扩大优质产品出口,提高中国出口商品的信誉。③ 国家应一步完善鼓励扶持政策。为鼓励我国有实力、信誉好的公司、企业开拓独联体、东欧市场,国家在政策上,如贷款、配额等方面应予以扶持,使其与独联体、东欧信誉好的大企业建立长期合作关系,开展有一定规模、有较深层次的经贸活动,以促进对独联体、东欧国家出口贸易健康、稳定发展。

"十五"计划明确指出,我国要更好地贯彻市场多元化战略,积极开拓新的出口市场,努力扩大货物和服务出口。

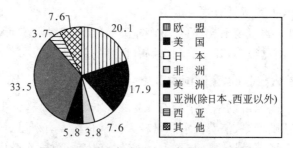

图 3-1　2010 年中国主要出口市场分布图

资料来源:联合国贸易和发展会议数据库

第 4 节　大经贸战略

"大经贸"的战略是我国政府于 1994 年提出的发展外经贸的战略构想。"大经贸"战略是国民经济发展战略中的一部分,"小经贸"要变成"大经贸",是进一步扩大对外开放和发展开放型经济的客观需要。

一、大经贸战略的含义

"大经贸"战略就是实行以进出口贸易为基础,商品、资金、技术、服务相互渗透、协调发展,外经贸、生产、科技、金融等部门共同参与的外经贸发展战略。

(一) 大经贸的内涵

(1) 大开放。要通过进一步拓展对外经贸的深度和广度,形成对内对外的全方位、多领域、多渠道的开放格局。在此基础上,按照国际贸易规范的要求,加快转换企业经营机制,加强国内经济与世界经济接轨,奠定我国开放型经济体系,最大限度地获取参与国际分工的好处。

（2）大融合。实现外经贸各项业务主要是对外贸易、利用外资和其他对外经济技术合作业务的大融合；实现商品贸易、技术贸易、服务贸易的一体化协调发展；实现多边经贸合作的有机结合。

（3）功能大转变。外经贸的功能将发生重大转变，在扩大外经贸规模、提高对国民经济增长贡献度的同时，要着力发挥其促进我国产业结构调整、加快技术密集型产业的发展步伐、加快技术进步和提高宏观、微观经济效益方面的作用；同时，外经贸作为沟通国内市场与国际市场的重要渠道，还要对国民经济发挥全面导向功能，提供多方面的综合服务，特别是信息沟通等方面的服务。

（二）大经贸战略的内容

（1）实现外贸、外经、外资等外经贸各方面业务的渗透与融合，主要是对外贸易、利用外资、对外承包工程与劳务合作、对外援助、对外投资和其他对外经济合作业务的相互渗透与融合，实现商品贸易、技术贸易和服务贸易的一体化协调发展。

（2）加强外经贸主管部门与国民经济综合管理部门和其他相关部门的协作与配合，把对外经贸的宏观管理与国民经济的宏观调控更好地结合起来。

（3）加强外经贸行业与国内相关产业的结合，发展对外经济贸易对国内产业结构调整、产品结构升级、企业技术进步、资源有效配置等方面的导向作用，促进经济增长方式由粗放型向集约型转变，促进国民经济的有效增长。

（4）发挥贸、工、农、技、银等各方面的积极性，形成合力，从深度和广度上不断拓展国际市场，促进全方位、多领域、多渠道的对外开放，推动我国经济与世界经济互接互补，提高我国利用国外市场和资源的能力与水平。

二、大经贸战略的目标

（一）适度超前增长

外经贸要继续保持适度超前增长，提高对经济增长的贡献度，以弥补我国资源、资金和技术的缺口。

（二）集约化发展

要进一步优化结构，加快技术进步和提高效益，促进我国产业结构的调整。

（三）市场多元化

要在巩固和发展西方发达国家市场的基础上大力开拓独联体市场、东欧市场、中东和拉美市场。

（四）地区分工合理化

改变各地区出口产业雷同化、重叠化的现象，减小地区之间的矛盾和摩擦，形成各地区之间外经贸合理协调发展的格局。

三、实施大经贸战略的主要政策措施

（一）转变观念，树立大经贸意识

实施大经贸战略，要求各级政府和广大企业转变观念，从传统的"小经贸"的局限中跳出来，树立"大经贸"意识，采取切实措施，改进工作，提高宏观决策和经营管理水平，从而推动外经贸发展模式的根本转变。

（二）深化外经贸体制改革，完善外经贸宏观调控体系

外经贸部门要从微观事务管理中解脱出来，变直接干预为间接宏观调控，以汇率、利率等经济调控手段为主，以完善外经贸法规为基础，以必要的行政手段为补充，为"大经贸"战略的顺利实施创造一个良好的政策环境。

（三）转变工作方式

改变主要靠开会、发文件、发电报等指导工作的方式，要充分利用报纸、电视、电话、EPI电脑信息网络等手段传达管理意图，传递信息，沟通情况，指导工作。

第5节　以质取胜战略

世界经济的发展趋势表明，产品质量是当前国际竞争的焦点。产品能否在国际市场上竞争取胜，质量是一个决定性因素，而价格竞争已退居次要地位。因此，我国"九五"和"十五"计划都强调要"提高出口竞争力，形成出口增长主要靠质量的机制"，加快转变目前的数量型经济增长为基础的低质低价的出口竞争方式，要贯彻实施"以质取胜"战略，尽快提高出口商品质量水平，增加高附加值、高技术含量、高档次商品的出口比重。

一、树立"质量第一"的观念，强化出口商品质量意识

我国出口商品质量低劣的原因，固然有生产技术方面的因素，但更主要的是由于质量观念薄弱，缺乏责任心和严格的管理，粗制滥造造成的。因此，我国要在提高生产技术水平的同时，加强出口商品质量的宣传教育，特别要大力宣传《对外贸易法》、《产品质量法》、《进出口商品检验法》等，通过宣传教育，使外易企业、出口生产企业乃至全社会都充分认识到提高出口商品质量的重大意义，意识到高质量的出口商品是进入国际市场的通行证，是扩大出口贸易的根本保证。牢固树立

"质量第一、信誉第一"和"质量是效益的核心"的观念,正确处理好质量与效益和速度的关系。

二、依靠科技进步,不断提高出口商品质量

在当代科学技术迅猛发展、高新技术实现产业化,传统产业日益得到改造的情况下,科技进步已成为贸易增长和国际贸易竞争的重要因素。因此,我国要认真贯彻科技兴贸战略,提高对外贸易发展的科学技术含量,一方面要加快对出口生产企业的技术改造,另一方面要加强高科技产品的研制开发,以便较快地提高我国出口商品质量、档次和加工深度,发展品牌产品,用名牌提高出口商品的附加值。通过出口商品质量、档次的提高和结构的优化,促使我国外贸出口向集约型、质量效益型转变。

三、加强全面质量管理,保证出口商品质量

科技进步时代的质量观已是在传统质量观基础上发展和深化的"全面质量"观。它不仅包括产品自身内在的质量,还包括产品外在的质量,即产品的包装质量、销售质量、服务质量等结合性的质量。所有生产企业必须按照国际标准组织生产,同时强化质量管理和质量检查制度。严厉打击出口商品中的假冒伪劣商品,保护国家的出口信誉。要同国际上质量认证、商检等权威机构建立起联系,采用国际标准严格检验。

四、积极推行国际标准化,提高出口产品质量标准

随着国际贸易的发展,国际市场竞争日益激烈,消费者对产品质量的要求越来越高,不仅要对产品的质量进行评估,而且还要对生产厂家的质量保障和服务体系进行评估,使用户对生产厂家和产品建立信心。而在这方面,按照《ISO 系列标准》进行质量体系认证已成为当今国际贸易领域中对供方质量保证能力的一个基本要求。1987 年,国际标准化组织(ISO)发布了《ISO 9000 系列标准》,主要规定了生产企业要依靠产品保障体系的运行来保证产品质量。ISO 9000 系列标准的内容是:ISO 9000 系列标准由五个标准所组成,是一套阐述质量体系要素的通用标准。五个标准是:① ISO 9000:ISO 9000 是质量管理和质量保证标准的选择指南,是 ISO 9000 系列标准的选用指导原则,它对其他三个质量保证、质量管理和质量标准的选择和使用作了指导性说明。② ISO 9001:ISO 9001 是质量体系——开发设计、生产、安装和服务的质量保证模式。③ ISO 9002:ISO 9002 是质量体系——生产和安装的质量保证模式。④ ISO 9003:ISO 9003 是最终检验和试验的质量保证模式。⑤ ISO 9004:ISO 9004 是质量管理和质量体系要素指南,告诉生产者如何做才符合 ISO 9001 至 ISO 9003 的要求,是企业进行质量管

理论应用的一个标准。ISO 9000 系列标准得到了国际上,尤其是工业发达国家的普遍重视,目前已被世界上一百多个国家采用。因此,《ISO 9000 系列标准》对企业产品质量保障体系进行评审,具有很强的权威性。产品要进入国际市场,企业就必须获得这张国际贸易的"白色通行证"——《ISO 9000 系列标准》认证。为了适应国际贸易这一发展需要,1990 年 10 月,国家产品检验局和对外经济贸易部联合发出通知,根据《中华人民共和国商品检验法》的规定,在现行出口商品生产企业实行质量体系评审的基础上,决定在我国出口生产企业推行《ISO 9000 系列标准》。为此,我国已于 1992 年 3 月开始实施《出口商品生产企业质量体系评审办法》,这对于提高质量管理和质量保证水平,确保出口商品质量,促进国际间的相互认证,推动我国出口贸易发展起到了积极的促进作用。

此外,国际标准化组织于 1996 年正式推出了《ISO 14000 环境管理标准系列》,颁布了统一的国际化环境管理体系标准及审核认证标准。企业要使其产品顺利进入国际市场,还要取得国际贸易的"绿色通行证"——《ISO 14000 环境管理标准系列》认证。因此,我国应在企业中积极宣传和推行《ISO 14000 环境管理标准系列》,不断增强企业的环保意识,使企业依据国际环保标准进行生产。这不仅有助于减少我国商品进入国际市场遇到的绿色贸易壁垒,也有助于我国开发"绿色"产品,建立起有利于经济可持续发展的出口商品结构。

第 6 节 科技兴贸战略

为落实"科教兴国"战略,顺应经济科技全球化和知识经济蓬勃兴起的潮流,加快我国由贸易大国向贸易强国的转变,1999 年初,对外贸部相应提出了"科技兴贸"战略。

一、实施科技兴贸战略的重要意义

(一)实施"科技兴贸"战略,体现了"科教兴国"基本国策的客观要求

科学技术实力和国民教育水平始终是衡量一国综合国力和社会文明程度的重要标志。对外贸易作为国民经济的重要组成部分,是沟通国内外市场的桥梁,也是中国企业及其产品参与国际竞争的重要途径,对于从总量和结构两个方面促进我国经济发展具有举足轻重的作用。据测算,高新技术产品出口对经济增长的带动作用相当于一般出口商品的两倍。实施"科技兴贸"战略,推动我国高新技术产业出口,不仅将大大改善我国出口商品结构,增强出口创汇能力,而且会大大促进企业技术进步和产业结构的优化升级,增强国民经济抗风险能力;利用高新技术成果改造传统产业,提高传统出口商品的技术含量和附加值,也会极大地促进产业结构调整和经济增长。

（二）实施"科技兴贸"战略，适应了经济、科技全球化加速发展的潮流

当前,经济、科技全球化有两个突出特点:一是以信息技术为主要标志的高新技术革命取得重大突破,高新技术产业在世界经济中的比重不断增加,高新技术产品贸易在国际贸易中所占比重持续上升。如经合组织国家高新技术产品出口额占商品出口总额的比重平均已接近40%,越来越多的发展中国家和地区,也将发展高新技术产业及增加高新技术产品出口作为战略重点或新的经济增长点。二是产业结构调整在世界范围内广泛进行,高新技术产品出口成为一个国家实现产业升级的重要途径。高新技术革命加快了世界产业结构调整的步伐,传统加工制造业和低技术含量、低附加值产业在世界市场上的竞争力越来越受到制约。我国实施科技兴贸战略,大力推动高新技术产品出口,提高传统出口产品的技术含量和附加值,正好适应了当今世界经济、科技全球化发展的大趋势。

（三）实施"科技兴贸"战略，是加快我国由贸易大国向贸易强国转变的必由之路

我国已成功地迈入了世界贸易大国的行列。但是,与美、欧、日等贸易强国相比还有很大的差距。目前我国出口仍以劳动和资源密集型产品为主,高科技含量、高附加值商品出口比重近年虽有所提高,但远未成为出口的主要产品,高新技术产品出口还处于起步阶段。面对工业发达国家高科技产业的巨大优势以及一些国家、地区提高出口竞争力的种种举措,我国劳动力成本低廉的比较优势将会相对减弱。加入世贸组织后的今天,我国将在更大的范围、更宽的领域和更高的层次上融入世界经济,这既为我国企业谋求发展提高了更加广阔的空间,也对企业素质和竞争力提出了严峻挑战。从长远看,能否顺利融入国际贸易体系,最大程度享受参与国际分工所带来的好处,从根本上取决于我国能否尽快提高对外经济贸易的科技含量和附加值,从而获取国际交换的最佳效益。只有实施"科技兴贸"战略,才能重新培植我国出口产业和产品的动态比较优势,在未来的国际分工和国际贸易中争取较为有利的位置,增强抵御各种外部风险与冲击的能力,逐步实现由贸易大国向贸易强国跨越的目标。

二、科技兴贸战略的内涵

"科技兴贸"战略从商品生产和交换角度看,包括两个方面的内容:一是大力推动高新技术产品出口;二是运用高新技术成果改造传统出口产业,提高传统出口产品的技术含量和附加值。

三、科技兴贸"十五"规划的指导思想与基本原则

为贯彻实施"科技兴贸"战略,外经贸部、科技部、国家经贸委、信息产业部于

2001年联合推出了《科技兴贸"十五"计划纲要》。

（一）科技兴贸"十五"规划的指导思想

科技兴贸"十五"规划是以提高我国出口产业和产品的国际竞争力，加强体制创新和技术创新、提高我国高新技术产业国际化水平为指导思想；以"优先目标、突出重点、面向市场、发挥优势"为发展思路。

（二）科技兴贸"十五"规划的基本原则

"科技兴贸""十五"规划的基本原则是：以市场为导向，以企业为主体，以创新为动力，加强政府的服务保障作用，建立和完善企业提高产品出口竞争力的政策环境，建立较为完善的政策、法律、知识产权保护、出口促进服务体系；提高高新技术产品出口持续发展能力和传统出口产品的技术含量和附加值，取得全球市场的战略性突破。

四、科技兴贸"十五"规划的主要目标、重点任务和主要成果

（一）主要目标

(1) 大力促进高新技术产品出口。高新技术产品出口在2000年占外贸出口15%的基础上，保持15%的年增长速度，到2005年占外贸出口的比重达到20%，到2010年占外贸出口的比重达到30%。

(2) 提高传统出口产品的技术含量和附加值。以出口额最大的机电产品、纺织产品和农产品作为高新技术改造传统产业的重点，到2005年，使其出口商品中技术含量、附加值较高的产品所占比重从目前的20%提高到50%。

（二）重点任务

(1) 促进高新技术产品出口体制创新。在有基础、有条件、有优势的国家高新技术产业开发区中建立高新技术产品出口创业园试点，培育一批国际化的具有较强技术开发能力、拥有自主知识产权的高新技术产品出口企业。与此同时，促进高新技术产业发展和产品出口的资金投入机制创新，建立以政府投资为引导、企业投资为主体、金融保险系统和社会风险投资共同支持的多渠道的高新技术产品出口投入体系。

(2) 发展重点产业和技术领域的产品出口。使电子产品、生物医药、新材料等竞争力强、出口市场前景良好的高新技术产品较快形成较大的出口规模。

(3) 加强出口产品的高新技术支持。用高新技术改造一批机电行业和纺织行业的重点出口企业，加快利用高新技术开发新产品、新材料，实现行业技术改造跨越式升级。初步建立技术引进、消化、吸收、创新的良性循环机制。

(4) 构筑科技兴贸服务体系。加强技术贸易法规体系建设，研究和完善电子

商务的交易规则、管理制度、技术手段和配套设施。加强对我国知识产权保护的法规建设。

(三) 主要成果

(1) 从1999年实施科技兴贸战略以来,我国引进技术的速度明显加快,1999至2003年的5年间,我国引进国外技术总额752亿美元,占改革开放以来引进技术总额的42%,我国百万人中研究人员数已由2000年的547.67人增加到2009年的1198.86人。

(2) 我国高新技术产品出口迅速增加,2004年我国高新技术产品出口达到1655亿美元左右,是实施科技兴贸战略前1998年的8倍半,年均增长40%以上。高新技术产品出口占全部出口的比重,已从2000年的18.98%跃升至2010年的27.51%,高于17.48%的世界平均水平,高新技术产品出口拉动整个外贸出口的新格局已经初步形成。

第7节 我国近年来的贸易新战略

一、知识产权兴贸战略

20世纪90年代以来,随着高新技术的发展,知识产权对世界经济与贸易产生了重大的影响。随着高新技术及其高新技术产业的发展,知识产权在世界经济、科技和贸易中的作用和地位发生了重大变化,知识产权已成为世界技术竞争与经济竞争的战略制高点。在知识经济时代,知识产权已成为技术标准和技术性贸易壁垒的重要支撑,成为联结技术与经济和贸易的纽带。知识经济是一种创新型经济,创新是知识经济的灵魂。创新包括知识创新、技术创新、制度创新等诸多方面。知识产权制度是开发和利用知识资源的基本制度。知识产权制度通过合理确定人们对于知识及其他信息的权利,调整人们在创造、运用知识和信息过程中产生的利益关系,激励创新,推动经济发展和社会进步。当今世界,随着知识经济和经济全球化深入发展,知识产权日益成为国家发展的战略性资源和国际竞争力的核心要素,成为建设创新型国家的重要支撑和掌握发展主动权的关键。

为提升我国知识产权创造、运用、保护和管理能力,我国于2008年6月印发了《国家知识产权战略纲要》,通过实施知识产权战略,有利于加快转变我国外贸增长方式,优化进出口结构,提高我国外向型经济的质量;有利于在开放的环境中有效吸纳利用国际创新资源;有利于我国创新成果走向世界;有利于世界各国共同开发智力资源,共享创新成果。

在"十一五"规划期间,必须以科学发展观为知识产权兴贸工程的指导思想,建立以企业为主体、以市场机制为基础、政府引导的知识产权创造、管理保护与应用互动创新体系,提高引进技术的消化吸收和创新能力,提高知识产权密集型商品出口的比重,为实现我国由贸易大国向贸易强国的转变奠定坚实的知识产权基础。知识产权兴贸战略的措施:

1. 提升外贸企业的知识产权创造能力

建立以企业为主体、市场为导向、产学研相结合的自主知识产权创造体系。引导企业在研究开发立项及开展经营活动前进行知识产权信息检索。支持企业通过原始创新、集成创新和引进消化吸收再创新,形成自主知识产权,提高把创新成果转变为知识产权的能力。支持企业等市场主体在境外取得知识产权。引导企业改进竞争模式,加强技术创新,提高产品质量和服务质量,支持企业打造知名品牌。

2. 鼓励知识产权转化运用

引导支持创新要素向企业集聚,促进高等学校、科研院所的创新成果向企业转移,推动企业知识产权的应用和产业化,缩短产业化周期。深入开展各类知识产权试点、示范工作,全面提升知识产权运用能力和应对知识产权竞争的能力。鼓励和支持市场主体健全技术资料与商业秘密管理制度,建立知识产权价值评估、统计和财务核算制度,制定知识产权信息检索和重大事项预警等制度,完善对外合作知识产权管理制度。鼓励企业依法应对涉及知识产权的侵权行为和法律诉讼,提高应对知识产权纠纷的能力。

3. 提高知识产权执法水平

完善知识产权审判体制,优化审判资源配置,简化救济程序;加强知识产权司法解释工作;提高知识产权执法队伍素质,合理配置执法资源,提高执法效率;加大海关执法力度,加强知识产权边境保护,维护良好的进出口秩序,提高我国出口商品的声誉。充分利用海关执法国际合作机制,打击跨境知识产权违法犯罪行为,发挥海关在国际知识产权保护事务中的影响力。

4. 强化外贸专业人才的知识产权保护意识

2007年,我国海关查获的商标侵权案件价值高达4.26亿元,且大多数外贸企业尚不了解我国的海关知识产权保护制度,未向海关登记自己的专利和注册商标,因而失去了保护出口产品知识产权的最直接方法,这表明我国外贸企业的知识产权保护意识较弱。

知识产权保护意识表现在两个方面:对自身知识产权的保护意识和尊重并保护他人知识产权的意识。企业通常比较重视对外贸人才的外语知识和国际贸易知识的培养,忽略了知识产权的培训,这制约了企业拓展自主知识产业的能力,也导致了涉外知识产权案件较高的发案率。强化外贸专业人才的知识产权保护意识是知识产权兴贸的重要内容。

二、引进来与走出去相结合战略

(一) 引进来与走出去相结合战略是党的十七大报告和"十一五"规划强调的重大举措

党的十七大报告明确指出:"坚持对外开放的基本国策,把'引进来'和'走出去'更好地结合起来,扩大开放领域,优化开放结构,提高开放质量,完善内外联动、互利共赢、安全高效的开放型经济体系,形成经济全球化条件下参与国际经济合作和竞争的新优势。"这预示我国"走出去""引进来"的双向开放向纵深发展。"走出去"战略是党中央、国务院根据经济全球化新形势和国民经济发展的内在需要做出的重大决策,是发展开放型经济、全面提高对外开放水平的重大举措,是实现我国经济与社会长远发展、促进与世界各国共同发展的有效途径。

"十一五"规划指出:"支持有条件的企业对外直接投资和跨国经营。以优势产业为重点,引导企业开展境外加工贸易,促进产品原产地多元化。通过跨国并购、参股、上市、重组联合等方式,培育和发展我国的跨国公司。鼓励企业参与基础设施建设,提高工程承包水平,稳步发展劳务合作。完善境外投资促进和保障体系,加强对境外投资的统筹协调、风险管理和海外国有资产监管。"

(二) 引进来与走出去相结合战略的内涵

"引进来"是利用外资促进国内经济快速发展和产业结构升级;"走出去"则是适应经济全球化的需要,开展对外投资和跨国经营,参与国际竞争与合作。从资本流向上看,"引进来"与"走出去"恰好相反;但是从相互作用机理上看,吸收外资能够诱发对外投资,对外投资又能推动吸收外资,吸收外资与对外投资可以共同实现资源的有效配置。因此,二者不仅不构成矛盾,反而相辅相成,并行不悖,在深层次上具有本质上的统一性。然而从我国目前的情况看(见图3-2),"引进来"与"走出去"的发展极不均衡,亟待有机结合、统筹发展。

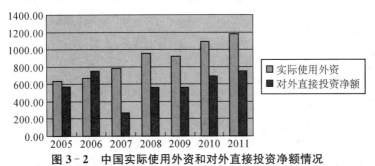

图3-2 中国实际使用外资和对外直接投资净额情况

资料来源:中国统计局网站

（三）引进来与走出去相结合战略的必要性

实施"走出去"的战略意义是多方面的，它对我国在更大范围、更广领域和更高层次上参与国际经济技术合作和竞争，在更广阔的空间里进行经济结构调整和资源优化配置，更好地从全球获取资金、技术、市场、战略资源，提高技术开发和自主创新能力，拓展我国经济发展空间，提升我国经济的国际竞争力，在激烈的国际竞争中掌握主动权、打好"主动仗"，增强我国经济发展的动力和后劲，促进我国经济的长远发展，都具有非常重要的长远战略意义。

首先，实施"走出去"，有利于我国在全球范围内获取能源资源，在国际能源资源分配中争取一个更加有利的战略态势。能源资源是现代经济社会发展的基础，是经济社会发展的重要制约因素。以美国为代表的西方发达国家，一直努力实施全球资源战略，鼓励本国公司到海外勘探开发矿产。其实质是以国家支持为后盾，以跨国公司为主体，开拓地缘区位优势，优化资源配置，以获取质优价廉的矿产资源，保证本国资源需求。我国地大物博，资源丰富，但由于人口众多，人均占有量较少。我国主要能源资源的人均占有量都大大低于世界平均水平。我国煤炭人均占有量为世界平均水平的70%，耕地人均占有量为世界平均水平的40%，水的人均占有量为世界平均水平的25%，天然气人均占有量为世界平均水平的6.5%，石油的人均占有量为世界平均水平的6.1%。20世纪90年代以来，我国的能源生产大幅度提高，一次能源生产总量翻了一番。但是，随着我国经济持续快速发展，工业化、城镇化进程加快，居民消费结构升级换代，能源需求不断增长，加上我国能源生产和使用仍然粗放，一些高耗能行业发展过快，能源利用效率较低，能源供需矛盾对我国经济社会发展的制约作用越来越大。21世纪，我国经济仍将保持较高增长速度，各种能源资源的消耗量将进一步增长，我国将面临人口增长和经济增长的双重压力，能源资源形势将更为严峻。我国能源资源的这种国情，迫切需要在能源资源的发展方面有战略考虑。在这方面，除了坚持节约高效、科技先行、多元发展等之外，积极地"走出去"，扩大对外投资，加强国际能源资源合作，使我国在全球范围内获取能源资源，在国际能源资源分配中争取一个更加有利的战略态势，应当成为我国能源发展战略的一个重要组成部分。

其次，实施"走出去"战略，有利于逐步形成我们自己的各种跨国公司，使我国获得重要的国际市场份额，拓展我国经济发展空间，提升我国经济的国际竞争力。20世纪90年代以来，随着经济全球化进程的加快，一个世界性的社会化大生产网络已经形成。在此基础上形成的跨国公司在世界经济活动中的作用日益增强。跨国公司作为经济全球化的一个主要载体，是全球化时代配置资源的主体，是各国参与国际经济竞争的主力部队。它利用对核心技术、品牌、国际营销网络等垄断性资源的控制，在全球市场获取利益。跨国公司控制了全世界生产的百分之四十、贸易的百分之五十至百分之六十、技术贸易的百分之六十至百分之七十、对外直接投资的百分之七十、技术专利的百分之八十。这种发展趋势表明,国与国之间的经济竞争越来越表现为各国跨国公司之间的竞争,一个国家的经济实力和国际竞争力,越来越集中体现在跨国公司的实力和竞争力上。正是因为跨国公司在全球化时代的巨大竞争优势,在企业层面上,实现国际化经营日益成为企业的战略选择;在国家层面,越来越多的国家认识到发展基于本国的跨国公司的重要性。相对于世界跨国公司和跨国投资的迅猛发展趋势,我国的跨国公司寥若晨星,对外投资与引进国外投资的数量和规模相比也很不相称。

第三,实施"走出去"战略,有利于我国更好地吸收外国先进技术,提高技术开发和自主创新能力;有利于我国主动地在更广阔的空间进行产业结构调整,提升我国在国际产业分工中的地位。随着经济全球化趋势的快速发展,越来越多的国际投资理论研究者认识到:发达国家的跨国公司向发展中国家直接投资所转移的并不是他们的先进技术,而是已标准化的或即将淘汰的技术,其目的在于维护和增强其垄断优势。中国几十年引进外资的实践,也印证了这样一个事实。改革开放以来,我国积极吸收外来资金,在学习和借鉴国外先进技术和管理经验、提升企业技术素质方面取得了很大成就。但是,发达国家的对华投资的技术外溢效应很低。发达国家跨国公司对技术含量较高的对华投资一直倾向于采用独资方式,技术保密措施极为严格。相比之下,鼓励中国企业"走出去"对外直接投资,是获得国外先进技术更为有效的途径。我们通过自己的跨国公司在发达国家高新技术企业和研究机构聚集区进行研究与开发性投资,设立境外企业,既可以利用发达国家的科技人才资源,又能够最大限度地获取发达国家技术集聚区所产生的溢出效应,同时还能将大量技术信息和产业信息及时传递到国内。这样,一方面有利于我国企业及时了解世界前沿技术动态,增强研究开发与自主创新的能力;另一方面,有利于企业进行产业结构调整。在中国成为"世界工厂"、对外贸易依存度较高的情况下,通过提高引进外资质量和扩大对外投资两个轮子,主动地在更广阔的空间进行产业结构调整,向产业链高增值环节迈进,提升中国在国际产业分工中的地位,无疑是一个极端重要的战略选择。

(四) 引进来与走出去相结合战略措施

目前企业"走出去"也面临不少困难和问题:一是体制尚未理顺。虽然境外投资审批做了不少改革调整,但仍存在层次过多、内容过细、时间过长的问题,资金和人员出入境仍存在不少障碍。二是适应国外投资环境比较难。当地法律、会计、税务、审计、用工等方面政策以及名目繁多的资格认证、准入政策、专利标准都可能给企业带来很多麻烦。三是企业竞争实力有待提高。绝大多数企业缺乏品牌、核心技术和销售网络,犹如小舢板驶进汪洋大海,难以适应国际竞争的风浪。四是一些领域"走出去"秩序比较混乱,恶性竞争时有发生。不少企业在"走出去"中步履艰难。

从当前趋势分析,"十一五"期间企业"走出去"将加速发展,但从总体上看,我国企业"走出去"依然处于学习和适应国际化经营的阶段,要形成著名跨国公司还有较长的路要走。为更好地实施引进来与走出去相结合战略措施,必须全面加强对"走出去"的组织、协调、服务和管理,改革现行管理体制,调整和完善现行政策,突破各种体制性和政策性障碍,为企业"走出去"营造良好的内外部环境。

第一,深化境外投资相关体制的改革。切实落实企业投资自主权,按照"谁投资、谁决策、谁受益、谁承担风险"的投资体制改革原则,取消境外投资项目的审批以及带有行政许可性质的备案,减少审批环节,缩短审批时间。政府有关部门主要从国别投资环境、国别安全状况、投资所在国与我国的政治经济关系、境外投资导向政策、国别合理布局、履行有关国际协定的义务、保障企业合法权益等方面对境外投资进行核准。

第二,进一步鼓励和支持国内优势企业"走出去"。支持纺织、家电、轻工等国内生产能力较大的行业,在境外建立加工基地、营销服务网络和研发机构,实现原产地多元化,减少贸易摩擦。引导资源类企业开展境外资源开发合作,促进进口多元化,保障资源来源的稳定和通畅。对那些产权清晰、主业突出、核心竞争力强、公司治理结构完善、具备国际化经营人才的企业,特别是非国有企业,应尽量满足用汇要求,扩大信贷规模,提高保险额度。

第三,提高有效控制风险的能力。应尽快制定并出台《对外投资法》等法律法规,让企业有法可依、有章可循。抓紧出台《关于新形势下加强境外中资企业管理的指导意见》,建立各部门相互配合的综合协同监管体系。企业要健全决策机制、规范决策程序,避免盲目投资、并购、上项目。未经国家有关部门批准,任何企业不得超经营范围从事境外期货、股票、外汇炒卖及金融衍生品交易等高风险业务。建立健全境外投资和跨国经营风险评估和预防机制,加强风险监控。进一步疏通资本流动的渠道并完善跨境资本流动监测、预警体系,防止资本外逃、侵吞国有资产和洗钱等资本输出过程中可能产生的危害国家利益的行为。

第四,加强对外投资促进和服务体系建设。参照国外成熟做法,设立对外直接投资促进保障基金。积极推进资本市场的改革开放和稳定发展,扩大融资渠道。要整合国内各种信息机构的资源,及时制定《境外投资指南》和《对外投资国别产业指导目录》,为企业境外投资提供海外商情、项目信息、政策咨询、法律支持、翻译保障等综合服务,引导对外投资合理布局和企业境外有序竞争。简化对商务人员的出入境审批手续,加快与有关国家商签双边或地区性互惠的商务人员出入境便利化协议或安排,适当延长我企业出国人员的护照期限等。加快境外中资企业协会的建设,鼓励国内中介机构与国外有实力的中介机构合作,维护企业在外合法利益。

(五) 引进来与走出去相结合战略成果

根据商务部提供的资料,我国的对外直接投资在 2003 年以后进入了快速发展阶段。2010 年我国境内投资者共对 129 个国家和地区的 3125 家境外企业进行了直接投资,截至 2011 年对外直接投资存量为 42478 亿美元。

我国实施走出去战略的主要成果是:

(1) 对外直接投资地区和行业分布日趋广泛。我国对外经济合作业务分布在近 200 个国家和地区,对外直接投资、对外承包工程、对外劳务合作大部集中在亚洲。对北美、大洋洲、非洲和亚洲的直接投资增幅最快,非洲和拉美是承包工程与劳务合作业务增幅最大的地区。采矿业、制造业、电力生产和供应业、专业技术服务成为我国企业对外直接投资的主要行业,对外承包工程业务主要集中在建筑、交通运输、电子通讯、石油化工和电力行业,外派劳务人员主要集中在工业制造、建筑等行业。

(2) 境外加工贸易业务发展较快。境外加工贸易类投资占我国对外投资总额的近一半,主要集中在轻工、机械、建材、电子、纺织服装等行业。已有一批大型项目建成投产,华源、万向、远大空调、新希望等国内企业已逐步在国外站稳了脚跟。同时自 2006 年始,中国在境外兴建 50 个经贸合作区,从事国内较为成熟、竞争激烈的产业如家电、机械五金、制鞋、资源能源、区域市场贸易、边境综合贸易加工等,从事以上产业多为民营企业。

(3) 经营主体队伍迅速壮大,大型企业作用明显,民营企业地位提高。中石油、中石化、中海油、中国有色建设、中水产、黑龙江森工集团等大型资源类企业已成为我国开展跨国经营的主力。海尔、TCL、春兰等一批有实力的工业企业已初步建立全球生产和销售网络,具备了跨国公司雏形。目前,我国已有数千家企业具有对外承包工程和对外劳务合作经营资格。

(4) 经营方式日趋多样,经营层次逐步提高。我国对外直接投资已由最初的货币投资、实物投资向跨国并购等方式扩展,并有越来越多的企业开始采取入股及股权置换等方式对外投资。我国企业到境外收购销售网络、许可证、技术专利、建立研发中心和工业园区的做法也日益增多。

对外承包工程上,工程总承包已成为我国对外承包工程的主要方式,并逐步向 BOT 方式等更高层次发展,我国对外承包工程的情况见表 3-1。

表 3-1 我国对外承包工程情况

年份	2000	2001	2002	2003	2004	2005	2006	2007	2008	2009	2010	2011
合同数	2 597	5 836	4 036	3 708	6 694	9 502	12 996	6 282	5 411	7 280	9 544	6 381
合同金额(亿美元)	149.43	164.55	178.91	209.3	276.98	342.16	716.48	853.45	1 130.15	1 336.82	1 430.92	1 423.32

资料来源:中国统计年鉴 2012

第8节 我国对外贸易战略的缺陷及完善

随着我国对外开放不断深入,特别是2008年国际金融危机之后,我国外贸发展的内外部环境发生了重大变化,四大外贸发展战略已明显滞后于形势的发展变化,需要与时俱进,不断补充、发展和完善。

一、我国对外贸易战略的缺陷

(一) 大经贸战略的主要目标已实现

我国1994年提出和实施的"大经贸"战略的主要目标包括:一是外经贸要继续保持适度超前增长,提高对经济增长的贡献度;二是打破当时进出口由少数外贸公司垄断的局面,跳出部门和行业的框框,实现外贸经营主体多元化。自改革开放之后,我国的外贸飞速增长,尤其是加工制造业,我国现在已有"世界工厂"的称号,同时随着新《外贸法》的颁布实施,外贸经营主体多元化的目标已经实现,外贸已成为国民经济不可缺少的重要组成部分。大经贸战略的主要目标已经实现,因此不再适合作为现阶段的对外贸易战略。

(二) 市场多元化战略和以质取胜战略需要充实新内涵

受制于当时的经济状况,我国最初提出市场多元化战略的意图主要是为了降低出口市场集中度,减少国际市场风险;提出以质取胜战略,则是针对当时一些出口企业不讲信誉,出口商品质量不高的情况。

经过20年的发展,市场多元化战略取得重大的成果,市场多元化已成为外经贸企业的共识;而质量和信誉意识也已成为外经贸企业竞争的重要理念。因此应重新审视这两大战略,根据形势发展赋予其新的内涵,研究制定与新内涵相适应的政策措施,使之能够更加体现时代性、把握规律性,继续成为指导我国对外贸易发展的重要方针。

(三) 四大战略均重视出口,忽略进口

1980年代末至1990年代初我国外汇相对短缺,当时制定的外贸发展战略着眼于出口创汇,但自2000年以来我国外汇储备迅速增加,见表3-1,截至2011年,我国外汇储备已达31 811.48亿美元,位居世界第一。当前我国与大多数贸易伙伴均存在顺差,反倾销等贸易摩擦趋于增加,据商务部统计2009年我国遭受的反倾销占全球的40%左右,反补贴占全球的75%,与此同时能源、资源、先进技术和关键设备的进口国民经济的作用日益重要,适当扩大进口已经成为需要。因此新时期的外贸发展战略,应同时涵盖出口和进口;尤其应对石油、金属矿产等重

要能源和战略资源进口,予以大力支持。

表 3-2 我国历年的外汇储备金额

年 份	外汇储备(亿美元)	年 份	外汇储备(亿美元)
1978	1.67	1995	735.97
1979	8.4	1996	1 050.29
1980	−12.96	1997	1 398.9
1981	27.08	1998	1 449.59
1982	69.86	1999	1 546.75
1983	89.01	2000	1 655.74
1984	82.2	2001	2 121.65
1985	26.44	2002	2 864.07
1986	20.72	2003	4 032.51
1987	29.23	2004	6 099.32
1988	33.72	2005	8 188.72
1989	55.5	2006	10 663.4
1990	110.93	2007	15 282.49
1991	217.12	2008	19 460.3
1992	194.43	2009	23 991.52
1993	211.99	2010	28 473.38
1994	516.2	2011	31 811.48

资料来源:中国统计年鉴 2012

(四) 对外贸易战略对服务贸易的考虑较少

现行外贸战略针对的是促进我国商品出口,且除科技兴贸战略外,其他战略的政策力度对各类商品是相同和近似的,没有侧重点。当前,世界经济正在向服务型经济转型,服务贸易是世界经济发展的制高点,也是金融危机受各国经济竞争的焦点。如何使我国外贸发展战略适应新形势,在更大范围和领域进一步推动我国对外贸易全面、协调和可持续发展,已经成为一个重要和紧迫课题。

二、对外贸易战略的调整

(一) 确立对外贸易均衡发展的政策目标

中国贸易政策的目标应由单纯追求出口规模和贸易盈余,转变为优化外贸结构、提高出口效益。这不仅有利于增加国内消费者福利,还可以在一定程度上减轻外部压力,缓和与主要贸易伙伴的摩擦。为此,需对我国的进出口制度进行全面整合,构建与世贸组织规则相吻合的新型外贸体制。

应着眼于形成动态比较优势和提高产业国际竞争力,将合理的产业保护、规范的进口限制、温和的出口鼓励以及适度的贸易救济相结合,使我国贸易制度的定位趋向中性化,具体政策手段趋向弹性化、柔性化。

加快自主创新,进一步优化贸易结构。在研发创新活动日益全球化的条件下,中国应实行开放、集成式的创新模式,充分利用科技要素全球流动的机遇,有效吸纳、利用、整合国际创新资源,在国际合作中改善创新机制,增强引进消化吸收再创新能力。为此,应依据国家产业结构调整的方向,改进完善技术标准体系,加强自主技术创新和自主品牌的培育。

同时,综合运用出口退税、进出口信贷、信用担保等政策工具,加大对自主创新产品出口的政策和资金支持力度。在此基础上,积极推进服务业的全面开放,大力发展生产性服务业和服务贸易,发掘对外贸易新的增长点。

(二) 完善现有外贸发展战略

(1) 改造"大经贸"战略,深化其内涵并扩大其外延,除对外贸易之外,将其延伸到吸引外资、对外投资、国内贸易、国际经济技术合作等各方面,使之向"大商务"方向发展。

(2) 保留"市场多元化"战略,重新研究战略目标,制定开拓新兴市场的新政策措施,深度拓展发展中国家和周边国家市场,使之更加符合新形势发展的需要。

(3) 保留"以质取胜"战略,在这一战略框架下,重点培育出口品牌,通过政策引导,完善技术标准,促进出口商品附加值和外贸企业核心竞争力的提高。

(4) 进一步完善"科技兴贸"战略,在其内涵中增加高新技术产品进口、发展服务贸易、培育新型贸易方式、支持外贸企业开展研发活动等内容。

(三) 引导加工贸易转型,转变外贸增长方式

2004年以来,国家对加工贸易采取了稳定、控制、适度收缩的政策,限制低层次加工贸易的发展。尽管加工贸易存在诸多问题,但不应全盘否定其对吸纳就业、扩大出口、促进地方经济发展的积极作用,而应积极引导加工贸易的升级转型。一是继续采取法律和行政手段,严控高耗能、高污染的加工贸易项目,避免低水平的项目向中西部地区的转移,防止中西部地区出口发展重复东部的老路;二是鼓励高端加工贸易的发展,提高加工贸易的技术水平和附加值。

(四) 积极培育跨国公司

加快对外投资和国际合作方式创新,支持企业开展国际化经营。随着中国企

业"走出去"的步伐加快,中国应充分利用经济、政治和外交手段为这些"走出去"的中国企业在海外发展创造条件,帮助企业预判和扫除国际关系中的障碍,促进资本的双向流动,全面提升我国在国际产业转移中的地位,形成全球化条件下参与国际经济合作和竞争的新优势。一是促进产品原产地和原材料供应地的多元化;二是鼓励有条件的企业开展跨国并购,参与全球资源和价值链的整合,加快培育具有国际影响力的中国跨国公司;三是在通过外援等方式巩固传统市场的基础上,加强市场开拓,提高劳务输出和对外承包工程的质量和水平;四是积极推进外经贸主管部门、地方政府、行业协会和驻外使(领)馆等机构的联动,建立并完善支持企业国际化经营的服务体系。

思考与练习

1. 简述我国的出口商品战略。
2. 简述我国的进口商品战略。
3. 大经贸战略的主要内容是什么?
4. 市场多元化战略的主要内容是什么?
5. 以质取胜战略的主要内容是什么?
6. 试论我国实施科技兴贸战略的重要意义。
7. 简述我国的其他出口战略。
8. 简述我国对外贸易战略缺陷。

第4章 中国对外贸易管理

> 学习目标

了解中国对外贸易进行管理的必要性；掌握市场经济体制下我国对外贸易管理的法律手段、经济调控手段和行政手段；重点掌握各种手段的主要内容及其在实践的应用。

第1节 中国对外贸易管理的必要性

我国管理对外贸易的职能是按照社会主义市场经济的要求和国际贸易规范，把一切对外贸易活动由国家统一领导、控制和调节。这是党的十一届三中全会以后确定的概念。中国在建立社会主义市场经济和与国际经济接轨的过程中，必须加强和完善对外贸易管理，通过维护自由、公平的贸易环境和竞争秩序，促进本国对外经济贸易健康、稳定发展。

一、保证国家对外贸易方针政策的贯彻执行和对外贸易效益的提高

对外贸易管理是保证我国对外贸易方针政策顺利实施的重要手段。它通过各项具体的管理规定和所采取的管理措施，保证国家发展对外贸易的任务、目的和方向的实现，国家可以从宏观上把握和控制进出口商品的总体数量和市场流向，合理调节和控制进出口贸易的速度及规模，保证对外贸易战略的贯彻实施，出口产业结构和进口商品结构的调整及优化，保证我国国别地区政策的执行。加强对外贸易的管理，有利于引导外贸企业进行有效经营，保证进出口贸易平衡，外汇收支平衡，促进对外贸易经济效益的提高。

二、保证我国在激烈竞争的国际市场上处于有利地位

我国建立社会主义市场经济，必须要依靠国内外两个市场、两种资源，吸取人类共同创造的一切文明成果，来促进国民经济的发展，实现社会主义现代化的目标。而在世界经济舞台上，中国所面临的是风云变幻的国际政治经济形势，是世界经济区域集团化趋势的发展，贸易保护主义的日趋加剧，排他性倾向的加强和

激烈的国际竞争。为了在严峻的国际政治经济形势下维护国家的政治独立和经济利益,有效地对付国际垄断势力,冲破贸易保护主义和区域集团化排他性的限制,获得对等和公平的竞争条件,保证对外贸易的迅速发展,必须加强对外贸易的宏观管理和调控。

三、保证对外贸易体制改革的顺利进行

当前,随着我国对外开放的扩大和外贸体制改革的深化,我国对外经济贸易迅速发展,规模扩大,渠道增多,方式多样,层次不同,越来越多的企业参与到外贸活动中来,这一方面有助于我国外向型经济的发展;但另一方面,由于我国各项改革措施不配套,规章制度不健全,因此外贸经营秩序混乱,这也要求加强对外贸易的宏观调控和管理,协调各方面利益,保证对外贸易的健康发展。以保证外贸体制改革各项措施的顺利实施和总目标的实现。

四、保证协调和发展国际贸易关系

在国际贸易关系中,对外贸易管理可以保证双边或多边贸易协议的履行,有利于争取对等和公平的贸易条件,也有利于我国在国际贸易中开展必要的斗争,从而协调和发展国际贸易关系。

加强对外贸易管理,是世界各国为维护本国的政治和经济利益而采取的政府干预行为,我国在建立社会主义市场经济和同国际经济接轨的过程中,也必须加强和改善宏观管理,以维护我国的政治和经济利益,加强国际竞争力,更快、更广泛地参与国际竞争,促进我国社会主义市场经济的建立,加速我国经济贸易长期稳定的发展,使中国经济真正成为世界经济中富有活力的一个组成部分。

第 2 节 中国对外贸易管理发展概述

新中国成立以来,为了适应不同时期国内外形势和对外贸易发展的需要,我国政府在外贸管理方面采取了不同的方针和政策,并对外贸管理的重点和管理方法不断进行调整和改进。其发展大体可分为两个时期,即计划经济体制下的对外贸易管理和以社会主义市场经济为取向的对外贸易管理。

一、单一计划经济体制下的对外贸易管理

从新中国建立初期至 1978 年实行改革开放前,我国对外贸易管理大致经历了两个阶段。

(一) **新中国建立初期至完成对私营进出口商社会主义改造时期(1949—1956 年)**

1949 年 9 月 27 日通过的中国人民政法协商会议共同纲领规定:我国"实行

对外贸易的管制,并采取保护贸易政策"。据此,1950年12月8日中央人民政府政务院第62次会议通过并颁布了《对外贸易管理暂行条例实施细则》。从此,我国对外贸易管理开始建立,国家通过制定和贯彻执行对外贸易的方针、政策、法规和计划,设立对外贸易管理机构,采取进出口许可证、外贸企业审批、外汇管制、货运监管、查禁走私、进出口商品检验等措施来实现对全国对外贸易活动的统一管理。

这一时期对外贸易管理的主要特点是:

(1) 管理目的明确。建国之初,国家即明确管理对外贸易的目的是保护和发展国内工业;增加出口;按需进口,合理使用外汇。

(2) 管理方法简单。主要的措施有:制定保护性的税则、税率;对进出口商品全面实行许可证制度并实行分类管理;实行外汇的统一管理;统一制定商检政策并实行统一领导,管理全国进出口商品检验工作;设立海关,实行监管等。

(3) 外贸管理比较严格。新中国成立后,面临着帝国主义对华实行的"封锁、禁运",同时还存在着经营进出口贸易的私商和外商,国家只有加强对外贸易的控制和管理,才能有效地开展及对"封锁、禁运"的斗争,尽快恢复国民经济并保持国内经济的稳定。

(二) 完成对私营进出口商社会主义改造至改革开放前的时期(1957—1977年)

这一时期对外贸易的管理保持了相对的稳定,但对外贸易管理的对象、目的和要求都发生变化。1956年,我国基本上完成了对私营进出口企业的社会主义改造,国家的对外贸易业务开始全部由国营进出口公司经营。同时,在实行集中统一的单一计划经济体制下,对外贸易全部纳入了国家的计划管理,国营外贸专业总公司及其分支机构完全按照国家的指令性计划开展进出口业务。1957年1月23日,对外贸易部公布的《进出口货物许可证签发办法》规定,尽量简化申领进出口许可证的手续,减少和放宽对国营进出口贸易的行政管理。1959年2月21日,对外贸易部发出了《关于简化对本部各进出口专业公司进出口货物许可证签发手续的指示》,简化了各外贸专业总公司申领许可证的手续。同年10月14日,对外贸易部又发出了《关于执行进出口货物许可证签发办法的综合指示》,明确规定:"各进出口的总公司及其分支机构进出口的货物,凭外贸部下达的货单或通知为进出口许可证。"从此之后,对外贸易的管理职能和进出口业务经营结合成为一体,进出口许可证已失去管理对外贸易的作用,只是在其他部门进口少量急需物资时才使用进口许可证。

这一时期对外贸易管理的特点是:

(1) 对外贸易管理的目的转向保证国家进出口计划的完成。

(2) 对外贸易管理的方法由进出口许可证管理逐渐被对外贸易部下达的货单和通知所代替,外贸专业公司凭货单和通知开展进出口业务。计划管理和行政命令成为国家管理和控制对外贸易的主要手段。

"文化大革命"期间,我国的对外贸易管理也遭到了严重干扰和冲击,各项管理规章制度都被作为"管、卡、压"而受到批判和全面否定。但是,在总体上,我国的进出口贸易仍然在国家的集中安排下,继续根据国家计划的要求进行。

二、对我国单一计划经济条件下对外贸易管理的评估

从新中国建立初期至 1978 年实行改革开放前,我国对外贸管理虽然经历了一些变化,但其基本特征仍然是以行政命令和计划管理为主的对外贸易管理。实践证明,这种对外贸易管理在当时的历史条件下起了积极的作用:它有利于国家对全国对外贸易活动的组织、指导、调控和监督,保证对外贸易任务的完成;有利于集中统一对外,增强对外竞争力,同国外经济压力进行有效的斗争,捍卫国家的政治和经济独立;有利于维护国家的宏观经济利益,保证我国对外贸易的发展和社会主义建设的顺利进行。

但是,这种对外贸易管理也存在着严重不足。首先,它不适应我国改革开放的新形势。1978 年以来,我国实行了以市场取向为主的改革和对外开放。一方面,我国先后在计划、财税、金融、物价、投资、外贸、物资流通等方面进行了改革,程度不同地坚持以市场取向为主,我国的经济体制和运作机制发生了深刻的变化,国民经济的市场化程度大为提高;另一方面,随着改革开放的深化,外贸经营权逐渐下放,各部门、各地区及外贸企业相应扩大了自主权,贸易渠道增多,贸易方式日趋灵活多样,因此,单纯依靠计划管理和行政手段来控制对外贸易活动已不适应改革开放的新形势,迫切需要我国调整和改进对外贸易管理,保证对外贸易的顺利发展,保证在竞争激烈的国际市场上处于有利地位。其次,它不适应建立社会主义市场经济体制改革的目标要求。党的十四大已确认我国经济体制改革的目标是建立社会主义市场经济体制。社会主义市场经济,不仅应遵循价值规律,而且应是以法治为保障的经济。因此,对外贸易管理应该采取主要运用法律手段、经济手段,并辅之以必要的行政手段的模式。第三,它不符合国际贸易规范的要求。以世贸组织为核心的国际贸易规范,主要是以市场运行机制为基础,外贸宏观调控方式要求间接化,主要运用经济手段调控外贸企业的经营活动,而不能对其进行直接干预。而我国以行政命令和计划管理为主的模式,则直接地限制了外贸企业的经营自主权。

为了适应改革开放的新形势,为了加快社会主义市场经济体制的建立和按国际贸易惯例办事,我国必须改革旧的对外贸易管理制度,建立起以法制手段和经济调控手段为主、行政手段为辅的新的对外贸易管理体制。

三、以社会主义市场经济为取向的对外贸易管理

1978 年实行改革开放以来,对外贸易管理大致经历了三个阶段。

(一) 改革开放后至党的十四大召开前(1978—1991年)

1978年实行改革开放后,为了适应国内新形势发展的需要,保证对外贸易的发展,我国政府重新调整和改进了对外贸易的发展,重新调整和改进了对外贸易管理。首先,弱化外贸计划管理,如简化外贸计划内容,缩小指令性计划范围,扩大指导性计划范围,注意发挥市场调节的作用等。其次,加强和改进了外贸行政管理。如重新恢复了对部分进出口商品的许可证管理、配额管理、对出口商品商标的协调管理等制度。第三,通过立法规范外贸各项管理措施。国家加快了外贸立法步伐,颁布了《海关法》、《进出口商品检验法》、《技术引进管理条例》、《关于出口许可制度的暂行办法》、《进口货物许可制度暂行条例》等。

(二) 党的十四大召开至加入WTO以来的对外贸易管理(1992—2001年)

1. 改革外贸管理体制,发挥经济调节手段对外贸的调控作用

在强化经济调节手段方面,国家主要通过进一步改进和完善税收、汇率、信贷、价格等方面的机制,更好地发挥经济杠杆对外贸活动的调控作用。如在税收方面,根据世界贸易组织对发展中国家的要求,曾多次降低进口关税税率,调整关税结构;改革外贸企业所得税制;完善出口退税制度等。在汇率方面,国家从1994年1月1日起实现双重汇率并轨,实行以市场供求为基础的、单一的、有管理的人民币浮动汇率制度。在价格方面,打破了过去国内外价格割断的封闭性价格体系,使价格能够准确地反映市场信息,正确引导外贸企业的经营活动。

2. 运用法律手段,完善对外贸的宏观管理

这一时期,国家对外贸易的管理进一步从微观转向宏观。1994年7月,《对外贸易法》颁布实施,以后又陆续出台了配套的各类法规,如《进口商品管理条例》、《出口商品管理条例》、《反倾销和反补贴条例》、《技术引进和设备管理条例》、《出口商品配额招标办法》、《外汇管理条例》等,使外贸管理走上法制轨道。

3. 按国际贸易通行规则规范外贸行政管理

我国进一步弱化了外贸行政管理,并使行政管理符合国际贸易规范的要求。例如,通过完善行政管理方法,使我国的行政管理基本实现了世界贸易组织所要求的制度化、规范化和透明化;不断缩小进出口配额和许可证管理的商品范围;按照效益、公正、公开的原则对部分商品实行配额招标、拍卖或规范化分配;外贸经营正在由许可证制向登记制过渡;取消外贸指令性计划,全部实行指导性计划等。

总之通过以上的改革,中国的对外贸易管理转向以法律手段为基础、以经济调节手段为主、辅之以必要的行政管理的新模式。

(三)我国加入 WTO 后的对外贸易管理(2001 年至今)

2001 年 12 月 11 日,中国正式成为世贸组织成员,成为 WTO 的第 143 个成员国。

1. 对外贸易体制的适应性调整

世贸组织多边规则对其成员并不是直接适用的,而是必须转化为国内的法律法规,使成员法律制度与多边规则相一致。根据这一要求,中国对有关对外贸易的法律法规和政策进行了全面清理,凡不符合世贸组织规定和我国承诺的一律修订或者废止。保持外贸政策统一性和透明度,制定的与贸易、投资有关的法规和政策,在指定刊物上予以公布,公布后才能执行。加快转变政府职能,深化经济贸易体制改革,推进行政审批制度的改革,打破地方性保护,形成统一国内市场。

2. 履行开放市场承诺,规范货物进出口管理办法

减少关税和非关税贸易壁垒,进行大范围实质性降税,减少和规范非关税措施,对重要农产品由配额管理改为关税配额管理。中国的平均关税水平从加入时的 15.3% 降低到 2005 年的 9.9%,承诺取消的进口配额、进口许可证等非关税措施于 2005 年 1 月 1 日已经按所承诺时间表取消。在服务贸易领域,中国已开放世贸组织分类的 160 多个服务贸易部门中的 100 多个,占 62.5%。规范进出口商品管理办法,出台有关进出口配额许可证管理、特殊商品出口管理、特定产品进口管理、禁止出口商品管理等具体规定。扩大外资市场准入,修正并颁布《指导外商投资方向规定》和《外商投资产业指导目录》。

第 3 节 中国对外贸易管理的法制手段

中国外贸体制改革的目标是建立适应社会主义市场经济要求、又符合国际贸易规范的新型外贸经营管理体制。而社会主义市场经济是以法制为保障的经济。这就要求我国必须建立完善的外贸法律调控机制,使法律手段作为我国进行外贸宏观调控的基础手段。

一、中国外贸法制手段概述

(一)中国外贸法制手段的建立和发展

我国对外贸易法制建设,大体上可分为两个阶段,改革开放前与改革开放后。

1. 1949—1978 年改革开放前

建国初期,我国政府在宣布废除帝国主义强加在中国人民头上的各种不平等条约和国民党政府旧法律、法规的同时,着手制定新中国对外贸易法律法规。

1949年12月至1957年,中央人民政府政务院先后颁布了30多部对外贸易方面的条例和法令,包括《对外贸易管理暂行条例》、《中华人民共和国暂行海关法》、《中华人民共和国海关进出口税则暂行实施条例》、《进出口贸易厂商登记办法》、《输出输入商品检验暂行条例》、《关于设立对外贸易仲裁委员会的决定》等一批行政法规,初步形成了新中国对外贸易的法律制度框架。

1958—1978年,国家实行对工商企业社会主义改造后,私营企业基本不从事对外贸易。国家对外贸易以计划管理为主,由十几家国营进出口公司执行国家计划,规定性文件不多,大量的对外贸易行为规范采取了内部文件形式。中国与前苏联东欧开展协定下的记账贸易。美国对中国实行经济封锁,西方只有少数国家的公司来华进行贸易,对外贸易法制以行政管理规定为主。

2. 1979年改革开放后

1978年开始实行改革开放,我国对外贸易法制建设步伐加快。从1979年7月1日第二届全国人大通过《中华人民共和国中外合资企业法》开始,全国人大制定了现行的宪法和三个宪法修正案,全国人大及其常委会通过的法律和有关法律的决定共300多个,国务院制定行政法规700多个,国务院各部门制定法规约8 000多个,地方性法规约4 500个,政府各部门规章约17 000个。社会主义市场经济的各方面已有法可依,外贸、外资方面的法律已基本完善。

1980年公布了《关于出口许可制度暂行办法》,1984年国务院颁布《中华人民共和国进口许可制度暂行条例》、《关于纺织品出口配额的管理办法》、《关于对外贸易代理制的暂行规定》等等。1985年第六届全国人大常委会第十次会议通过《中华人民共和国涉外经济合同法》,国务院颁布了《技术引进合同管理条例》。此外,《外汇管理条例》、《进出口商品检验法》、《海商法》也陆续颁布。

1994年5月12日,第八届全国人民代表大会常务委员会第七次会议正式通过了《中华人民共和国对外贸易法》,并于1994年7月1日开始实施。这是我国对外经贸法制建设具有里程碑意义的大事,外贸法为我国对外贸易管理和外贸企业的经营提供了法律依据,并为发展与世界各国和地区的贸易关系提供了法律保障。

加入世贸组织后,对我国的涉外经济法律、法规、规章中,凡是违反世贸组织规则和我国对外承诺的,都要废止;凡是与世贸组织规则和我国对外承诺不一致的,都要通过修改使其一致;凡是没有相关法规的,都要根据世贸组织规则和我国对外承诺制定新的法律法规。为此,1999年年底,我国的《中外合作企业法》、《外资企业法》和《中外合资经营企业法》,已经全国人大修改公布。2002年年初颁布了《反倾销条例》、《反补贴条例》、《保障措施条例》、《货物进出口条例》和《技术进出口管理条例》等与《外贸法》的配套法规。

(二) 中国对外经济贸易法律体系及立法渊源

1. 中国对外经济贸易法律体系

对外经济贸易法的法律规范体现在一国对外经济贸易的国内立法及其正式参加或缔结的双边、多边国际经济贸易公约、条约、协定里。

我国的对外经济贸易法律体系主要由以下几个部分组成：① 《宪法》、《民法通则》中有关涉及经济贸易的原则规定。② 对外经济贸易的基本法，如《中华人民共和国涉外经济合同法》、《中华人民共和国对外贸易法》、《中华人民共和国海关法》、《中华人民共和国进出口商品检验法》等。③ 有关对外经济贸易的各种专门性法律、法规，如《中华人民共和国对外合作开采海洋石油资源条例》、《出口商品管理暂行办法》等。④ 既是国内经济法，又是对外经济贸易的法律、法规，如《产品质量法》等。⑤ 地方对外经济贸易法规，其中有综合性的，如《深圳经济特区涉外经济合同规定》，也有单项的，如《上海浦东外高桥保税区外汇管理实施细则》等。⑥ 我国参加缔结的国际经济贸易条约、公约、双边或多边协定。

这些条约与协定主要有以下几类：① 商务条约或通商航海条约；② 贸易协定、支付协定和贸易支付协定；③ 交货共同条件、议定书；④ 贷款协定、经济援助协定、经济技术合作协定或有关的协定或换文；⑤ 关于专门问题的协定、协议书或换文；⑥ 我国参加的国际经济贸易公约，如《联合国国际货物销售合同公约》、《保护工业产权巴黎公约》等。

2. 中国对外经济贸易法律渊源

我国对外经济贸易法的渊源有两个：一个是国内渊源，主要是指国内立法；另一个是国际渊源，主要是指国际条约和国际惯例。

(1) 国内渊源首先是国内立法。我国对外贸易立法主要由全国人民代表大会及其常务委员会制定和颁布的法律以及国务院及其职能部门依法制定的各项法规，其中尤以行政法规占主要地位。

(2) 国际渊源主要包括国际立法、国际组织决议、各国缔结的双边或多边条约、国际惯例。我国缔结和参加的有关国际贸易的条约、协议，我国承认和接受的国际贸易惯例，这些也是我国对外贸易法规的表现形式。

二、《中华人民共和国对外贸易法》

(一)《中华人民共和国对外贸易法》概述

1994年5月12第八届全国人民代表大会常务委员会第七次会议通过，2004年4月6日第十届全国人民代表大会常务委员会第八次会议修订。修订后的《对外贸易法》共11章70条。

1. 立法宗旨

制定外贸法的目的是"为了扩大对外开放,发展对外贸易,维护对外贸易秩序,保护对外贸易经营者的合法权益,促进社会主义市场经济的健康发展"。

2. 基本内容

《对外贸易法》所称对外贸易,是指货物进出口、技术进出口和国际服务贸易。

(1) 国家实行统一的对外贸易制度。《对外贸易法》第四条规定,国家实行统一的对外贸易制度。这是指由中央政府统一制定,在全国范围内统一实施的制度。这一原则的规定对我国今后长期稳定地发展对外贸易,维护公平、自由的对外贸易秩序,有着十分重要的意义。

(2) 对外贸易经营者的规定。《对外贸易法》第八条规定:"对外贸易经营者,是指依法办理工商登记或者其他执业手续,依照对外贸易法和其他有关法律、行政法规的规定从事对外贸易经营活动的法人,其他组织或者个人。"

(3) 实行对外贸易经营备案登记制度,进出口自动许可制度。《对外贸易法》第九条规定:"从事货物进出口或者技术进出口的对外贸易经营者,应当向国务院对外贸易主管部门或者其委托的机构办理备案登记;但是,法律、行政法规和国务院对外贸易主管部门规定不需要备案登记的除外。"对外贸易经营者未按照规定办理备案登记的,海关不予办理进出口货物的相关验放手续。第十五条规定,国务院对外贸易主管部门基于监测进出口情况的需要,可以对部分自由进出口的货物,实行进出口自动许可并公布其目录。自动许可仅为备案性质,目的为监测进出口情况。

(4) 国家对部分货物的进出口实行国营贸易管理。《对外贸易法》第十一条规定,实行国营贸易管理货物的进出口业务只能由经授权的企业经营,"实行国营贸易管理的货物和经授权经营企业的目录由国务院对外贸主管部门会同国务院其他有关部门确定,调整并公布"。

(5) 货物与技术自由进出口原则。《对外贸易法》第十四、十五条规定:"国家准许货物与技术的自由进出口。但是,法律、行政法规另有规定的除外。"与此同时,为了维护国家的利益,《对外贸易法》还规定,国家可以限制或者禁止有关货物、技术的进口或者出口。国家对限制进口或者出口的货物,实行配额、许可证等方式管理;对限制进口或者出口的技术,实行许可证管理。

(6) 逐步发展国际服务贸易的原则。《对外贸易法》第二十四条规定,"中华人民共和国在国际服务贸易方面根据所缔结或者参加的国际条约,协定中所作了承诺,给予其他缔约方、参加方市场进入和国民待遇。"同时还规定了我国进行国际服务贸易可以限制或者禁止的范围。

(7) 与对外贸易有关的知识产权保护的规定:《对外贸易法》第二十九条规定:"国家依照有关知识产权的法律、行政法规,保护与对外贸易有关的知识产权。"第二十九条、三十条、三十一条还对侵犯知识产权,并危害对外贸易秩序规定了应采取的必要措施。

(8) 维护对外贸易秩序的规定。为了建立一个公平、自由的对外贸易机制,维护我国正常的对外贸易秩序,《对外贸易法》第六章对从事对外贸易经营活动的主要行为规范都做了明确的规定。如:在对外贸易经营活动中,不得违反有关垄断的法律,行政法规的规定实施垄断行为;不得实施以不正当的低价销售商品、串通投标、发布虚假广告、进行商业贿赂等不正当竞争行为。同时还规定了在对外贸活动中禁止的一些行为。

(9) 对外贸易调查的规定。《对外贸易法》第七章规定了对外贸易调查的部门是国务院对外贸易主管部门,调查的事项主要包括:货物进出口、技术进出口、国际服务贸易对国内产业及其竞争力的影响;有关国家或者地区的贸易壁垒;为确定是否应当依法采取反倾销、反补贴或者保障措施等对外贸易救济措施,需要调查的事项;规避对外贸易救济措施的行为;对外贸易中有关国家安全制造的事项;其他影响对外贸易秩序,需要调查的事项等。国家根据对外贸易调查结果,可以采取适当的对外贸易救济措施。

(10) 对外贸易促进措施。《对外贸易法》第九章规定了促进我国外贸发展的各种措施,包括制定对外贸易发展战略、建立和完善对外贸易服务的金融机构、设立对外贸易发展基金、风险基金;实行进出口信贷、出口信用保险、出口退税等促进对外贸易的方式;国家建立对外贸易公共信息服务体系,提供信息服务;鼓励对外贸易经营者开拓国际市场;对外贸易经营者可以依法成立和参加有关协会、商会;国家扶持和促进中小企业开展对外贸易;国家扶持和促进民族自治地方和经济不发达地区发展对外贸易等。

(二)《对外贸易法》修订的必要性及其意义

1. 修订外贸法的必要性

(1) 修订外贸法是适应我国加入世界贸易组织的需要。在加入世界贸易组织的谈判中,我国在对外贸易制度、对外贸易管理等方面做出一定的承诺,为履行这些承诺,需要对外贸法进行相应的修订和完善。我国加入世贸组织以来已就与入世有关的一些法律、行政法规作了修改,因此,外贸法作为我国对外贸易的上位法,也需要做出相应修改,这既是履行入世承诺的要求,也是下位法的法律基础和保障。同时,作为世贸组织成员,我们也需要通过修订外贸法,将世贸组织规则转化为国内法律,以便正当地行使成员权利。

(2) 修订外贸法是适应我国对外贸易快速发展的需要。外贸法实施近 10 年,我国对外贸易发生了巨大变化。对外贸易大国的地位已经确立,2003 年,我国外贸进出口总额突破了 8 500 多亿美元,居全球第 4 位;对外贸易在国民经济中的地位和作用发生过重大变化,成为国民经济持续发展的重要推动力。与此相对应,原外贸法在对外贸易管理、对外贸易促进、对外贸易救济等诸多方面已不能完全适应对外贸易快速发展的需要。

(3) 修订外贸法是适应我国法制化建设的需要。依法治国是国家治理的基本方略。外贸法是我国社会主义市场经济法律体系的重要组成部分,为进一步确立外贸法作为对外贸易基本法的地位,全面推进对外贸易依法行政工作,需要对外贸法进行修订完善。

2. 修订对外贸法的重要意义

(1) 履行了我国加入世贸组织的有关承诺,树立了我国作为负责任大国的对外形象。在加入世界贸易组织的谈判中,我国在对外贸易制度、管理方式等方面作出了一定承诺,如外贸制度的统一透明、三年放开对外贸易权等,此次外贸法修订,就是对这些承诺的具体落实。

(2) 为对外贸易持续、健康、协调发展提供了基本的法律制度。新修订的外贸法,进一步明确了政府在对外贸易管理中的职责和角色定位,体现了政府适度管理的职能,使得政府管理更加公平、透明,同时,该法也进一步细化了对外贸易经营者的权利、义务,实现了权利和义务的协调统一。

(3) 确立了新时期我国对外贸易改革发展的基本法律,此次外贸法修订后,我们要做的很重要的一件事情就是要抓紧推动与新修订的外贸法相配套的有关对外贸易条例、规章的制定和完善工作,并以此确立起我国对贸易发展所需的基本法律框架体系,从而全面推进对外贸易依法行政工作的开展。

三、中国对外贸易其他各项立法

(一) 进出口配额管理立法

为了能更快地按国际贸易惯例管理好配额,我国在配额管理方面也先后颁布了一些法规,如《对外贸易经济合作部关于出口商品计划配额管理的实施细则》(1993年)、《出口商品配额招标办法》(1994年)、《机电产品进口管理暂行办法》(1994年)等。这些法规明确规定了我国配额管理的原则,配额分配的具体措施和办法,使我国配额管理更加科学化和规范化。

(二) 外汇管理立法

1979年国务院批准设立了国家外汇管理局,负责管理全国外汇。1994年我国对外汇管理实行汇率并轨,实行以市场供求为基础的单一的、有管理的浮动汇率,与时相适应实行银行结汇、售汇制。在此前后,中国人民银行发布了《中国人民银行关于进一步改革外汇管理体制的公告》(1993年)、《结汇、售汇及付汇管理暂行规定》(1994年)、《中华人民共和国外汇管理条例》(1996年)。

（三）进出口商品品质管理立法

为了发展对外贸易的需要，1989 年 8 月 1 日我国发布与实施了《商品检验法》，1992 年 10 月我国公布了《中华人民共和国进出口商品检验法实施条例》，1993 年 2 月公布了《中华人民共和国产品质量法》。规定了一切进出口商品都必须经过检验，有关当事人必须取得国家商检机构出具的商检证书，否则，海关不予放行。

（四）海关监管和关税管理立法

在改革开放的新形势下，为了加强海关的监督作用，1987 年 1 月 22 日全国人民代表大会常务委员会通过了《中华人民共和国海关法》，2000 年又修订和实施了新的《海关法》。规定了海关组织制度、海关监管制度、关税制度、查缉走私制度和海关统计制度等。

随着我国经济体制改革的深化，企业成为独立的经济实体，同时企业拥有了自行支配使用的外汇。这些新的情况使关税在调节进出口方面的作用有所加强。1985 年 3 月 7 日，国务院发布了《中华人民共和国进出口关税条例》、1987 年 9 月 12 日、1992 年 3 月和 2003 年 10 月 29 日国务院又根据新的《海关法》的规定，对《进出口关税条例》进行了修订。

（五）知识产权立法

我国在知识产权保护方面的立法也取得了长足的进展。1984 年 3 月 12 日全国人民代表大会常务委员会通过了《中华人民共和国专利法》，《专利法》的实施标志着我国开始用法律的形式保障发明创造者的利益。1982 年 8 月 23 日全国人民代表大会常务委员会通过了《中华人民共和国商标法》，《商标法》的实施，加强了我国对商标的管理，对保护商标专用权，促进生产者保证商品质量和维护商标信誉、保障消费者利益、促进我国社会主义市场经济的发展起着重要作用。1991 年我国又制定和实施了《著作权法》。中国入世后，又修订并颁布了《专利法》、《商标法》、《著作权法》。我国制定的外贸法律与法规，对促进我国对外经济贸易事业的发展，建立对外贸易的正常秩序，开展同世界各国的经济贸易关系，加速社会主义经济建设都起着积极的作用。

（六）救济措施立法

我国的对外贸易救济措施立法主要有《反倾销条例》、《反补贴条例》、《保障措施条例》。

第 4 节　中国对外贸易管理的经济调控手段

经济手段是市场经济实际调控过程中的最主要、最常用的调控手段。

经济手段是国家通过调节经济变量来影响微观经济行为,并使之符合于宏观经济发展目标的一切政策措施的总和。经济手段主要包括两部分内容:一是经济政策体系,如财政政策、货币政策、产业政策和收入分配政策等。二是经济杠杆体系,如价格、税收、信贷、汇率等。这些经济政策和经济杠杆同社会各方面的经济利益密切相关,它们的任何变动都会引起经济利益关系的变化,对经济活动主体造成有利或是不利、利丰或是利微的影响,从而调节微观经济活动并将其纳入宏观调控的预定轨道。

外贸经济手段就是指国家通过调节经济变量从而调节市场价格信号或市场价格信息的形成条件来影响外贸领域的微观经济行为,并使之符合宏观经济发展目标的一切政策措施的总和。

一、价格杠杆对外贸的调控作用

(一) 价格杠杆对外贸的调控作用

价格作为商品价值的货币表现,随市场供求变化而变化,价格可以灵敏地调节社会生产与需求。价格杠杆是指国家通过一定的政策和措施促进市场价格发生变化,来引导和控制国民经济运行的手段。

国际市场价格以价值为基础随供求关系涨落。因此,只能根据市场供求关系,按市场价格实现不同国家商品生产之间的等量劳动交换。世界市场价格能正确迅速反映国际资源配置情况。

(二) 价格杠杆调控作用的措施

1. 尽快实现国内国际价格的接轨

进出口商品的定价应以市场为取向,进出口商品的作价原则要考虑国际价值、国家资源配置情况、国际市场因素,不能只考虑国内生产成本及国内市场供求情况,否则无法参与国际竞争。目前,在我国进出口商品的价格中,市场调节价已形成主体。出口商品收购价格基本上是随行就市,由买卖双方商定;进口商品95%为市场价格,只有5%为国家定价。这些主要是人民生活必需的粮食及用于粮食生产的化肥等,差价由国家补贴。进口商品的国内销售价格已与国际市场价格直接联系起来。

2. 加强对进出口商品价格的管理

加强对贸易价格的管理,有利于减少国内外价格的较大差异对我国对外贸易的不利影响,改变进口过度竞争导致进口价格失控、出口对内高价抢购、对外低价竞销的混乱局面。为此,1994年11月,外贸部转发了《国务院关于海关开展出口商品审价和继续做好进口商品审价工作有关批复》的通知。通知中要求海关在继续做好进口应税商品审价工作的同时,开展对出口商品的审价工作,以维护外贸出口正常秩序,防止低价倾销出口商品扰乱国际市场。各中国进出口商会协调的价格和出口许可证核定的价格,可作为出口商品售予境外的应售价格,也可以作为审价的依据。

我国在出口商品价格管理上实行鼓励出口创汇的价格政策,但强调以经济效益为中心的出口创汇,防止对内抬价争购、对外低价竞销。例如,研究并制定鼓励出口商品提高质量和更新花色品种的价格政策;制定鼓励机电产品和高新技术产品出口的价格政策;研究并制定出口商品收购价格管理办法,对大宗出口商品要以国际市场价格为主要依据制定最低保护价。在进口商品价格管理上,可以在完善进口代理价的基础上,协调管理好外购价和进口商品的内销价。

二、税收杠杆对外贸经营活动的调控作用

(一) 税收杠杆对外贸经营活动的调控作用

税收杠杆是指国家运用税收参与国民收入的分配和再分配,通过对各经济主体行为发生影响,达到调节经济活动的手段。国家通过设置不同的税种、税目、税率等方式,体现鼓励和限制意图,调节产业和产品结构,调节进口,促进国民经济协调发展。

我国现行的与发展进出口贸易关系密切的税收是关税和增值税。管理涉外税收的机关主要是海关和国家税务总局。

(二) 我国的关税制度

1. 关税的概念

关税是一个国家根据本国的关税政策制定的海关税则,由海关对进出境的货物和物品所征收的一种间接税。我国只征收进口关税和出口关税。关税具有保护作用、财政作用和调节作用,同时具有强制性、无偿性和固定性的特点。

2. 中国的关税政策

目前,我国在关税方面的总政策是贯彻对外开放,鼓励出口创汇和扩大必需品的进口,保护和促进国民经济的发展。因此,对国内不能生产或不能满足需要的必需品(主要是一些先进的技术和设备及生产必需的物资)免除进口关税或征收低额进口税;原材料的进口税率一般定得比半成品或制成品的进口税率低;在进口国内不能生产或产品质量不过关的机械设备和仪器仪表时,零配件的进口税率比整机低;对国内已经能够生产和满足需要的产品,非国计民生所必需的物品(主要是一些生活消费品)制定较高的进口税率;对需要加以保护的国内产业的同类产品,实行更高的保护性进口税率;除少数原材料和重要物资外,对绝大多数商品不征收出口税。

3. 中国的关税种类、征税标准、税率、税则和关税优惠措施

我国关税制度的法律基础是《中华人民共和国进出口关税条例》,1985年我国制定了《中华人民共和国进出口关税条例》,1987年9月12日进行了修订,2003年10月29日再次进行了修订,新的关税条例从2004年1月1日起施行,2010年12月29日,经国务院第138次常务会议通过,2011年1月8日,再次经国务院令第588号《国务院关于废止和修改部分行政法规的决定》修订并公布,自公布之日起施行。

(1) 进口税和出口税。进口税是对国外进口的商品所征收的关税,根据新的关税条例,进口关税设置最惠国税率、协定税率、特惠税率、普通税率、关税配额税率等税率。对进口货物在一定期限内可以实行暂定税率。

最惠国税率适用原产于共同适用最惠国待遇条款的世界贸易组织成员的进口货物,原产于与中华人民共和国签订含有相互给予最惠国待遇条款的双边贸易协定的国家或者地区的进口货物,以及原产于中华人民共和国境内的进口货物。

协定税率适用原产于与中华人民共和国签订含有关税优惠条款的区域性贸易协定的国家或者地区的进口货物。

特惠税率适用原产于与中华人民共和国签订含有特殊关税优惠条款的贸易协定的国家或者地区的进口货物。

普通税率适用于原产于上述国家或地区以外的国家和地区的进口货物,以及原产地不明的进口货物。

关税配额税率,按照国家规定实行关税配额管理的进口货物,关税配额内的,适用关税配额税率,关税配额外的,其税率适用上述相应的税率。

出口税是对商品出口所征的关税。

(2) 关税的计征标准。关税的计征标准是海关征收关税时用来作为计税依据的同一标准。我国进出口关税的征收方法采取从价税和从量税。征收从价税中,较为复杂的问题是确立进出口商品的完税价格。完税价格是经海关审关审定作为计征关税的货物价格,它是决定税额多少的重要因素。根据2006年3月8日经署务会审议通过,现予公布,自2006年5月1日起施行的《中华人民共和国海关审定进出口货物完税价格办法》的规定,以及2011年1月8日公布的《中华人民共和国进出口关税条例》的规定,我国海关对进口货物实行以实际成交价格为基础的到岸价格(CIF)作为完税价格,即货物在国外采购地的正常批发价格,加上抵运我国进口地起卸前的包装费、保险费、手续费等一切费用。进口货物的成交价格是指买方为购买该货物实付或应付价格。出口货物的完税价格是离岸价格(FOB)扣除出口关税的价格。出口货物的成交价格是指该货物出口销售到中华人民共和国境外时买方向卖方实付或应付的价格。

(3) 调整进口税则税目税率。按照世界贸易组织对发展中国家的要求,逐步降低关税总水平,使关税成为调节进出口贸易的主要手段。我国从1992年4月1日起对关税税率不断进行了调整。使我国关税水平从1992年年底前的42.5%降至2000年的12%,2010年的关税总水平已降至9.8%,其中农产品平均税率15.2%,工业品平均税率为8.9%。

税则是根据国家的关税政策和经济政策,通过一定的立法程序,制定和公布实施的应税商品和无税商品的系统分类表。

经国务院批准,以《商品名称及编码协调制度》为基础的《中华人民共和国进出口税则》已于1991年11月公布,并于1992年1月1日起实施。新税则共分21类、97章、6 250个税号。这是按国际贸易通行规则,并结合我国进出口商品自身的特点,为了充分体现关税政策和海关统计的需要设置的,有利于国家运用经济、行政、法律手段,加强对进出口货物宏观调控。

(4)关税减免。我国关税减免由法定减免,特定减免和临时减免三部分组成。法定减免是指《海关法》《关税条例》列明予以关税减免的,如:关税税额在人民币50元以下的一票货物;外国政府、国际组织无偿赠送的物资;无商业价值的广告品和货样;中华人民共和国缔结或参加的国际条约规定的减征、免征关税的货物;来料加工、补偿贸易进口的原料等。特定减免是按照《海关法》和《关税条例》的规定,给予经济特区等特定地区进出口的货物,中外合资或合作经营企业以及外资企业等特定企业进出口货物,以及其他依法给予关税减免优惠的进出口货物以减免税优惠。临时减免是国家根据国内生产和国际市场行情变化,确定对某一类或几类商品在一定时限内临时降低或取消关税、待规定的期限结束便立即恢复原来的税率。

(三) 中国的进口征税制度

1. 进口征税的目的

我国目前对内资企业进口产品征收增值税、消费税,这是由国家税务局制定政策规定、委托海关代征的进口税。

对进口产品征税是我国进出口税收制度的一个重要方面。其主要作用是调节国内外产品税收负担的差异,使之公平竞争。由于各国的税收制度不同,其产品的税收负担不同。我国对进口产品征税,使进口产品与国内产品同等纳税,可以平衡国内外产品的税收负担,同时也可以抑制盲目进口,保护国内生产。

2. 进口征税的原则、税种和税率

进口征税原则是进口产品与国内产品同等纳税的原则。进口产品征税的税种是增值税和消费税。进口产品与国内产品在增值税和消费税上按相同的税目、税率纳税,是由进口税收"调节国内外产品税收差异"的性质决定的。对进口产品如果从低定率征税,则会不利于国内生产;若从高定率征税,则会导致贸易歧视。这些都是与进口税收目的和国际规范不相符的。只有实行同等纳税,才能保证国内外企业平等竞争,促进国内生产的发展。

对进口产品征税,对出口产品退税,是进出口税收制度的基本原则。但是,在制定具体规定时,必须体现国家的经济政策。我们强调对进口产品要普遍征税,但同时又必须根据国家的经济政策和进口产品的具体情况加以区别对待,对进口我国建设急需的物资、国外先进技术和设备,应给予必要的减免税优惠。

(四) 我国的出口退税制度

我国按照国际通行规则,实行对进口产品征税,对出口产品退税制度。

1. 出口退税制度的概念及实行出口退税的目的

出口退税制度是指国家对出口商品在国内所征的各生产环节累计间接税(如增值税、消费税)实行退还的政策。实行的目的是采用国际上普遍接受的方式,对出口产品退税或免税,可使我国产品和其他国家产品一样以不含税成本进入国际市场,在同等税收条件下进行竞争。同时,由于退税款直接冲减出口换汇成本,增加企业盈利和减少出口亏损,因此,也必然会调动企业出口的积极性,使其努力增加出口创汇。

2. 我国出口退税的原则、退税的范围、退税税种和退税率

我国出口退税实行"征多少,退多少"、"未征不退"和"彻底退税"的原则。

1985年3月,国务院正式颁发了《关于批转财政部〈关于对进出口产品征、退产品税或增值税的规定〉的通知》,规定从1985年4月1日起实行对出口产品退税政策。1994年1月1日起,随着国家税制的改革,我国改革了已有退还产品税、增值税、消费税的出口退税管理办法,建立了以新的增值税、消费税制度为基础的出口货物退(免)税制度。1996年,由于财政原因,中国政府将退税率分别降为3%、5%和9%,为了摆脱1998年亚洲金融危机的负面影响,进一步扩大出口,1999年中国大幅度提高了出口退税率,将平均出口退税率由6%提高到15%。2003年由于经济局部过热,出口欠税严重,政府将出口退税率由15.51%调整到12.51%。2008年年以来,受国际市场需求减弱、人民币升值、原材料价格和劳动力成本上涨等因素影响,中国出口增速放缓,出口平均增速是低于上年同期的,特别是一些劳动密集型的中小型企业,吸纳劳动力多、就业面广,但抗风险能力较弱,经营面临较大压力。为减轻出口企业面临的经营压力,提高企业抵御市场风险的能力,自2008年11月1日提高部分商品的出口退税率:将部分纺织品、服装、玩具出口退税率提高到14%;将日用及艺术陶瓷出口退税率提高到11%;将部分塑料制品出口退税率提高到9%。

(1) 出口退税的产品范围。我国出口的产品中凡属于已征或应征增值税、消费税的,除国家明确规定不予以退税外,均应退还已征税款或免征应税税款。这里所说的出口产品一般应具备以下三个条件:①必须是已征税产品;②必须是报关离境的出口产品;③必须是财务上作出口销售的产品。

(2) 出口退税的企业范围。出口产品退税原则上规定将所退税款全部退还给主要承担出口经济责任的企业。它主要包括三个方面：一是经营出口业务的企业；二是在代理进出口业务活动中，代理出口的企业；三是特定出口退税企业。

(3) 出口产品应退税种。根据国家税务局制定的《出口货物退（免）税管理办法》的规定，出口产品应退税种为增值税和消费税。

(4) 出口货物退税率。根据2003年财政部、国家税务总局《关于调整出口货物退税率的通知》的规定，从2004年1月1日起出口货物适应的退税率。（一）下列货物维持现行出口退税率不变：①现行出口退税率为5％和13％的农产品；②现行出口退税率为13％的以农产品为原料加工生产的工业品；③现行税收政策规定增值税税率为17％，退税税率为13％的货物；④船舶、汽车及其关键件零部件、航空航天器、数控机床、加工中心、印刷电路、铁道机车等现行出口退税率为17％的货物。（二）小麦粉、玉米粉、分割鸭、分割兔等出口退税率，由5％调高到13％。（三）取消原油、木材、纸浆、山羊绒、鳗鱼苗、稀土金属矿、磷石矿、天然石墨等货物的出口退税政策。（四）调低下列货物的出口退税率：①汽油、未锻轧锌的出口退税调低到11％；②未锻轧铝、黄磷及其他磷、未锻轧镍、铁合金、钼矿砂及其精矿等货物的出口退税率调低到8％；③焦炭半焦炭、炼焦煤、轻重烧镁、萤石、滑石、冻石等货物的出口退税率调低到5％；④除上述规定外，凡现行出口退税率为17％和15％的货物，其出口退税率一律调低到13％，凡现行征税率和退税率均为13％的货物，其出口退税率一律调低到11％。

自1999年1月1日起，所有外商投资企业出口都按上述方法办理出口退税。这就在出口产品退税政策上基本上做到了内外资企业的一致性。

三、信贷杠杆对外经贸的调控作用

（一）信贷杠杆的概念及对进出口贸易的调节作用

信贷杠杆是国家根据国民经济运行状况，通过调节利率和确定不同的贷款方向、贷款数量、贷款成本，以控制和引导资金运动，调整国民经济有序运行的重要手段。

在社会主义市场经济发展过程中，资金调节是支持对外经济贸易发展的重要经济手段。进出口信贷就是国家运用金融政策和金融手段支持和鼓励对外贸易发展的一项重措施。

（二）进出口信贷的基本任务和中国现行的进出口信贷政策

我国的进出口信贷的基本任务是按照国家发展社会主义市场经济的要求，遵循改革、开放的方针，根据国家有关政策和批准的信贷计划发放贷款，支持对外贸易的发展；同时发挥信贷的监督和服务作用，监督企业合理地使用信贷资金，协助外贸企业加强经济核算,提高经济效益。

我国一直贯彻有利出口的信贷政策。具体表现在以下几个方面:在资金紧张的情况下,银行对各类外贸企业出口所需要资金贷款予以优先安排,贷款规模的增长与出口的增长同步;设立出口商品发展基金和风险基金,主要用于少数国际市场价格波动较大的商品以丰补歉,开发新商品,促进现有出口商品的更新换代,开拓新市场等;设立国家进出口银行(已于1994年初成立),为资本货物出口提供信贷支持,代表国家执行统一的外贸信贷优惠政策,通过调整信贷规模、利率及贴现的范围和水平来优化进出口商品结构,协调对外经济技术合作,促进外贸企业经营活动的外部环境的形成和完善。

此外,为解决企业从国外引进先进技术,购买设备和进口原材料的外汇资金需求,我国设立了外汇贷款。这是以外币为计算单位的贷款,通过运用从国内、国外组织吸收的外汇资金,以有偿方式贷给国内企业。

(三) 进出口信贷机构

中国进出口银行于1994年7月1日正式营业,是专门办理进出口信贷业务的政策性银行。其主要任务是:执行国家生产政策和产业政策,为扩大我国机电产品和成套设备等资本性货物出口提供政策性金融支持。它实行自主保本经营和企业化管理,不以营利为目的,资本金主要由财政拨款,另外的资金来源是向金融机构发行金融债券。其业务范围包括:为机电产品和成套设备等资本性货物进出口提供出口卖方信贷和买方信贷;办理出口信用保险和信贷担保业务;进行进出口信贷项目评估审查业务。进出口银行还可以办理与机电产品出口有关的政策贷款、混合贷款、出口信贷的转贷业务,在境内外发行金融债券,经批准的外汇经营业务等等。

在信贷项目的选择上,中国进出口银行注意突出重点,充分体现政策性,并通过优化贷款结构,以提高政策性资金使用效益;特别是在出口信贷方面,重点支持了高技术、高附加值的机电产品和成套设备出口,有力地促进了出口商品结构优化和产业结构的升级;另外,还把信贷的重点放在支持国有大中型企业,特别是大力扶持产业联动效应大的行业以及中西部地区机电产品的出口上。

四、汇率杠杆对外贸的调控作用

(一) 汇率杠杆的概念及对进出口贸易的调节作用

汇率是指两国货币之间的交换比率,也就是用一国的货币单位来表示另一国货币单位的价格。

汇率杠杆是指两个国家货币之间的比率对整个国家的生产、就业、物价、经济增长和国际收支平衡的调节作用。国家运用外汇杠杆影响进出口贸易总量与结构,从而影响国家资源的配置。在市场经济条件下,通过使本币贬值(即让汇率上升)可引起出口增加,进口减少;反之,使货币升值(即让汇率下降)可引起出口减少,进口增加,国家通过汇率的变化影响资金的流入流出。如果本币贬值,对外在预期汇率不会继续上升的条件下,资金流入量将增加,资金流出量将减少。国家通过汇率变化,还可以影响侨汇收入、旅游收入等非贸易外汇收入。

(二)我国现行汇率制度

为了进一步实现我国对外经济贸易发展战略,促进对外贸易工作的全面发展,从1994年1月开始我国实行了以市场供求为基础的有管理的单一浮动汇率制度,建立了银行间的外汇交易市场,外汇收支实行结售汇制度。2005年7月21日人民币汇率不再盯住单一美元,而是选择若干种主要货币组成一个货币篮子,同时参考一篮子货币计算人民币多边汇率指数的变化。实行以市场供求为基础、参考一篮子货币进行调节、有管理的浮动汇率制度。这是进一步深化改革的客观要求,也是建立开放型外汇市场的必经之路。为各类外贸企业创造了平等竞争的良好环境,有助于我国提高出口商品的竞争力,大大加快外贸企业经营机制的转换,更有效地发挥汇率作为经济杠杆调节对外贸易的功能。这样也促使我国外汇管理体制更加符合社会主义市场经济体制的要求和国际贸易规范。

第5节 中国对外贸易管理的行政手段

行政手段是国家经济管理机关凭借政权的力量,通过制定和下达指示、命令、规定等形式直接干预社会经济活动的种种措施。行政手段同经济手段相比,具有强制性、权威性、直接性和无偿性的特点,能在短时期内集中全力解决重大经济问题。与法律手段相比,它可以根据不同场合、不同情况做出及时反应,因而具有明显的"灵活性"。在社会主义市场经济条件下,对外贸易的宏观管理要以经济手段、法律手段为主,但也要辅以必要的行政手段。

一、进出口配额管理

进出口配额管理是指国家对部分货物的进出口规定一定的数量限制,在限额之内允许进出口,超过限额则不准进出口的管理制度。

配额管理是世界各国普遍使用的数量限制措施。我国的配额管理是1980年以后逐步建立起来的,并随着改革和开放的深化不断进行调整,以适应社会主义市场经济的要求,并逐步向世界贸易组织的基本准则靠拢。目前,我国主要对部分出口商品实行配额管理,但对少数国内人民生活和现代化建设所必需的、关系国计民生的大宗资源性商品,也实行进口配额管理。

(一) 出口配额管理

1. 出口配额管理形式

(1) 被动配额管理,是指由于进口国对某种商品的进口实行数量限制,并通过政府间贸易谈判要求我国自动控制出口数量,而我国对其被动配额商品的出口进行数量限制。

(2) 主动配额管理,是指在输往国家或地区市场容量有限的情况下,国家对部分商品的出口,针对具体国家或地区主动采取出口数量限制。

(3) 计划配额管理,是指国家为保证出口符合国民经济计划的要求,对部分重要出口商品实行的一种出口配额管理。

2. 出口配额管理的商品范围

(1) 被动配额管理的出口商品范围:纺织品类19种,非纺织品类5种。设限国主要有美国、加拿大、欧盟国家、挪威、土耳其。

(2) 主动配额管理的出口商品有三类:一是我国在国际市场或某一市场上占主导地位的重要出口商品;二是外国要求我国主动限制的出口商品;三是国外易进行市场干扰调查、反倾销立案的出口商品。

(3) 计划配额管理的出口商品范围有两类:一类是关系国计民生的大宗资源性出口商品;另一类是在我国出口商品中占有重要地位的大宗传统出口商品。

3. 出口配额的分配办法

出口配额的分配主要是由商务部根据出口企业的经营能力和历年的出口实绩以及经营效益等综合情况,并参考有关进出口商会的意见择优分配。从1994年起,我国对一些大宗的、重要的出口商品,其配额实行有偿招标分配,即中标企业有偿取得指标配额,所得配额需支付一定的人民币金额。它有利于减少配额管理中的主观随意性,增加科学性,避免了人为因素的干扰。同时,配额有偿招标在分配中引进了竞争机制。另外,配额招标办法大大提高了外贸出口的经济效益和管理制度的透明度。总之,通过招标把配额行政分配转化为市场分配,将无偿使用改为有偿使用,打破了配额垄断和终身制。

(二) 进口配额管理

实行进口配额管理是为了保护、支持国内某些工业部门的发展,促进国内技术进步,提高出口创汇能力,节约使用外汇。

我国进口配额管理包括机电产品进口配额管理和一般商品进口配额管理。实行机电产品进口配额管理的,是国家对尚需适量进口、但过量进口会严重损害国内相关工业发展的机电产品,直接影响进口结构、产业结构调整的机电产品,以及危及国家外汇收支地位的机电产品,如机械设备、电子产品及其零部件和元器件。实行一般商品进口配额管理的商品主要是少数国内人民生活和现代化建设所必需的关系国计民生的大宗资源性商品,如原油、成品油、羊毛、涤纶、粮食、化肥、农药等。

二、国营贸易管理

中国保留原油、成品油、化肥、粮食、棉花、食糖、植物油和烟草(设定书附件2A)等8大类商品的进口实行国营贸易管理的权利,只限于有限数量的国营贸易公司经营。同时允许一定比例的进口由非国营贸易公司经营。另外,植物油(豆油、棕榈油和菜籽油)的国营贸易管理在2006年1月1日取消。

中国还保留对茶、大米、玉米、大豆、钨及钨制品、煤炭、原油、成品油、丝、棉花等商品的出口实行国营贸易管理的权利。对于丝绸,将逐步取消国营贸易,最终将完全取消废丝(未梳废丝除外)和非供零售用丝纱线(绢纺纱线除外)的国营贸易,并不迟于2005年1月1日给予所有个人和企业从事此类产品贸易的权利。

三、对出口商品商标的协调管理

根据国家有关政策规定,出口商品商标是在国家工商行政管理局注册和统一管理下,由商务部进行具体协商管理;商务部对出口商标进行协调管理的范围和内容是:指导并监督全国出口单位有关商标法规和出口商品商标在国外的使用和注册情况;解决商标所有权的归属和使用方面出现的问题,协调各出口单位之间以及生产企业之间使用出口商品商标的关系;及时处理有关商标问题的争议和纠纷。管理和协调好出口商品商标的使用,保护出口商品商标的专用权,维护中国商标在国际市场的信誉,保护和制造名牌,仍是我国对外贸易行政管理的一个重要方面。

四、外汇管理

外汇管理是由国家指定或授权某个机构对本国境内的一切外汇活动实行管理,其目的是维持国际收支平衡,促进国内经济的持续稳定发展,维护本币在国内的统一市场。我国外汇管理的基本方针是"集中管理、统一经营"。集中管理是指一切外汇资金都集中由国家管理,其管理机构是国家外汇管理局;统一经营是指由指定的机构统一办理国际结算、外汇买卖等一切外汇业务。我国现行的外汇管理的主要内容包括:对贸易外汇收支的管理,对非贸易外汇收支的管理,对外商投资企业的外汇管理,对境外投资企业的外汇管理,对金融机构经营外汇业务的管理,对外债的管理,对外汇储备的管理以及个人外汇的管理。

我国新的外汇体制的基本特征可以概括为以下几个方面:① 实现汇率并轨,实行以市场供求为基础的、单一的、有管理的浮动汇率制度。② 实行银行结汇、售汇制,取消外汇留成和上缴。③ 建立银行间的外汇市场,改进汇率形成机制。

④ 制止外币在境内计价、结算和流通。⑤ 取消外汇收支的指令性计划,国家主要是运用经济、法律手段实现对外汇和国际收支的宏观调控。

五、海关管理

我国的海关管理主要是货运监管、查缉走私,是国家管理对外贸易的重要手段之一。

(一) 货运监管

货运监管是指海关对进出我国国境的所有货物和运输工具等执行监督管理。海关对进出口货物和运输工具监管的目的是:使货物、物品和运输工具合法进出关境,保证关税的征收,制止走私违法,同时为征税和统计业务提供可靠数据。

1. 海关对一般进出口货物的监管制度

(1) 货物的申报。货物申报有三个步骤:第一步申报单证,即按规定申报人应交验报关单、许可证,提货单或装货单、发票、装箱单、检验和检疫证明及其他单证;第二步申报登记,即由海关将上述单证签收后编写登记,批准申报日期;第三步是审核单证。

(2) 货物的查验。查验货物的目的是核实单、货相符,以防非法进出境,并为征税、统计提供可靠数据。查验货物一般在码头、车站、仓库等海关监管现场,或者在货物装卸过程中进行。

(3) 货物的征税。征税是海关的基本任务之一。进出口货物除海关特准以外,在收、发货人缴清税款或提供担保后,才能由海关签印放行。

(4) 货物的放行。放行货物时,海关认真复核全部申报单证,并审核是否已经纳税。在一切海关手续具备的前提下,海关在提单、运单或装货单上加盖海关放行章以示放行。收、发货人只有凭加盖海关放行章的单据才能向港口、民航、车站、邮局办理提货或托运手续。海关的监管至此结束,货物可以自由流通,俗称货物已经结关。

2. 海关对加工贸易进出口货物的监管制度

海关对加工贸易(主要指进料加工出口、来料加工装配和中小型补偿贸易)进行管理,目的是要支持、促进、管好、管活。具体应采取积极、稳妥、简化手续,落实优惠政策,进一步严密制度,完善核销方法的做法。海关对上述三种贸易方式的监管制度基本上是相似的。主要包括以下几方面:

(1) 登记审核。凭有关主管部门颁发的进料加工批准书连同由签约单位签章的合同副本或订货卡片向主管海关办理备案登记手续,主管海关核发《登记手册》。

(2) 申报审单。经营单位应按规定填写《登记手册》和专用报关单向进出口地海关如实申报。

(3) 查验。除按一般贸易货物要求进行查验外,重点查验进口料、件和出口成品的数量,防止进口以多报少,出口以少报多,并检查走私行为。

(4) 核销结案。经营单位在合同执行完毕一个月内,凭《登记手册》和海关签印的专用报关单等有关单据向海关办理核销手续。

(二) 查缉走私

查缉走私是海关的基本职责,也是维护国家主权和利益,保障改革开放健康发展的重要手段。

《中华人民共和国海关法》对走私行为做了明确规定:① 走私行为必须是逃避海关监管的行为;② 走私的货物、物品必须是国家禁止进出口或限制进出口或应税进出口的货物、物品。而逃避海关监管行为是指未从海关地点进出,或虽从设关地进出,但采取藏匿、伪装、瞒报等手段瞒骗海关的,或未经海关批准并补交关税、擅自处理海关特定减免关税货物的行为。海关对非走私行为有追查、罚款、没收和处罚的权利。

走私是一种逃避国家对国际贸易的管理、非法牟取暴利的严重经济犯罪活动。近年来,在我国一些地区,特别是沿海地区走私日趋猖獗,大案要案明显增多。我国必须高度重视反走私工作,严厉打击走私犯罪,为改革开放和建立社会主义市场经济创造良好的社会环境。

六、进出口商品检验管理

进出商品检验管理就是对进出口商品的质量、重量、数量和包装等严格按照合同和标准规定进行检验和管理。

进出口商品检验是我国实现进出口商品品质管理的一个重要环节,它对保证进出口商品的质量,维护对外贸易有关各方的合法权益,促进对外贸易关系的顺利发展起着极为重要的作用。我国对进出口商品检验和对外贸易公证鉴定工作实行统一领导、统一管理。主管机关是国家进出口商品检验局。

改革开放以来,我国商检工作的方式是:"加强管理,认真检验,公正准确,维护信誉,促进外贸,为四化服务。"我国商检部门的主要任务是:

(一) 法定检验

法定检验是指对指定的重要的进出口商品实施强制性检验。法定检验的出口商品未经商检机构检验并签发证书放行单,不准出口。进口商品未经向商检机构申报不准进口,由海关监管。法定检验的范围是:列入《商检机构实施检验的商品种类表》内的进口商品;按照国家商品卫生法规定需要执行卫生检验的出口食品;按照国家动植物检疫法规需要进行检疫的出口动物产品;涉及安全、卫生、环境、劳动保护等列入进口质量许可管理目录的商品;装运粮油商品、冷冻品等易腐商品出口的船舱和集装箱,经检验符合装运技术条件并发给证书后,方可装运;列入《国际海上危险货物运输规则》内的海运危险品,出口时必须进行包装鉴定。

(二) 监督管理

商检机构通过组织管理和监督检查等方式,对进出口商品的质量、重量、数量和包装等实施监督管理。

(三) 公证鉴定

商检机构和商检公司(商检公司于1980年成立,作为国家商检局指定的检验机构)以第三方公证鉴定人的地位,凭对外贸易关系人的申请,办理对外贸易公证鉴定业务。

根据商检法规定,我国商检机构实施进出口商品检验的内容包括:商品的质量、规格、数量、重量、包装以及是否符合安全、卫生要求。商检机构对进出口商品鉴定业务的范围包括:进出口商品的质量、重量、数量、海损鉴定、包装鉴定,集装箱检验,进口商品的残损鉴定,出口商品的装运技术条件鉴定、货载衡量、产地证明、价值证明以及其他业务。

我国对进出口商品进行检验和监督管理,有利于把好进出口商品质量关,有利于为扩大出口疏通渠道,并为外贸发展提供优质服务。

思考与练习

1. 在社会主义市场经济条件下,为什么必须加强对外贸管理?
2. 什么是法制手段? 2004年外贸法的主要内容有哪些?
3. 什么是经济手段? 我国对外贸易经济管理的主要手段有哪些?
4. 什么是什么手段? 我国当前对外贸易行政管理的主要手段有哪些?

第5章 中国服务贸易

学习目标

了解服务贸易的特点和国际服务贸易发展的趋势,掌握中国服务贸易的发展状况;重点掌握入世对我国服务贸易发展的影响和我国发展服务贸易的对策。

第1节 服务贸易概述

当前,国际贸易发展的一个显著特征是服务贸易的迅速增长,与货物贸易相比,服务贸易具有许多独特的特点。由于科技革命的推动、各国服务业的发展、跨国公司的大发展、国际服务合作的扩大和各国政府的支持,服务贸易发展速度加快,领域不断拓宽。

一、服务贸易的含义、特征及分类

(一)服务贸易的含义

服务是指以提供活动劳动的形式满足他人某种需要并获取报酬的活动。关于国际服务贸易的含义,有以下三种具有代表性的提法:

(1)从传统的进出口角度看,一国劳动力向另一国消费者提供服务并获得外汇收入的过程,构成服务的出口;相应地一国消费者购买他国劳动力提供的各项服务并支付外汇的过程,构成服务的进口。各国的服务进出口活动,便构成了国际服务贸易。

(2)《美国和加拿大自由贸易协定》中对服务贸易的定义是:由其他缔约方或其他缔约方的代表,在其境内或进入另一缔约方境内提供所指定的一项服务。

(3)关税与贸易总协定乌拉圭回合多边贸易谈判结束时签署的《服务贸易总协定》将国际服务贸易确定为四种:① 过境交付。指服务的提供者在一成员的领土内向另一成员领土内的消费者提供服务。② 境外消费。指服务的提供者在一成员的领土内向另一成员的消费者提供服务。③ 商业存在。指一成员的服务提供者在另一成员领土内设立商业机构或专业机构,为后者领土内的消费者提供服务。商业存在是服务贸易活动中最主要的形式。④ 自然人流动。指一成员的服务提供者以自然人身份进入另一成员国的领土内提供服务。

(二) 服务贸易的特点

与货物贸易相比,服务贸易具有以下特点:

(1) 贸易标的一般具有无形性。服务贸易提供的服务没有固定的空间形态,具有不可触摸性、不直接可视性,是无形的。

(2) 服务的生产与消费往往是同时进行的。服务的生产和出口过程一般来说也就是服务的进口和消费过程。

(3) 服务贸易提供的服务具有不可储存性。服务一旦被生产出来,一般不可能将其搁置,如果服务不被使用,则既不会给购买者带来效用,也不会给提供者带来收益。

(4) 服务贸易的对象主要是智力,贸易过程通常不涉及所有权的转让。

(5) 国际的服务交换无论采取何形式,它都与资本、劳动力和信息等生产要素的跨国界移动密切相关。因此,服务贸易更多地依赖于生产要素的国际移动和服务机构的跨国设置。

(6) 对服务贸易的监管不是通过海关监督和征收海关关税的方式进行,而是通过国家立法和制定行政法规来实行。而且,监管的对象不仅是服务本身,更主要的是服务提供者。

(7) 服务贸易的统计数据在各国国际收支表中显示,而在各国海关进出口统计上没有显示。

(三) 服务贸易的分类

国际服务贸易涉及的内容十分广泛,按不同的标准可划分为不同的类别,《服务贸易总协定》将国际服务贸易分为 12 大类 142 个小项。12 大类主要有:商业服务,通信服务,建筑和相关工程服务,销售服务,教育服务,环境服务,金融服务,健康与社会服务,与旅游有关的服务,娱乐、文化与体育服务,运输服务,其他服务。

二、国际服务贸易发展的特点

(一) 国际服务贸易增长迅速

20 世纪 60 年代以来,随着现代科技革命的迅猛发展,国际分工日益深化,产业结构不断调整以及跨国公司的崛起,促使国际服务贸易高速增长,其增长速度超过了同期货物贸易的增长速度。1970 年,国际服务贸易出口额仅为 710 亿美元,1996 年增长到 12 600 亿美元,平均每年增长 11.7%。超过同期国际货物出口总额的增长速度,如果将其中的政府服务剔除,仅考虑商业服务,国际商业服务出口额 1990 年为 7 827 亿美元,1994 年为 10 550 亿美元,2000 年达 15 213 亿美元,其年均增长速度达 6.29%,超过了同期的货物贸易 5.9%的增长速度。2012年,全球服务贸易出口额达 43 499 亿美元,比 2011 年增长 2.15%;进口 41 523 亿美元,也比 2011 年增长 2.72%(见表 5-1)。

表 5-1 世界服务贸易额及增长率(1997—2012 年)

年份	贸易额(百万美元)			增长率(%)		
	出口	进口	总额	出口	进口	总额
1997	1 315 700	1 294 100	2 609 800	4.18	2.71	3.45
1998	1 353 700	1 322 100	2 675 800	2.89	2.16	2.53
1999	1 402 100	1 374 200	2 776 300	3.58	3.94	3.76
2000	1 491 000	1 463 800	2 954 800	6.34	6.52	6.43
2001	1 492 100	1 482 200	2 974 300	0.07	1.26	0.66
2002	1 596 900	1 561 300	3 158 200	7.02	5.34	6.18
2003	1 850 000	1 792 500	3 642 500	15.85	14.81	15.33
2004	2 247 800	2 145 700	4 393 500	21.50	19.70	20.62
2005	2 512 700	2 383 700	4 896 400	11.78	11.09	11.45
2006	2 841 800	2 659 600	5 501 400	13.10	11.57	12.36
2007	3 420 300	3 173 800	6 594 100	20.36	19.33	19.86
2008	3 846 400	3 633 000	7 479 400	12.46	14.47	13.43
2009	3 481 400	3 292 300	6 773 700	−9.49	−9.38	−9.44
2010	3 819 700	3 613 300	7 433 000	9.72	9.75	9.73
2011	4 258 300	4 042 200	8 300 500	11.48	11.87	11.67
2012	4 349 900	4 152 300	8 502 200	2.15	2.72	2.43

资料来源:联合国贸易和发展会议数据库 http://unctadstat.unctad.org/

(二)服务贸易领域不断拓展,结构持续完善

二战前,服务贸易的主要项目是劳工输出,电讯服务、金融服务和运输服务虽已出现,但发展缓慢,所占比重也很低。二战后,电讯、金融、运输、旅游以及信息产业等迅速发展,服务贸易领域大大扩展。

随着金融、电讯、信息、商贸等资本和知识密集型服务贸易的迅速发展,逐步在服务贸易中占主导地位,传统服务贸易项目,如劳务输出、运输等在服务贸易中的份额下降。

在国际服务贸易结构方面,发达国家与发展中国存在较大差别。发达国家出口的多是资本、技术、知识密集的金融、保险、通信、咨询、广告服务等,而发展中国家出口的则多为自然资源、劳动密集的旅游、劳工服务。

(三)服务贸易地区分布极不平衡

发达国家在国际服务贸易中占主导地位,从总量上看,服务贸易进出口大量均是发达国家。2011年,世界服务贸易进出口总额排名中,前10位的国家除中国外均是发达国家(见表5-2)。这10个国家的服务进出口贸易总额占到世界服务进出口贸易额51.4%。美国是当今世界最大的服务贸易国,其服务贸易的进出口均居世界首位。发展中国作为一个整体,在服务贸易中处于逆差状态。

表5-2 2011年世界主要国家(地区)服务贸易统计表

	出口					进口			
排名	出口者	出口额(亿美元)	比重(%)	增长率(%)	排名	出口者	进口额(亿美元)	比重(%)	增长率(%)
1	美国	5 780	13.9	10.6	1	美国	3 906	10.10	6.43
2	英国	2 743	6.6	11.3	2	德国	2 836	7.33	8.08
3	德国	2 529	6.1	8.5	3	中国	2 365	6.12	23.05
4	中国	1 820	4.4	6.9	4	英国	1 709	4.42	6.68
5	法国	1 609	3.9	11.4	5	日本	1647	4.26	5.71
6	印度	1 484	3.6	20.4	6	法国	1 407	3.64	7.08
7	日本	1 429	3.4	2.9	7	印度	1 301	3.36	12.06
8	西班牙	1 406	3.4	14.3	8	荷兰	1 183	3.06	12.13
9	荷兰	1 284	3.1	11.1	9	意大利	1 145	2.96	5.43
10	新加坡	1 251	3.0	11.6	10	新加坡	1 105	2.86	14.75
11	中国香港	1 207	2.9	13.8	11	加拿大	993	2.57	10.33
12	意大利	1 066	2.6	9.2	12	韩国	982	2.54	3.37
13	韩国	936	2.3	8.5	13	西班牙	913	2.36	5.31
14	加拿大	741	1.8	9.9	14	俄罗斯联邦	900	2.33	24.48

续表 5-2

排名	出口者	出口额(亿美元)	比重(%)	增长率(%)	排名	出口者	进口额(亿美元)	比重(%)	增长率(%)
15	俄罗斯联邦	543	1.3	21.7	15	巴西	731	1.89	22.45
16	澳大利亚	499	1.2	6.4	16	澳大利亚	593	1.53	18.13
17	泰国	405	1.0	18.8	17	中国香港	559	1.45	9.82
18	中国澳门	390	0.9	35.9	18	泰国	505	1.31	13.23
19	土耳其	381	0.9	12.4	19	马来西亚	373	0.96	16.56
20	波兰	367	0.9	12.2	20	印度尼西亚	318	0.82	24.22
21	巴西	367	0.9	21.1	21	波兰	298	0.77	1.02
22	马来西亚	357	0.9	9.2	22	墨西哥	252	0.65	15.60
23	以色列	258	0.6	6.6	23	以色列	203	0.52	14.04
24	捷克	221	0.5	5.7	24	南非	203	0.52	12.78
25	印度尼西亚	199	0.5	22.8	25	土耳其	196	0.51	7.10
26	埃及	189	0.5	-19.9	26	捷克	182	0.47	7.69
27	乌克兰	186	0.4	12.7	27	阿根廷	159	0.41	15.22
28	菲律宾	155	0.4	7.6	28	乌克兰	145	0.37	19.83
29	墨西哥	149	0.4	0.0	29	埃及	130	0.34	0.00
30	南非	147	0.4	8.1	30	菲律宾	120	0.31	7.14
以上合计		30 098	72.5	10.9	以上合计		27 359	70.74	10.55
世界		41 500	100.0	10.76	世界		38 675	100.00	10.45

资料来源：国家统计局网站 http://www.stats.gov.cn/tjsj/qtsj/gjsj/2012/

(四) 服务贸易呈现自由化的趋势

以美国为首的发达国家在服务贸易中占优势地位，服务业产值占 GDP 的比重以及服务业就业人数占总就业人数的比重均已超过 65%，服务贸易在其国际收支中占有极其重要的地位，因此，发达国家竭力推动服务贸易的自由化。1986年，服务贸易被列为乌拉圭回合谈判的议题，并于 1993 年签署了《服务贸易总协定》(GATS)。GATS 作为服务贸易领域的第一个多边协定，是国际服务贸易走向自由化的重要标志，它为参与服务贸易的国家提供了服务贸易国际管理和监督的约束机制，为服务贸易的发展创造了一个稳定的、具有预见性的、自由贸易的法律框架。1997年,世界贸易组织又通过了《基础电信协议》《金融服务协议》和《信息技术协议》三个服务贸易方面的协议,规定了各国在国际服务贸易中应遵循的原则,目的也在于进一步推进服务贸易的自由化。

三、国际服务贸易迅速发展的原因

(一) 第三次科技革命的推动

新的科学革命,导致交通运输的飞速发展,计算机、通讯技术在经济领域中的应用,缩短了各国市场的时空距离,许多原来"不可贸易"的服务转变"可贸易"的服务,拓展了服务贸易的种类和范围,推动了银行、保险、会计、管理、设计、咨询等服务贸易的发展。科技的进步使服务贸易的主要内容从运输、工程建筑等传统的服务项目转向知识、技术、数据等高度加工的信息领域。科技革命加快了劳动力和科技人员的国际流动,特别是促进了专业科技人员和高级管理人才的跨国流动,推动了国际服务贸易流量的扩大。

(二) 服务业在各国经济中的地位上升

随着科技革命的发展和生产力水平的提高,各国普遍在产业结构调整中大力发展服务业,无论是发达国家还是发展中国家,服务业在国民经济中的比重都有不同程度的提高。服务业在国民经济中的比重在发达国家一般占45%~65%,在发展中国家占30%~45%。同时,服务业在各部门劳动力中所占的比重呈上升的趋势。发达国家服务业就业人数占国内总就业人数的比重在55%~81%之间,发展中国家服务业就业人数占国内总就业人数的比重在30%~55%左右。因此,随着各国国民经济服务化的加强,国际间相互提供的服务也日益活跃起来。

(三) 跨国公司的蓬勃发展

20世纪60年代后,跨国公司迅猛发展,成为世界经济发展的主角,是先进管理技术、组织创新、研究开发、国际直接投资和国际贸易的重要载体。70年代以来跨国公司结构变动的一个显著特点是服务部门企业的迅速国际化,跨国公司对国际服务贸易的发展起到重要的推动作用。首先,跨国公司在其经济扩展过程和跨国生产过程中,都需要大量的服务投入;其次,跨国公司在进行全球性的投资、国际性的生产专业化过程中,一方面促进了专家、技术人员和劳动力的跨国流动,另一方面推动了金融、保险、法律、技术、咨询等服务业的发展;最后,跨国公司为获取高额利润,加大了在服务业领域的投资,一大批服务业跨国公司纷纷崛起,直接而有力地促进了国际服务贸易的发展。

(四) 国际服务合作的扩大

国际服务合作是指拥有工程技术人员和劳动力的国家和地区,通过签订合同，向缺乏工程技术人员和劳动力的国家和地区提供所需要的服务，并由接受服务的一方付给报酬的一种国际经济合作。国际服务合作主要有以下几种方式：

（1）承包外国各类工程，即工程设计服务与施工服务等。

（2）劳务输出，如派出各类技术工人、普通工人、海员、厨师、医生、工程师、教师、会计师、教练等从事体力和脑力劳动的人员，为输入国提供服务。

（3）各种技术性服务出口或生产技术合作，如出口各种技术、专利、科技知识、科研成果、工艺等知识形态的服务。

（4）向国外出租配有操作人员的各种大型机械。

（5）向国外提供咨询服务，如提供计算机软件使用以及经营管理铁路、公路、电力工程等方面的服务。

这种经济交往，既有利于服务输入国的经济发展，又有利于服务出口国的经济效益和科学技术的提高。国际服务合作已成为世界各国进行国际交往的重要方式和内容。

（五）各国政府支持

随着世界经济由以产品为基础的竞争向以服务为基础的竞争转变，服务业在维护一国经济及政治方面处于重要的战略地位。一国服务业和服务贸易的发展水平，对该国在国际经济生活中的参与程度和国际竞争力有着重大影响。因此，各国政府采取各种措施大力扶植和发展本国服务业。如建立服务业自由贸易区，鼓励外资投资于某些服务业；大力发展信息及电信技术设施，鼓励数据跨国境的自由流动；提供财政支持，建立新的基础设施，改造旧的服务设施；大力发展教育，努力提高人力资本素质；支持和鼓励区域间服务部门的合作和一体化。

第 2 节　中国服务贸易的发展

新中国成立后，我国在较长时期内一直采取计划经济的体制，重视发展工业，服务业在国民经济中的地位相对来说被忽视，使我国服务业发展较为缓慢。改革开放以后，我国服务业发展日益受到重视，1992 年 6 月，中共中央国务院作出了《加快发展第三产业的决定》，1995 年中共第十四届五中全会上明确指出："第三产业的兴旺发达，是现代经济的一个重要特征。"党的"十六大"进一步明确提出了服务业全面发展和加快发展现代服务业的方针，使我国服务业的整体水平不断提高，规模不断扩大，领域不断拓宽。与国内服务业的发展相适应，中国服务贸易发展迅速，在世界服务贸易中的排名和比重不断上升，但与世界整体发展水平相比，还存在较大差距。随着我国加入世贸组织并履行服务贸易中的承诺，将给我国服务业和服务贸易的发展带来深刻影响。十一五规划指出，要大力发展服务贸易、扩大工程承包、设计咨询、技术转让、金融保险、国际运输、教育培训、信息技术、民族文化等富裕贸易出口,鼓励外资参与软件开发、跨境外包、物流服务等,建设若干服务外包基地,有序承接国际服务业转移。党的十八大指出:要坚持出口和进口并重,形成以技术、品牌、质量、服务为核心的出口竞争新优势,发展服务贸易,推动对外贸易平衡发展。

一、中国服务贸易发展概况

改革开放前,我国服务业的发展严重滞后,1952年至1978年,第三产业占国内生产总值的比重从28.6%下降为23.7%,第三产业从业人员占全社会从业人员的比重在10%以下,到1978年,也只占全社会从业人员的12.2%,分别低于同期的第一产业(28.1%和70.5%)和第二产业(48.2%和17.3%)。同时,我国对外贸易的规模很小,贸易范围局限在旅游、货运等方面。

改革开放以来,我国服务业发展迅速,服务业增加值从1978年的860.5亿元增长到2002年底的34 532.8亿元,增长了39.13倍,按可比价格计算,年均增速达到10.1%,高于同期GDP的增速。2002年,服务业增加值占GDP的比重为33.7%,1978年至2002年,服务业在GDP中的比重上升了10个百分点,而同期第二产业占GDP的份额只上升了3.6百分点,第一产业比重则处于下降中,服务业是三次产业中上升幅度最大的产业。服务从业人员从1978年的4 890万人猛增到2002年底的21 090万人,净增加从业人数16 200万人,约是同期第二产业净增加就业人数的两倍。1995—2002年,农业从业人员占全部就业人员比重下降2.2个百分点,工业和建筑业下降1.6个百分点,而同期服务业就业比重则上升3.8个百分点,达到28.6%。加入WTO之后服务从业人员从2002年底的21 090万人增加到2011年的27 282万人,而服务从业人员占全部就业人员比重从2002年的28.6%上升了7.1个百分点,增加到2011年的35.7%,而同期农业从业人员占全部就业人员比重下降15.2个百分点。服务业已成为吸纳就业的主要渠道。传统的服务业如建筑业、交通运输、邮电通讯、批发和零售贸易、旅游以及餐饮业等的规模不断扩大,新兴的服务行业,如保险、咨询、信息、科研开发、房地产、大众传媒等获得长足发展。

虽然我国服务业发展取得了可喜的成绩,但也应该看到,我国服务业的发展尚存在许多问题和不足。主要表现在:

(1)规模偏小,比重偏低,发展水平滞后。2002年我国三次产业增加值占GDP的比重为14.5:51.8:33.7,就业结构为50:21.4:28.6。服务业产出比重不仅大低于1998后63.4%世界平均水平,也低于发展中国家38%左右的平均水平,就业比重远低于发达国家60%~70%的水平,比发展中国家平均水平也低约10个百分点。到2011年我国三次产业增加值占GDP的比重为:10.0:46.6:43.3,尽管相对于2002年服务业所占比重有较大提高,但是仍远低于同期世界平均水平的

71%。服务从业人员占全部就业人员比重从2002年的28.6%增加到2011年的35.7%,也是远低于世界平均水平。

(2)新兴服务业发展缓慢,内部结构不合理。商贸餐饮、交通运输等传统服务业比重较大,约占40%,加上传统服务产品比重较大的金融保险业,传统服务业比重可达60%以上,而新兴行业总的比重不足30%,信息服务业比重仅为5%左右。

(3)产业素质和国际竞争力不高。由于服务业的发展在很长一段时期受到抑制,不仅发展投入少,从业人员素质也相对较差,产业总体素质和竞争力总体上不如制造业。除旅游等少数行业外,多数领域处于贸易逆差状态。

二、中国服务贸易的发展状况及特点

随着国内服务业的迅速发展,我国服务贸易获得了快速增长。剔除政府服务之外的服务贸易出口额由1985年的29.25亿美元增加到2012年的1904.4亿美元,进口额由1985年的22.6亿美元增加到2012年的2801.63亿美元,分别增长了65倍和124倍。

(一)服务贸易出口高速增长,占全球比例逐步提高,在世界服务贸易出口总额中的排名不断上升

过去1992—2002年中,中国服务出口年增长速度均保持在9%以上,超过世界平均水平。中国加入WTO之后,服务贸易增长更加迅速,2002年中国服务贸易比2001年增长了20%,居世界服务贸易各国和地区增长之首,2002—2012年中国服务业贸易的平均增长速度是24.04%,远高于中国货物贸易的增长速度,且在2004年增长速度达到40%。

中国服务贸易出口占全球服务出口的比重从1985年以0.77%上升至2012年的4.38%,1985年在世界服务贸易出口总额中的排位居第26位,2011年居世界第4位,见表5-3。

表5-3 中国服务贸易出口统计及占全球比例表(1985—2012年)

年 份	中国服务出口额(百万美元)	占全球比例(%)
1985	2 925	0.76
1986	3 612	0.80
1987	4 233	0.79
1988	4 721	0.78
1989	4 452	0.67

续表 5-3

年　份	中国服务出口额（百万美元）	占全球比例（%）
1990	5 748	0.73
1991	6 864	0.82
1992	9 108	0.98
1993	10 992	1.16
1994	16 354	1.57
1995	18 429.96	1.56
1996	20 567	1.63
1997	24 504	1.86
1998	23 879	1.76
1999	26 165	1.87
2000	30 145.951	2.02
2001	3 2901	2.21
2002	39 381.242	2.47
2003	46 400.921	2.51
2004	64 534.402	2.87
2005	73 909.439	2.94
2006	91 427.315	3.22
2007	121 653.661	3.56
2008	146 443.813	3.81
2009	128 526.123	3.69
2010	161 210.443	4.22
2011	175 669.678	4.13
2012	190 440.375	4.38

资料来源：联合国贸易和发展会议数据库 http://unctadstat.unctad.org/

（二）服务出口水平较低，整体出口规模较小

虽然中国服务贸易发展较快，但整体出口规模与中国的经济实力相比仍然较小，与货物贸易相比，水平较低。2002年服务贸易的出口在全国出口总额中的比例只有10.3%，低于全球平均19.8%的水平。中国货物贸易出口占全球出口的

5.1%,而服务出口只占 2.4%,只相当于货物贸易的一半。

(三) 服务贸易持续逆差并有增大趋势

中国服务贸易在 20 世纪 80 年代一直存在顺差,而进入 90 年代后,除个别年份有顺差外,年年都是逆差,而且逆差有扩大的趋势。2000 年、2001 年、2002 年逆差分别达 56 亿美元、59.3 亿美元、67.8 亿美元,2008 年服务贸易逆差达 115.6 亿美元,同比增长了 52%,而到 2012 年服务贸易逆差达到 897.23 亿美元。逆差的主要来源是运输、保险和专有权利使用费和特许费。逆差也反映了我国服务贸易进出口在世界排名的不平衡,2002 年中国服务贸易出口排世界第 11 位,但进口排世界第 9 位,即便 2011 年服务贸易出口排名第 3 位,进口排名第四位,但是服务贸易出口占世界服务贸易出口的 4.4%,进口占了 6.12%。

(四) 服务贸易领域不断扩大,但结构不合理

在服务贸易规模扩大的同时,通讯、保险、信息等新型服务项目也在快速成长。但总体而言,旅游、运输、对外工程承包和劳务输出等传统项目仍占绝对优势,而金融服务、计算机和信息、咨询等服务类别所占比重和规模较小。2010 年旅游、运输、对外工程承包和劳务输出等传统项目的出口占总出口额的 55.21%,而金融服务只占 0.78%、计算机和信息服务只占 5.41%、保险业只占 1.01%、版权和许可证费用只占 0.48%,且出口以旅游、运输等劳动密集型为主,服务进口以追加服务为主,通信、计算机及信息、专有权使用费等服务贸易进口呈逐年上升趋势,金融、保险等服务贸易也是进口比出口多。

三、入世对我国服务贸易发展的影响

(一) 中国对服务业开放的承诺

1. 分销服务业

(1) 佣金代理服务、批发服务(不包括盐和烟草)。中国入世 1 年内,允许外商设立合资企业,从事所有进口和中国产品的佣金代理和批发业务;在入世 3 年内,可从事图书、报纸、杂志、药品、农药和农膜的分销;在入世 5 年内,可从事化肥、成品油和原油的分销。

中国入世 2 年内,允许外资拥有多数股权,取消地域或数量限制;入世 3 年内,取消所有地域限制,数量限制和股权限制,外资可以成立独资批发企业,但对化肥、成品油和原油在加入后 5 年内取消限制。

(2) 零售服务。入世的第 1 年,外国服务提供者仅限于以合资企业形式在 5 个经济特区(深圳、珠海、汕头、厦门和海南)和 6 个城市(北京、上海、天津、广州、大连和青岛)提供服务。在北京和上海,允许的合资零售企业的总数各不超过 4

家。在其他每一个城市，允许的合资零售企业各不超过 2 家。在北京设立的 4 家合资零售企业中的 2 家可在北京市内设立其分支机构。

自中国入世时起，郑州和武汉立即向合资零售企业开放。入世 2 年内，允许外资在合资零售企业中持有多数股权，向合资零售企业开放所有省会城市及重庆和宁波。

中国入世 1 年内，允许从事图书、报纸和杂志的零售；入世 3 年内，允许从事药品、农药、农膜和成品油的零售；入世 5 年内，允许从事化肥的零售。

(3) 特许经营。入世 3 年内，取消设立企业或机构的限制。

2. 运输服务

(1) 海运服务(包括货运和客运，包括沿海和内水运输)。允许外商设立合资船运公司，经营悬挂中国国旗和船队，外资不得超过合资企业注册资金的 49%；合资企业的董事长、董事会主席和总经理应由中方任命。

(2) 辅助服务(海运理货服务、海运报关服务、集装箱堆场服务、海运代理服务)。外商在中国境内只能设立合资企业，允许外资拥有多数股权，但海运合资企业的外资持股比例不超过 49%。

(3) 航空运输服务(航空器的维修服务)。允许外国服务提供者在中国设立合资航空器维修企业。中方应在合资企业中控股或处于支配地位。设立合资企业的营业许可需进行经营需求测试。

(4) 铁路运输服务(铁路货运)、公路运输服务(卡车和汽车货运)。外商只能设立合资企业，外资股比不超过 49%。对于铁路运输，入世 3 年内，允许外资拥有多数股权，入世 6 年内，允许设立外资独资子公司。对于公路运输，入世 1 年内，允许外资拥有多数股权，入世 3 年内，允许设立外资独资公司。

(5) 计算机订座系统服务。外国计算机订座系统，如与中国航空企业和中国计算机订座系统订立协议，则可通过与中国计算机订座系统连接，向中国空运企业和中国航空代理人提供服务。外国计算机订座系统可和根据双方航空协定有权从事经营的外国空运企业在中国通航城市设立的代表处或营业所提供服务。中国空运企业和外国空运企业的代理直接进入和使用外国计算机订座系统须经中国民航总局批准。

(6) 仓储服务。自入世时起，外商只能设立合资企业，外资股比不得超过 49%。入世后 1 年内允许外资拥有多数股权；入世后 3 年内，允许设立外资独资子公司。

(7) 货物运输代理服务(不包括货检服务)。自入世时起，允许有至少连续 3 年经验的外国货运代理在中国设立合资货运代理企业，外资股比不超过 50%；入世后 1 年内，允许外资拥有多数股权，入世后 4 年内，允许设立外资独资子公司。

合资企业的最低注册资本应不少于 100 万美元。中国入世后 4 年内，在这方面给予国民待遇。合资企业的经营期限不得超过 20 年。在中国经营 1 年以后，合资企业在双方注册资本均已到位后，可设立分支机构。每设立一分支机构，合资企业原注册资本应增加 12 万美元。中国入世后 2 年内，这一额外注册资本要求将在国民待遇基础上实施。外国货运代理在其第一家合资企业经营 5 年后，可设立第二家合资企业，中国入世后 2 年内，这一要求将减至 2 年。

3. 电信业

(1) 增值电信业务(包括电子邮件、话音邮件、在线信息和数据库检索、电子数据交换、增强/增值传真业务、编码和协议转换、在线信息和/或数据处理)。自入世之日起，允许外商在上海、广州和北京设立合资的增值电信企业，并在这些城市内提供服务，无数量限制，合资企业中的外资股比不得超过 30%。入世 1 年后，地域扩大到成都、重庆、大连、福州、杭州、南京、宁波、青岛、沈阳、深圳、厦门、西安、太原和武汉，外资比例不得超过 49%；入世 2 年后，取消地域限制，外资比例不得超过 50%。

(2) 寻呼服务。自入世之日起，允许外商在上海、广州和北京设立合资企业，并在这些城市内及其之间提供服务，无数量限制，但合资企业中的外资股比不得超过 30%。入世 1 年后，地域扩大到成都、重庆、大连、福州、杭州、南京、宁波、青岛、沈阳、深圳、厦门、西安、太原和武汉，外资比例不得超过 49%；入世 2 年后，取消地域限制，但外资所占比例不得超过 50%。

(3) 移动话音和数据服务。自入世之日起，允许外商在上海、广州和北京设立合资企业，在这些城市内及三者之间提供服务，无数量限制，外资在合资企业中所占比例不得超过 25%；1 年后，地域扩大到成都、重庆、大连、福州、杭州、南京、宁波、青岛、沈阳、深圳、厦门、西安、太原和武汉，外资比例不得超过 35%；入世 3 年后，外资比例不得超过 49%；5 年后，取消地域限制。

(4) 国内和国际服务。入世 3 年后，允许外商在上海、广州、北京设立合资企业，并在这些城市内和三者之间提供服务，外资持股不得超过 25%；入世 5 年后，地域扩大到成都、重庆、大连、福州、杭州、南京、宁波、青岛、沈阳、深圳、厦门、西安、太原和武汉，外资所占比例不得超过 35%；入世 6 年后，取消地域限制，外资所占比例不得超过 49%。

4. 银行和保险服务

(1) 银行服务。① 外汇业务：自入世之日起，允许外国金融机构在中国提供外汇服务，无地域和客户限制。② 人民币业务取消地域限制的时间表：自入世之日起，开放上海、深圳、天津和大连；入世 1 年后，开放广州、珠海、青岛、南京和武汉；加入后 2 年内开放济南、福州、成都和重庆；加入后 3 年内，开放昆明、北京和厦门；入世后 4 年内，开放汕头、宁波、沈阳和西安；加入后 5 年内，将取消所有地域限制。③ 取消客户限制的时间表：加入后 2 年内，允许外国金融机构向中国企业提供人民币业务服务;加入后5年内,允许外国金融机构向所有中国客户提供人民币业务服务;允许外资银行办理异地业务。

(2) 保险服务。① 外商在华设立外资保险企业的形式:自入世之时起,允许外国非寿险公司在华设立分公司或合资公司,合资公司外资股比可达51%;加入后2年内,允许其设立独资子公司。对外国寿险公司,入世时,允许其在华设立合资公司,外资股比不超过50%,外方可自由选择合资伙伴。对于外资保险经纪公司,入世时,合资保险经纪公司外资股比可达50%;入世后3年内,外资股比不超过51%;入世后5年内,允许设立全资外资子公司。② 在地域方面取消限制的承诺:入世时,允许外国寿险公司、非寿险公司和保险经纪公司在上海、广州、大连、深圳、佛山提供服务;入世后2年内,允许它们在北京、成都、重庆、福州、苏州、厦门、宁波、沈阳、武汉和天津10个城市提供服务;入世后3年内取消地域限制。③ 在业务范围方面:入世时,允许外国非寿险公司提供无地域限制的"统括保单"和大型商业险保险;允许其提供境外企业的非寿险业务,在华外资企业的财产险、与之相关的责任险和信用险服务;入世后2年内,允许外国非寿险公司向中国和外国客户提供全面的非寿险服务。入世时,允许外国寿险公司向外国公民和中国公民提供个人(非团体)寿险服务;入世后3年内,允许其向中国公民和外国公民提供健康险、团体保险和养老金/年金险服务。入世时,允许外国再保险公司以分公司、合资公司或独资子公司的形式提供寿险和非寿险的再保险业务,无地域或发放营业许可的数量限制。

5. 证券服务

自入世之时起,外国证券机构可不通过中国中介直接从事B股交易;外国证券机构在中国的代表处可以成为所有中国证券交易所的特别会员;允许外国服务提供者设立合资公司,从事国内证券投资基金管理业务,外资占股最多可达33%。入世后3年内外资占股可增至49%。入世后3年内,将允许外国证券公司设立合资公司,外资所占股比可达33%。合资公司可直接从事A股的承销、B股和H股及政府和公司债券的承销和交易、基金的发起。

6. 教育服务

允许外方为中国提供初等、中等、高等、成人教育及其他教育服务,但不包括军事、警察、政治和党校等特殊领域的教育和政府举办的义务教育。允许中外合作办学,外资可拥有多数股权,具有一定资格的境外个人教育服务提供者应中国学校或教育机构聘用或邀请,可以来华提供教育服务。

7. 医疗和牙医服务

允许设立中外合资医院或诊所,按中国实际需要实行数量限制,外资可拥有多数股权;允许持有其本国颁发的专业证书的外国医生,在获得我国卫生部的许可后,在中国提供短期医疗服务,服务期限为6个月,并可延长至1年。

8. 旅游服务

在饭店和餐馆方面,外国服务提供者可以合资企业形式在中国建设、改造和经营饭店及餐馆设施,允许外资拥有多数股权。中国入世后4年内,取消限制,允许设立外资独资子公司。

在旅行和旅游经营者方面,自入世之时起,符合条件的外国服务提供者可以合资旅行社和旅游经营者的形式在中国政府指定的旅游度假区和北京、上海、广州和西安提供服务。入世后3年内,允许外资拥有多数股权;入世后6年内,允许设立外资独资子公司,取消地域限制。

旅行社/旅游经营者的业务范围包括:向外国旅游者提供可由在中国的交通和饭店经营者直接完成的旅行和饭店住宿服务;向国内旅游者提供可由在中国的交通和饭店经营者直接完成的旅行和饭店住宿服务;在中国境内为中外旅游者提供导游;在中国境内的旅行支票兑现业务。中国入世后6年内,将取消对合资旅行社/旅游经营者设立分支机构的限制,对于外资旅行社/旅游经营者的注册资本要求将与国内旅行社/旅游经营者的要求相同。

9. 视听服务

自入世之时起,允许以利润分成的形式每年进口20部外国电影用于影院放映;在不损害中国审查音像制品内容权力的情况下,允许设立中外合作企业,从事除电影外的音像制品的分销;允许外商建设或改造电影院,但外资所占比例不得超过49%。

10. 专业服务

(1) 法律服务。中国入世后,外国律师事务所可在北京、上海、广州、深圳、海口、大连、青岛、宁波、烟台、天津、苏州、厦门、珠海、杭州、福州、武汉、成都、沈阳和昆明以代表处的形式提供法律服务,代表处可以从事营利性活动。驻华代表处的数量不得少于截至中国入世之日已设立的数量,一个外国律师事务所只设立一个驻华代表处。入世后1年内,取消外国律师事务所在华设立代表处的地域限制和数量限制,但不允许代表处雇佣中国国家注册律师。

外国律师事务所在华代表处可从事下列业务:① 就该律师事务所律师允许从事律师业务的国家(地区)的法律及就国际公约和惯例向客户提供咨询;② 应客户或中国法律事务所的委托,处理该律师事务所律师允许从事律师业务的国家(地区)的法律事务;③ 代表外国客户,委托中国律师事务所处理中国法律事务;④ 订立合同以保持与中国律师事务所有关法律事务的长期委托关系;⑤ 提供有关中国法律环境影响的信息。

(2) 会计服务。允许外国会计师事务所与中国会计师事务所结成联合所,并与其在其他WTO成员中的联合所订立合作合同;自入世时起,在对通过中国国家注册会计师资格考试的外国人发放执业许可方面,给予国民待遇;申请人将在不迟于提出申请后30天以书面形式被告知结果;合伙或有限责任会计师事务所只限于中国主管机关批准的注册会计师。

(3) 税收服务。只允许设立合资企业,允许外资拥有多数股权;入世后6年内取消限制,允许设立外商独资子公司。

(4) 建筑设计、工程、集中工程、城市规划服务。允许设立合资企业,外方可拥有多数股权,入世后5年内允许设立外商独资企业。

(二) 入世对中国服务贸易发展的影响

加入世贸组织之前,我国的服务业已实行了相当程度的对外开放。入世后,将履行我国政府在服务贸易各方面做出的承诺,逐步取消原有限制,开放力度进一步加大,这将对我国服务业和服务贸易的发展产生重大影响。

1. 积极影响

第一,有利于引入竞争机制,促进我国服务业发展。由于长期受计划经济体制的抑制,我国服务业一方面在生产和发育的各方面滞后,另一方面在某些服务行业形成垄断,造成经营效率低下,服务质量差。开放服务业市场,外资企业的进入将打破旧有的垄断局面,强化原垄断部门的市场意识和竞争意识,使其转变经营机制,加强管理,提高运营效率和服务质量。同时,有利于引进和学习外国先进的管理经营和营销理念,提高我国服务业的整体水平。

第二,有利于扩大我国服务贸易的出口。我国在劳务输出、工程建筑承包、卫星商业发射、旅游等劳动密集型和资源密集的服务行业具有比较优势,服务市场的对等开放,为我国上述服务业的出口创造更多的机会。

第三,有利于我国服务业公平参与国际服务市场竞争。《服务贸易总协定》依据权利与义务平等的原则,要求各缔约方承担服务贸易自由化的义务,我国服务贸易在进入国际市场时,可以依据协定享受他国的最惠国待遇和国民待遇,而不遭到歧视,促进我国服务贸易的发展。

第四,有利于引进国外新型的服务种类和先进的服务技术,优化我国服务业结构。我国服务业种类少、品种单一,在某些方面还存在空白,加上服务技术的落后,使提供服务的范围狭窄。这既反映出我国服务业结构的落后,也影响了服务贸易竞争实力。外资的进入,可在一定程度上弥补国内服务业发展中的空白,提高服务行业的技术含量。

2. 消极影响

由于中国服务业尚处于幼稚阶段,整体水平相对落后,服务贸易竞争力较弱,服务业市场的开放,服务贸易的自由化,将对我国的服务业发展造成巨大的压力。

第一,服务业的开放,会使服务贸易的进口量增大,加大服务贸易逆差,影响到中国的国际收支平衡。随着我国经济的持续快速增长,对服务业的需求量不断增加,而国内服务产品的供给明显不足,特别是与国民经济发展密切相关的现代服务业发展更为落后,势必使国内需求者转向国外服务提供者,使进口剧增,导致服务贸易逆差扩大。

第二,新兴服务业的发展将受到较大影响。我国在金融、保险、信息咨询、科技开发等领域先天不足,资金雄厚,管理先进,具有丰富市场运作经验的外资进入,将抢占大量的市场,使国内企业的生存和发展空间受到挤压。此外,一些外国企业利用优厚的待遇,吸引了一部分国内企业的优秀人才为其服务,使国内企业在人才流失的同时,商业信息与业务资源方面遭到巨大损害。

第三,有些服务行业涉及国家主权、机密和安全,如通讯数据处理,运输等部门涉及国家军事及商业方面的机密,金融业关系到国家的经济主权,而广告、影视、娱乐、旅游等涉及公共道德、意识形态等。如果这些市场开放过度,会给国家安全、伦理道德等带来严重影响。

第3节 我国发展服务贸易的对策

服务业和服务贸易在一国国民经济中的地位日益重要,服务业水平的高低成为国家经济发展水平高低的重要标志。国际贸易中,服务贸易所占比重日益提高,增长速度超过了货物贸易。今后,服务贸易将成为国际贸易的主要对象和主要内容,一国服务业和服务贸易的发展水平,对该国在国际经济生活中的参与程度和国际竞争力有着重大影响,一国服务贸易的发展状况,将影响其在国际经贸中的地位。当前,我国面临的一个迫切问题就是采取积极稳妥的措施,促进我国服务贸易的发展。

一、大力发展服务业

国内服务业的发展是服务贸易发展的基础,我国服务业由于受多种因素的影响,发展相对滞后。服务业在国民经济中所占比重,2001年为33.6%,2002年为33.7%,与"九五"期间的平均32%的水平相比,没有明显提高,甚至低于1992年34.3%的水平,即使到了2011年第三产业所占比重也只有43.4%,与世界平均60%以上的水平、与发达国家特别是美国76%的水平相比,差距悬殊。从人均服务业增加值来看,2000年,中国为283美元,而同期美国为25 156美元,日本为25 158美元,英国为14 586美元,泰国为919美元。服务业的落后不仅制约了服务贸易的发展,也成为制约我国经济社会发展的"瓶颈"。因此,应加大服务业的发展力度,为服务贸易提供国内产业支撑。

二、培育和发展服务业的大型企业集团

经济全球化,使各国之间的竞争日益演化为各国大公司和企业集团之间的竞

争,一个国家的经济实力和国际竞争力,集中体现在大公司和企业集团的实力和竞争力上。自上世纪90年代以来,全球掀起了并购浪潮,电信、金融、商业等服务业是最主要的并购领域,一批巨型服务业企业纷纷诞生。而我国许多服务行业普遍存在分散经营、规模过小的问题。在参与国际服务贸易的竞争中,这些"小舢板"难以对抗巨型"航母"。因此,需要以资本市场为纽带,组建一批跨地区、跨行业、跨所有制的大型服务业企业集团,以提升我国服务业的竞争能力。在组建过程中,要遵循市场经济规律,以企业为发展的主体,政府不应干预过多,搞"拉郎配"和拼凑集团,更多的是要给予政策上的扶植,为大企业的发展创造环境和条件。

三、建立和完善服务贸易法律体系

我国服务贸易领域立法存在许多问题和不足,主要表现在:目前还没有一部统一的服务贸易基本法规,使我国服务贸易立法不统一;一些部门立法滞后,如旅游、劳务输出、对外工程承包、卫星发射等领域,至今尚无部门立法;法规内容不规范且存在相互冲突,一些现行法规与国际规范存在差距。这种状况严重影响了我国服务贸易的发展。为此,应加快制定各行业性基本法律和规章,按加入WTO的承诺,全面清理现行有关服务业的法律、法规和政策,增强统一性和公开性,凡与WTO规则或承诺不相符的,都应进行修改和完善,避免引起不必要的贸易争端。加强与服务业和服务贸易相关的经济、行政和刑事立法,构建层次不同、内容齐备的服务贸易法律体系。

四、加快人才培养

随着国际服务贸易中资本、知识和技术密集型服务贸易所占比重加大,人才的多寡及质量决定了服务业竞争的成败。针对我国服务业人才匮乏的现状,需要利用多种渠道,采取各种方式,培养各层次、各部门的专业人才,特别是通晓外语、法律、WTO规则的复合型人才,同时,要建立完善的激励机制和约束机制,以利于吸引人才和留住人才,为服务贸易的发展提供智力支持。

五、正确利用WTO规则

我国服务业尚处于幼稚阶段,竞争力较弱,如果允许外资自由进入,自由竞争,势必对国内服务业造成巨大冲击。《服务贸易总协定》不是将市场准入和国民待遇作为普遍义务,而是作为具体承诺与各个部门或分部门开放联系在一起,并且对发展中国家允许有一定的灵活性,允许有选择地开放部门和交易类型。我国应利用这些规则,根据本国经济发展水平和国内服务业成长的需要,对本国服务业实施合理的保护,采取逐步、渐进开放服务市场的政策。

六、政府的大力扶持

借鉴服务业发展水平较高国家的经验,政府应利用包括产业、税收、财政、金融等在内的各项政策,采取加快和完善基础设施的建设、制定服务业发展战略目标等措施,支持和鼓励我国服务业和服务贸易的发展。

七、在加强发展传统服务产业的同时,加快新兴化服务业的发展

对于我国具有比较优势的劳动密集型、资源密集型服务产业通过整合资源和提高技术含量,力争做大做强,并鼓励其走出国门,积极参与国际市场竞争。同时根据世界服务贸易向知识、技术密集型的新兴服务业转变的趋势,大力推动金融、咨询、商务服务、教育培训等服务行业的发展。

思考与练习

1. 服务贸易的含义和特征是什么?
2. 简述中国服务贸易的发展状况及特点。
3. 中国对服务业开放的承诺有哪些方面?
4. 试论我国当前发展服务贸易的对策。

第6章 中国技术贸易

学习目标

了解知识产权制度的内容和国际技术贸易的基本程序;掌握我国技术进出口的发展概况及技术进口管理体制;重点掌握技术引进对我国经济发展的作用和影响我国技术出口的因素。

第1节 知识产权制度

知识产权是无形财产的私有权,与技术贸易关系十分密切,技术交易的对象很多属于知识产权的保护范畴。随着现代国际贸易的发展,通过转让技术、专利和商标的使用及版权许可,含有知识产权的产品在国际贸易中所占比重越来越大,如新科技产品、计算机软件、知名品牌商品等。由于各国在知识产权交易中所处地位不同和对知识产权的保护水平不一致,假冒商标、盗版图书、音像制品等现象时有发生,常常引发一些贸易争端,为维护国际贸易的正常发展,迫切需要加强与贸易有关的知识产权保护,"乌拉圭回合"谈判达成的《与贸易有关的知识产权协定》是对多边贸易体制的重大发展。

一、知识产权的定义与特点

(一) 知识产权的定义

知识产权是指自然人或法人对其在科学、技术、文化、艺术等领域的发明、成果和作品依法享有的专有权,即人们对自己通过脑力活动创造出来的智力成果所依法享有的权利。

世界贸易组织《与贸易有关的知识产权协议》对知识产权下的定义包括:
(1) 著作权(版权)及其相关权利;
(2) 商标;
(3) 原产地标记;
(4) 外观设计;

(5) 专利技术;
(6) 集成电路布图设计;
(7) 对未公开信息的保护;
(8) 对技术贸易许可合同中反竞争行为的控制。

(二) 知识产权的特点

知识产权具有专有性、地域性、时间性的特点。

所谓专有性也称垄断性、独占性和排他性,是指知识产权专为权利人所有,非经权利人同意,任何人不得占有、使用和处分。由于知识产权要进入市场流通,传播较容易,知识产权所有人很难控制,所以法律授予知识产权所有人以专有权。

知识产权的地域性,是对权利的一种空间限制。一个国家所授予的知识产权,仅在该国范围内受到保护,任何国家都不承认根据别国法律取得的知识产权。知识产权的国际公约或双边协定,扩大了知识产权的地域范围。

知识产权的法律保护受时间限制,只有在法定的保护期限内,权利人才享有独占权。一旦有效期届满,权利自动终止,任何人都可以自由地使用。

二、专利制度

(一) 专利的定义

专利是由政府主管部门根据发明人的申请,认为其发明符合法律规定的条件,而在一定期限内授予发明人的一种专有权,并受到法律的保护。取得专利权的人即为专利权人。

专利分为发明专利、实用新型专利和外观设计专利。

(1) 发明专利。发明是指对产品、方法或者其改进提出的新的技术方案。发明一般可分为两类:① 产品发明,指经过加工制造的、具有特定性质的有形物体的发明,如机器、设备等。② 方法发明,指制造和使用某种产品的方法,如制造方法、测试方法、修理方法等。

(2) 实用新型专利。实用新型是指对产品的形状、构造或其组合提出的适于实用的新技术方案。实用新型一般不涉及产品制造原理的改革,只是在原有基本原理的基础上对产品形状、构造所作的局部性改革。与发明专利相比,法律要求其达到的技术水平较低,所以又称其为小专利。实用新型专利保护的对象必须是具有一定形状、构造的产品发明。

(3) 外观设计专利。外观设计是指对产品的外形、图案、色彩或者其结合所作出的富有美感并适用于工业应用的新设计。外观设计与实用新型虽然都涉及物品的形状,但实用新型是保护物品形状的设计技术,而外观设计只涉及产品的外表,不涉及制造技术。

（二）取得专利的条件

申请专利者必须是发明人。确认发明人身份是确定申请人和专利权资格的基本依据。

按照多数国家专利法的规定，一项发明要取得专利权，必须同时具备以下三个条件：

（1）新颖性。新颖性是指一项发明在申请人提出专利申请前没有同样的发明在国内外出版物上公开发表过、公开使用过或以其他形式为公众所知。我国《专利法》规定："新颖性是指在申请日以前没有同样的发明或者实用新型在国内外出版物上公开发表过、在国内公开使用过或者以其他方式为公众所知。也没有同样的发明或者实用型由他人向专利局提出过申请并且记载在申请日以后公布的专利申请文件中。"

（2）先进性。先进性是指提出专利申请的发明与现有已知的技术相比，具有突出的实质特点和显著的进步。

（3）实用性。实用性是指该发明或者实用新型能够制造或者使用，并且能产生积极效果。

（三）专利保护的期限

各国专利法对专利权的保护均规定有一定的期限，但期限的长短和计算期限的办法有所不同。我国《专利法》规定，发明专利权的期限为 20 年，实用新型和外观设计专利权的期限为 10 年，均自申请之日起算。

三、商标制度

（一）商标的含义及分类

商标是一企业的商品和服务，与其他企业的商品或服务区分开的标记或标记组合。这些标记包括人名、字母、数字、图案、颜色的组合。

商标大体上可以分为以下几类：

（1）制造商标。它是生产产品的企业使用的标志，用以表明该产品的生产者。

（2）商业商标。它是商品的销售者为销售商品而使用的商标。

（3）服务商标。它是服务性行业使用的标志。

（4）集体商标。它是指以团体、协会或者其他组织名义注册，供该组织成员在商事活动中使用，以表明使用者在该组织中的成员资格的标志。

（二）商标的作用

（1）表示商品来源。这是最本质、最重要的作用。在一市场中，普遍存在着多家企业生产或经营一种商品,借助于商标来区别不同的生产者和经营者是最有效的途径。

(2) 表明商品质量。任何商标都代表着它所用于的特定商品的内在质量和标准,表明了生产者或经营者对该商品所应承担的品质责任,从而保证了消费者在互相竞争的同类商品中凭借商标进行选择和识别商品。

(3) 有利于广告宣传。商标是企业形象和信誉的集中表现,通过商标的显著性和新颖性等特征向消费者展示其形象和信誉,加深消费者对其商品的印象,进行扩大商品的销售。

(三) 商标权

1. 商标权的含义

商标权是商品所有人对其注册商标所享有的并受国家法律保护的权利。除该商标的所有人外,任何人都不得使用这个商标,也不得使用与其相关类似的以至会在公众中造成混淆的商标。

2. 商标权的内容

(1) 独占使用权。商标注册人享有商标专用权,并在所核定的商品上使用该商标。

(2) 禁止权。注册商标所有人有依法禁止他人未经许可在同类商品上使用与其注册商标相同或近似商标的权利。

(3) 转让权。商标所有人有权将其注册商标转让给他人所有并由其专用。

(4) 许可权。注册商标所有人通过签订使用许可合同,许可他人使用其商标的权利。许可合同授予被许可人的是注册商标的使用权,商标的所有权仍属许可人。

3. 取得商标权的原则

各国对取得商标权的方式有不同规定,大致有以下三种原则:

(1) 使用在先原则。指商标的首先使用人获得该商标的商标权,而不管他是否办理了该商标的注册。商标首先使用者有权对他人已注册的商标提出异议和要求撤销注册。

(2) 注册在先原则。商标权属于最先注册者而不属最先使用者。世界上大多数国家采用这一原则。

(3) 混合原则。这是上述两种原则的折中,商标权原则上属于商标的首先注册人,但该商标的首先使用人有权在法定期限内对该商标注册提出异议。如果异议成立,便可注销该商标已取得的注册;如果超过法定期限无人提出异议,则商标权属于该商标的首先注册人。

四、版权制度

(一) 版权的定义及内容

1. 定义

版权又称著作权,是指文字、艺术和科学作品的作者依法所享有的权利。版权的含义有狭义和广义之分。狭义的版权包括著作人身权和著作财产权、著作邻接权。邻接权指与版权相邻近的权利,即传播版权作品的媒介对其投入的劳动所享有的权利。

2. 版权的内容

版权包括精神权利和经济权利两部分。精神权利是指作者对其创作的作品所享有的与作者人身密不可分的各项权利,主要包括以下具体权利:① 署名权。即作者在其创作的作品及其复制品上标示自己姓名的权利。② 发表权。即作者有权决定作品是否发表、以何种方式发表的权利。③ 修改权。作者有权修改或授权他人修改已发表作品的权利。④ 保护作品完整权。作者在其作品出版时,有权要求保证作品内容完整的权利。经济权利是指作者使用或允许他人使用其创作的作品而获得报酬的权利。主要包括:① 复制权。即复制作品的权利。② 表演权。又称公演权,上演权,即对其作品进行表演的权利。③ 录制权。即对其作品录音、录像的权利。④ 演绎权。即改变作品的语言表现形式或其他表现形式的权利。⑤ 播放权。采用视听播放手段传播产品的权利。⑥ 发行权。公开出售作品或其复制品的权利。⑦ 电影权。将作品摄制成影片并放映的权利。⑧ 展览权。公开展出作品及其复制品的权利。

(二) 版权保护的三项基本原则

1. 国民待遇原则

《伯尔尼公约》成员国的国民,不论其作品是否已经出版,都应在该公约成员国中享有公约最低要求所提供的保护。非公约成员国国民在某成员国有住所的作者,被视为等同于该成员国国民而受到保护。对非公约成员国的作者,只要其作品首先在任何一个成员国出版,或在某成员国及其他非成员国同时出版,应能享受该公约最低要求所提供的保护。

2. 自动保护原则

享有及行使国民待遇,无须经过任何手续,同时不依赖于作品在来源国受到的保护。按照该原则,世贸组织及《伯尔尼公约》成员国国民、在成员国有长期居所地的其他非《伯尔尼公约》成员的国民,在其文学艺术作品创作完成时即应自动地享有版权,非成员国国民如果在成员国无长期居所地,则其作品首先在成员国出版时即享有版权。

3. 独立性保护原则

除《伯尔尼公约》的规定外,世贸组织成员版权及邻接权受保护程度及为保护作者权利而提供保护的方式,完全适用提供保护的那个国家的法律。任何成员国不能以"独立性原则"为理由,提出自己的国内版权法没有为本国国民提供某种保护而不愿意为其他成员国提供类似保护。

(三) 最低保护标准原则

最低保护标准原则要求各成员国不论其国内立法对版权的保护水平如何,必须应达到以下最低保护水平:

第一,对于作品的保护必须包括文学、科学和艺术领域的一切成果,而无论其表现形式或表现方式如何。

第二,对各国版权法中的权利限制限定在一定范围内。具体规定为提供信息目的、不经作者许可将讲课、讲演等公开发表的口头作品以印刷、广播等方式复制并传播。但是,这类口头作品的"汇编权",仍旧属于作者。

第三,只有在一定条件下才能实行权利限制。

第四,关于作品的保护期规定,一般原则是对一般作品保护期不少于作者有生之年加死后50年。

(四) 不受版权法及相关法律保护的内容

世界上没有一个国家的版权法及相关法律对任何内容的作品都毫无保留地加以保护,在绝大多数国家的版权法中,都规定了一些不受版权法及相关法律保护的内容。具体表现在:

第一,没有实实在在表现某一事物具体的"内容"是不能获版权保护的。如许多没有完成创造过程的所谓"作品",由于创作者的"思想"、"创意"还没有充分地通过作品予以表达出来,在现有的基础上可以增添不同内容或素材,从而可以表现的意思或结果也较多,必然会引起更多的争议。

第二,对于只有特定形式才能表达的"内容",一般也不能够获版权保护。如数学中,已经公式化、约定俗成的公式、定理的"内容"。

第三,对于已进入公有领域的任何内容及表现该内容的形式,都不受版权法及相关法律保护。

五、《与贸易有关的知识产权协议》

随着国际贸易的发展,知识产权所有权和使用权的转移已成为国际贸易的重要组成部分。但是,由于各国对知识产权的保护存在差异,假冒商标、盗版图书、音像制品和计算机软件等侵犯知识产权的现象时有发生,影响了国际贸易的正常发展。由于主要发达国家掌握了世界绝大部分的先进技术和专利权,所以知识产权的保护与发达国家的贸易利益息息相关,为了维护自身利益,以美国为首的发达国家竭力主张将知识产权问题列为乌拉圭回合多边贸易谈判的议题,经过发达国家与发展中国家的艰苦谈判,终于达成了《与贸易有关的知识产权协定》(TRIPS)。

(一)《与贸易有关的知识产权协定》的主要内容

TRIPS共有7个部分73条。这7个部分是:总则与基本原则;知识产权的效力、范围及使用标准;知识产权在国内执行的规定;知识产权的取得、保护及相关程序;争端的防止和解决;过渡期安排;机构安排和最后条款。TRIPS的宗旨是,减少因知识产权问题对国际贸易造成扭曲与阻碍,促进对知识产权在国际范围内更充分、更有效的保护,确保知识产权的实施及程序不对合法贸易构成任何障碍。

(二)基本原则

1. 最惠国待遇原则

该原则要求任何一个成员国就知识产权保护提供给另一成员国的利益、优惠、特权或豁免应当立即、无条件地给予所有其他成员的国民。这种最惠国待遇是无条件的、多边的、永久性的。把最惠国待遇原则引入知识产权的国际保护,是知识产权领域国际保护方面的重大变化,因为在TRIPS诞生之前的知识产权领域的国际公约中,几乎没有一个制定了最惠国待遇条款。该原则在出现下列情况例外:

(1)基于国际司法协定而规定的一般性的优惠、特权以及豁免,且这种协定并不是专门针对知识产权保护签订的。

(2)《伯尔尼公约》和《罗马公约》中规定的,不具有国民待遇,而按互惠原则提供给另一国的优惠、特权及豁免。

(3)该协议中未列入的有关表演者、录音制品制作者以及广播组织者的权利,即使承认这些权利的成员之间互相给予保护,也可以不按最惠国待遇原则扩展到未加保护的其他成员。

(4)该协议生效前在保护知识产权国际条约中已有的优惠、特权、豁免。

(5)由世界知识产权组织主持所缔结的有关获得及维护知识产权的多边协议中所规定的利益、优惠、特权、豁免只能在这些协议的签字国之间生效与适用,而不适用于世贸组织的所有成员。

2. 国民待遇原则

该原则要求任何一成员国在知识产权保护方面给予其他成员国国民的待遇,不低于它给予本国国民的待遇。《与贸易有关的知识产权协议》中国民待遇原则的适用范围是有限制的,并不覆盖知识产权的所有方面。在下列情况下该原则例外:

(1) 已在《巴黎公约》、《伯尔尼公约》、《罗马公约》、《关于集成电路的知识产权条约》中规定的例外。

(2) 有关知识产权在司法和行政程序方面的例外，但这些例外不能与《知识产权协议》的各项规定相抵触。

(3) 在特定情况下，如果世贸组织成员按《知识产权协定》规定引用《伯尔尼公约》、《罗马公约》而实行"互惠待遇"是允许的，但必须在事前通知与贸易有关的知识产权理事会。

(4) 国民待遇不适用于由世界知识产权组织主持所缔结的多边协议中有关获得及维持知识产权的程序方面的规定。

（三）知识产权的范围

TRIPS 的第一条第二款划定了协议所包含的知识产权的范围：① 版权及相关权利；② 专利；③ 工业品外观设计；④ 商标；⑤ 地理标识；⑥ 集成电路布图设计；⑦ 未公开信息。

（四）知识产权保护的实施

《与贸易有关的知识产权协定》详细规定了各成员应向知识产权权利人提供的法律程序和救济措施，以使知识产权权利人能够有效地行使权利。

1. 一般义务

各成员方应保证国内法中提供关于《与贸易有关的知识产权协定》所规定的各种执行程序以便对任何违反《与贸易有关的知识产权协定》所涉及的知识产权行为采取有效的措施。执法程序应公平、公正。当事人有获得由司法机构审查最后行政决定和审查初级司法裁决中至少涉及法律方面的机会。但执行程序的适用应避免对合法贸易构成障碍，防止滥用。

2. 民事和行政程序

各成员应向权利人提供相关的民事司法程序，以使其可以有效实施《与贸易有关的知识产权协定》所保护的任何知识产权。被告有权及时获得包括详细诉讼内容在内的书面通知。当事双方应向法庭提供证据，侵权行为一经确认，司法当局有权命令停止侵权行为，特别是有权禁止有侵权行为的进口商品进入商业渠道。司法当局有权责令侵权人向权利人进行赔偿。因滥用知识产权实施程序导致对某一方正当商业行为进行了限制，司法当局有权责令原告向被告赔偿有关费用。

3. 对边境措施的特别要求

各成员方应在符合协定规定的前提下，采用有关程序，以使有合法理由怀疑假冒商标的商品和盗版商品的进口可能发生的权利人，能够向主管的司法或行政当局提交书面申请，要求海关中止放行该商品进入自由流通。

4. 刑事程序

各成员国法律应对故意的具有商业规模的商标侵权或盗版侵权规定刑事程序和刑事惩罚,包括监禁或罚金,或二者并处,以及对侵权商品及制造该商品的材料和装置进行扣押、没收和销毁。

5. 临时措施

为制止任何侵犯知识产权行为的发生,尤其是制止包括有海关放行的进口商品在内的侵权商品进入其管辖下的商业渠道,司法当局有权下令采取任何有效的临时措施。

第 2 节 国际技术贸易的程序

国际技术贸易是指不同国家的企业、经济组织或个人之间,按一般商业条件转让技术使用权的贸易行为,是国际贸易的重要组成部分。技术贸易是一项复杂的工作,涉及国家政治、经济、技术、政策和法律等方面的问题,一笔技术转让交易,一般要经过技术贸易的前期准备,对外谈判和签约,履行合同三个阶段。

一、技术贸易的前期准备工作

(一) 技术项目的选择

我国《技术进出口管理条例》第 4 条规定:"技术进出口应当符合国家的产业政策、科技政策和社会发展政策,有利于促进我国科技进步和对外经济技术合作的发展,有利于维护我国经济技术权益。"这就要求政府主管部门和企业在引进技术项目的选择上,要根据国家经济发展的重点和优先发展部门,或者生产上存在薄弱环节(或空白)的部门的需要,提出引进具体项目的设想。技术项目的选择应注意先进性、适用性、经济性和可靠性。

先进性是指进口技术不仅应超越本行业或本企业当前的技术发展水平,同时也应反映一定的技术高度与接近世界先进技术水平。

适用性是指所引进的技术要适合本国具体的社会环境和条件,能够最有效地满足市场的需要,被市场接受。根据我国有关法规的规定,,引进的技术必须先进适用,并且应当符合下列一项以上的要求:

(1) 能发展和生产新产品;

(2) 能提高产品质量和性能、降低生产成本、节省能源或材料;

(3) 有利于充分利用本国资源;

(4) 能扩大产品出口,增加外汇收入;

(5) 有利于环境保护;

(6) 有利于安全生产;

(7) 有利于改善经营管理；
(8) 有助于提高科学技术水平。

可靠性是指进口的技术必须经过生产验证，具有可靠的成效。它应该是可以直接应用于生产的技术。

经济性是指引进方能以最小的投资获得最大的经济效益。生产规模的大小关系到项目产品的成本和效益，任何产品的生产，只有达到一定的生产规模，才能提高劳动生产率，降低生产成本。因此，要考虑引进项目的合理规模，这是选择项目的一条重要的标准。

(二) 编写项目建议书

根据国家规定，技术引进单位必须编制项目建议书，并报有关部门审查批准。项目建议书的主要内容包括：① 项目名称及项目的主办单位和负责人；② 项目的内容与申请理由；③ 进口国别与厂商；④ 承办企业的基本情况；⑤ 产品名称、简要规格与生产能力及其销售方面；⑥ 主要原材料、电力、燃料、交通运输及协作配套等方面近期的和今后的要求已具备的条件；⑦ 项目资金的估计与来源；⑧ 项目的进度安排；⑨ 初步的技术、经济分析等。项目建议书是可行性研究的一个组成部分，也叫初步可行性研究。

(三) 项目可行性研究

可行性研究是技术贸易中极为重要的一环。它是指在预投资期，对投资的项目，通过认真的调查研究，运用定性、定量的方法，对项目实施的可能性、技术适用性和经济合理性进行全面的分析，论证各种方案的技术经济效果，为项目投资决策提供科学的依据。

二、技术贸易的谈判工作

国际技术贸易由于涉及的内容广泛，谈判的步骤比一般商品贸易复杂，因此，在谈判前必须做好充分的准备。

(一) 谈判前的准备工作

为保证合同谈判的质量，在合同谈判开始前，需要从组织上、技术上以及商务和法律上进行周密细致的准备。

1. 组织准备

技术贸易是一种特殊的贸易方式，涉及经济、技术、商务、法律等多学科的专业知识，为顺利进行合同谈判，保证谈判质量，需要建立一个由有专业知识或外贸工作经验的人员组成的、精明强干的谈判班子。谈判班子应包括以下几方面人员：① 项目主持人。项目主持人是整个项目的总负责人，应对引进项目的技术、经营核算、商务等问题以及国家有关政策法律规定有一个清楚全面的了解,并对谈判全面负责。② 技术人员。应对拟引进技术的工艺流程、技术设计、技术指标或技术性能有较为全面的了解,并负责项目的技术谈判。③ 商务人员。应具有一定的从事国际技术贸易的经验,有国际财务管理知识和实践知识熟悉国际技术贸易的商务问题。④ 法律人员。应精通有关国际技术贸易的法律和惯例,为谈判提供顾问咨询。⑤ 翻译人员。除有较高外语水平,还应具备工程技术和国际贸易知识。

谈判班子的人员应相对稳定,特别是项目主持人不要轻易更换,以保证谈判的质量。

2. 技术准备

通过出国考察、同外商进行技术交流以及对有关技术信息的分析,对拟引进技术的来源有一个较为清楚、全面的了解,弄清楚潜在技术许可方的技术特色和主要技术参数,明确所需技术内容和技术资料以及引进该项技术后需要对方提供的技术服务。

3. 商务准备

了解潜在的技术许可方向其他厂家转让该种技术的情况和条件,根据引进单位的成本和利润估算,确定可以接受的最高支付价格。

在商务准备中,有两个重要环节:

(1) 询价。指技术引进方向其选择的潜在的许可方正式询问转让技术的价格和其他交易条件,并要求给予答复的报价邀请。询价主要通过询价书向对方询价,询价书应做到内容明确、要求具体,要把引进方企业的具体条件介绍清楚。其主要内容包括技术要求和商务要求两部分。

(2) 比价。是指引进方收到许可方的报价以后,对其中的技术条件和商务条件换算为同一基础,加以比较,同时与本身掌握的资料进行比较,以确定报价的合理程度、条件优劣、价格高低、经济效益的一种选择的过程。比价主要从四个方面进行:不同国外厂商的报价;历史价格比较;地区价格比价,即比较国外厂商对不同国家和地区报价;相同价格比较,即把一个国外厂商在相同时间内对我国不同引进单位的报价进行比较。比价是为商务谈判作准备,因此要做好比价表。

4. 法律准备

主要是了解有关国家知识产权法、税法以及其他有关技术转让的法律规定,拟定关于合同中授权、侵权、保证、保密、违约赔偿以及适用法、仲裁等法律条款的谈判策略,并据此准备合同文件。

(二) 技术谈判

技术谈判是指供受双方确定所交易的技术和设备项目的具体内容。技术谈判的任务是具体确定所交易的技术的内容、范围、交付方式和途径,技术标准,技术质量考核的时间、次数和方式,提供资料的质量、份数、交付方式和时间,技术使用权和使用领域,有关产品的销售权以及技术转让权等条款。

(三) 商务谈判

商务谈判是在技术谈判所确定的技术转让内容的基础上,进一步洽谈有关商务条款。商务谈判的主要内容包括:价格、支付方式、税费、适用法律、仲裁、保证和索赔、产权保护、不可抗力、合同生效、运输和保险等。

三、合同的签订和履行

(一) 合同的签订

经过反复洽谈和协商,谈判双方对合同主要条款达成一致后,便要履行签订合同手续。合同一经双方签字并呈报当事双方的主管部门批准后,即具有法律效力,双方必须恪守合同的规定,按合同中规定的条款履行各自的义务,任何一方不经过对方同意均无权变更或废止合同。

(二) 合同的履行

合同签订并得到主管部门颁发的技术进出口许可证后,技术贸易合同正式生效,进入履约阶段。合同的履行主要包括:引进技术资料的翻译、整理、消化和管理,技术资料的国产化;组织人员出国培训,接待外国专家来华指导和技术服务;落实各项生产准备;组织试生产;对引进技术进行考核;技术引进方审查各种单证是否完整、正确、有效,审查合格后,按合同规定支付应付款项;如果技术提供方未能履行合同规定的义务,引进方可提出索赔。

要使技术引进发挥实效,关键是在消化、吸收引进技术的基础上,进一步研究与开发,不断创新,提高本国的整体技术水平。

第3节 中国技术进口管理

我国技术进口始于1950年,多年来,我国技术进口取得了巨大的成就,为促进我国工农业技术进步、提高科学技术水平、增强我国自力更生的能力,缩小我国与发达国家技术水平差距、加快社会主义现代化以及提高人民生活水平发挥了重要的作用。我国对技术进口实行统一的管理制度,依法维护公平、自由的技术进口秩序。

一、中国技术进口概况

我国技术进口大致可以分为以下几个阶段:

第一阶段1950—1959年。由于当时西方国家对我国实行经济封锁和禁运,我国主要从前苏联和东欧社会主义国家引进技术和成套设备。这一时期,我国共引进技术约450项,总金额37亿美元,涉及煤炭、电力、石油、冶金、化工、机电、汽车、轻工、纺织以及一些军事领域的重点建设项目。同时,我国派出了大量人员赴前苏联和东欧各国学习和培训,造就了一大批技术骨干,为我国的工业化奠定了初步的基础。

第二阶段1960—1969年。由于中苏关系恶化,我国转向从日本、西欧各国引进技术和设备,引进的重点是冶金、化纤、石油、化工、纺织、机械等方面的关键性技术和设备。这一时期,我国共引进了约84项技术,总金额为14.5亿美元,填补了国内一些行业的技术空白,提高了工业生产能力。1966年后,由于受"文化大革命"的影响,技术引进工作未能正常进行。

第三阶段1970—1978年。1972年随着我国恢复在联合国的合法席位,相继与美、日等国建立了外交关系,为进一步引进西方技术创造了良好条件。这一时期,我国扩大了从美国、日本、法国、联邦德国等国家引进技术的规模,共引进310项,合同总金额达68.22亿美元,主要包括化肥、化纤、冶金等技术和成套设备,其中,成套设备的引进占用汇总额的90%以上。这些项目的建成,对提高我国的生产能力技术水平以及改善人民生活水平发挥了重要作用。同时,由于引进规模过大,超过了国家财力、物力的承受能力,不少项目被迫停建或缓建,造成较大损受。

第四阶段1979—1989年。我国开始实施对外开放、对内搞活的方针,技术引进工作在总结过去多年经验教训的基础上,提出了新的要求,强调和鼓励以多种灵活方式进口国外适用的先进技术,主要引进技术和进口自己不能制造的单机、关键设备;不搞重复引进;强调技术引进后的消化、吸收和创新。这期间共引进技术3 856项,合同总金额233.5亿美元。

第五阶段1990年至今。这是我国技术引进发展最快的时期。随着国家对技术进口的各项扶植政策和措施的落实,科技兴贸战略的实施,一系列政策法规的出台,有力地促进了技术引进工作。2002年我国共签订技术合同6 072份,比上年增长55.7%,合同金额173.89亿美元,增长91.28%。2002年到2011年,我国技术引进合同签订数量翻了一番,由6072份增长到12202份,合同总金额由173.9亿美元增长到321.6亿美元,增长84.9%,年均增速9.4%。2012年1~10月,全国引进合同金额327.16亿美元,同比增长31.14%。全国高技术的产品的进口自2002年的828亿美元到2006年2473亿美元,保持着年均增长32%的增速。2007年开始高技术产品的进口增速明显放缓,2009年出现了9%的负增长,2010年增速较快,高技术产品进口4 126亿美元,同比增长33%,2011年高技术产品进口4 632亿美元,同比增长12%,占商品进口贸易总额的26.6%。2013年9月,我国高技术产品的引进高达794.1亿美元,仅落后于台湾地区的822.8亿美元,高出同期韩国、美国、日本等国家。

这一时期,我国技术引进工作主要有以下特点:

(1) 技术引进的结构进一步得到优化,档次不断提高。国家制定了一系列政策鼓励外商向中国转让先进适用的技术,吸引了国际上知名的跨国公司向我国转让技术。引进的项目中,高起点的尖端技术所占比例有所增加,涉及行业主要有核电、移动通讯、卫星地面站、复合材料、计算机软件等。

(2) 软件、硬件技术引进的比例结构得到进一步优化,平均软件费用占合同总额的比例由"八五"期间的10%提高到25%。

(3) 技术引进的主体多样化,引进方式日趋合理。引进技术的主体除国有企业外,三资企业和民营企业引进技术和设备逐渐增加,且发展势头较强。2011年5月,高技术产品进口中,外资企业进口1 350.4亿美元,同比增长13.1%,国有企业进口高技术产品199.6亿美元,同比增长12%,其他企业进口252.1亿美元,同比增长53.3%,可以看出民营企业进口高技术产品增长迅速。成套设备和关键设备引进所占的比例稳步下降,技术许可、技术服务、技术咨询等已成为主要的引进方式。2011年专有技术,技术咨询、技术服务分别占37.13%和35.85%,同时成套设备、关键设备、生产线仅占2.84%。

(4) 技术引进的国别日趋多元化,但发达国家仍是我国主要的技术来源地。2001年,我国技术来源国家和地区共有55个,合同金额排在前列的主要是美、欧、日等发达国家。2002年,从美国、日本、欧盟三个国家(地区)引进技术的总金额为150.38亿美元,占全部合同总金额的86.48%。

(5) 技术引进地区发展不平衡,引进项目主要集中在广东、上海、北京、天津、江苏、浙江等经济发达地区。

二、技术引进对我国经济发展的作用

(一) 缩短了我国与国外的技术差距

我国与发达国家之间的经济发展水平的差距,主要体现在技术水平落后方面,其中通讯、汽车、电子、机械等领域在引进技术之前与国外的技术水平相差20~30年,通过引进技术,这一差距已大大缩小,有部分行业已接近世界先进水平。

(二) 促进了国民经济产业结构的升级

通过积极引进国外先进技术,用高新技术改造传统产业,发展新兴产业,推动三次产业的比例向合理化方向发展,高技术产业的产值占制造业产值的比重逐年上升。

(三) 提高了产品质量,增强了国际竞争力

技术引进加快了新产品的开发,提高了传统产品的技术含量和附加值,增强

了出口创汇能力,优化了我国出口产品结构,对保持我国对外贸易的可持续发展发挥了积极作用。

(四) 提高了企业的经济效益和社会效益

利用国外技术和设备,使企业得到改造,形成了新的技术能力,发展了新产品,许多企业的产值、利税大幅度增长,为企业、国家积累了财富。

当然在看到技术引进积极作用的同时,也应看到我国在技术引进中存在的问题:引进结构欠合理,偏重于技术层次低、劳动密集型的行业和中小型项目;投向技术密集型和高新技术产业的少,引进硬件多、软件少,硬件中引进成套设备多、关键设备少,不利于提高我国技术档次及优化产业结构,不利于发展高技术产业;盲目重复引进造成生产供过于求,设备闲置,资金、资源和人力的浪费,在技术供应上长期依赖国外,妨碍科技人才的成长和技术水平的提高;消化创新不足等。

三、我国对技术进口的管理

我国对技术进出口实行统一的管理制度,依法维护公平、自由的技术进出口秩序。

为了规范技术进出口管理,维护技术进出口秩序,促进国民经济和社会发展,根据《中华人民共和国对外贸易法》以及其他有关法律的有关规定,制定了《中华人民共和国技术进出口管理条例》,并于2002年1月1日开始实施。根据对外贸易法和技术进出口管理条例,制定了《中华人民共和国禁止进口限制进口技术管理办法》、《中华人民共和国禁止进口限制进口技术目录》、《中华人民共和国技术进出口合同登记管理办法》等一系列法律法规,形成了较完整的技术进出口管理体系。

我国把进口技术分为禁止、限制、自由进口三大类,属于禁止进口的技术不得进口;属于限制进口的技术,实行了许可证管理;属于自由进口的技术,实行合同登记管。

(一) 禁止进口的技术范围

(1) 危害国家或社会公共利益的;
(2) 为保护人的生命或健康,必须禁止进口的;
(3) 破坏生态环境的;
(4) 根据中华人民共和国所缔结或者参加的国际条例、协定的规定,需要禁止进口的。

(二) 限制进口技术的许可证管理

1. 限制进口技术的范围

(1) 为维护国家安全或者社会公共利益,需要限制进口的;

(2) 为建立或者加快建立国内特定产业，需要限制进口的；

(3) 为保障国家国际金融地位和国际收支平衡，需要限制进口的；

(4) 根据中华人民共和国所缔结或者参加的国际条约、协定的规定，需要限制进口的。

2. 具体措施

(1) 属于限制进口的技术，应当向国务院外经贸主管部门提出技术进口申请并附有关文件。技术进口项目需经有关部门批准的，还应提交有关部门的批准文件。

(2) 国务院外经贸主管部门收到技术进口申请后，应当会同国务院有关部门对申请进行审查，并自收到申请之日起30个工作日内作出批准或不批准的决定。

(3) 技术进口申请经批准的，由国务院外经贸主管部门发给技术进口许可意向书。取得许可意向书后，进口经营者可以对外签订技术进口合同。

(4) 进口经营者签订技术进口合同后，应向国务院外经贸主管部门提交技术进口合同副本及有关文件，申请技术进口许可证。国务院外经贸主管部门对技术进口合同的真实性进行审查，并自收到该项合同文件之日起10个工作日内，对技术进口作出许可或者不许可的决定。

(5) 技术进口经许可的，由国务院外经贸主管部门颁发技术进口许可证。技术进口合同自技术进口许可证颁发之日起生效。

(三) 对自由进口技术的合同登记管理

(1) 进口属于自由进口的技术，应向国务院外经贸主管部门办理登记，并提交下列文件：① 技术进口合同登记申请书；② 技术进口合同副本；③ 签约双方法律地位的证明文件。

(2) 国务院外经贸主管部门自收到上述文件之日起3个工作日内，对技术进口合同进行登记，颁发技术进口合同登记证。

(3) 申请人凭技术进口许可证或技术进口合理登记证，办理外汇、银行、税务、海关等相关手续。

(4) 经许可或登记的技术进口合同的主要内容发生变更的，应重新办理许可或者登记手续，经许可或登记的技术合同终止的，应及时向国务院外经贸主管部门备案。

(5) 设立外商投资企业，外方以技术作为投资的，该技术的进口，应当按照外商投资企业设立审批的程序进行审查或办理登记。

(6) 技术进口合同中，不得含有下列限制性条款：① 要求受让人接受并非技术进口必不可少的附带条件，包括购买非必需的技术、原材料、产品、设备或者服务；② 要求受让人为专利权有效期限届满或者专利权被宣布无效的技术支付使用费或承担相关义务；③ 限制受让人改进让与人提供的技术或者限制受让人使用所改进的技术;④ 限制受让人从其他来源获得与让与人提供的技术类似的技术或者与其竞争的技术;⑤ 不合理地限制受让人购买原材料、零部件、产品或者设备的渠道或者来源;⑥ 不合理地限制受让人产品的生产数量、品种或销售价格;⑦ 不合理地限制受让人利用进口的技术生产产品的出口渠道。

（7）进口属于自由进口的技术,合同自依法成立时生效,不以登记为合同生效的条件。

第4节　中国技术出口

中国技术出口起步较晚,但经过多年的努力,取得了长足发展。随着我国经济的持续增长和科技水平的不断提高,为我国扩大技术出口提供了丰富的资源,我国技术出口前景看好。

一、我国技术出口概况

我国技术出口始于1981年,虽然起步较晚,但发展较为迅速。我国技术出口大约经历了以下几个发展阶段：

第一阶段:探索阶段(1981—1985年)。这一阶段,属于缺乏国家宏观管理的自发阶段。国家没有明确的归口管理部门,没有专门的法规和政策。技术出口无计划、自发地进行,出口的内容主要以新技术、新工艺等软件技术为主,主要出口国家和地区是发达国家。

第二阶段:起步阶段(1986—1988年)。开始了有组织、有管理的技术出口工作。1986年国务院明确规定经贸部和国家科委为归口管理技术出口的部门,规定了技术出口的政策、审批权限和程序,审批了一大批有技术出口经营权的公司。这一阶段技术出口的内容和方式也在增加,除单纯转让"软件"技术外,成套设备出口、技术服务等技术贸易方式也被较多地采用,技术出口的国别地区扩大到发展中国家。

第三阶段:初步发展阶段(1989—1997年)。《技术出口管理暂行办法》的颁布使我国的技术出口走上了法制化管理轨道。这一阶段签订的技术合同的数量和合同金额迅速上升。自1990年至1997年,我国对外签订技术出口合同6 269项,合同金额203亿美元;以成套设备为载体的技术出口明显增多,1997年大型成套设备和高技术产品占技术出口额的55%;市场多元化取得进展,1997年,我国技术出口的国别和地区达120个。

第四阶段:发展阶段(1998年至今)。1999年6月,科技部与外经贸部联合发布了《科技兴贸行动计划》,以贯彻落实科教兴国战略,发挥科技与产业优势,促进高新技术产品出口,提高传统出口产品的技术含量和附加值,加快出口商品结构的战略性调整,实现我国由贸易大国向贸易强国的跨越为宗旨。此外,还先后出现了一系列扶持、鼓励高新技术产品出口的优惠政策。这些措施有力地促进了我国技术出口的发展。这一阶段,我国技术出口具有以下特点:

1. 实施科技兴贸战略取得成效,高新技术产品成为我国出口新的主力军,在出口中的比重不断上升

"十五"期间我国高技术产品出口猛增,出口年均增长43%左右,高出全国外贸出口增幅18个百分点。2000年,全国高技术产品出口370亿美元,比1999年增长50%,占外贸出口比重从1991年的4%提高到2000年的14.85%,年均增加1.2个百分点。2002年高技术产品出口679亿美元,比上年增长45.7%,占外贸出口比重达20.8%。2003年高技术产品出口1103亿美元。2004年高技术产品出口1 654亿美元,首次超过了高技术产品的进口,顺差41亿美元。2005年高技术产品出口2 182亿美元,是"九五"末期的6倍,占外贸出口比重达到28.6%,比"九五"末期提高了13.7个百分点。"十一五"时期,我国高技术产品的出口增速放缓,受全球金融危机的影响,2009年高新技术产品的出口出现了9%的负增长。2010年全球经济逐渐复苏,全国高技术产品的出口4126亿美元,同比增长31%,占商品出口贸易的比重高达31.2%。2011年高技术产品出口5 488亿美元,同比增长11%,占商品出口贸易的比重达28.9%。2006年到2011年,我国技术出口合同从281项增长到47 221项,合同金额从5.8亿美元增长到213.99亿美元。2012年1~10月,全国技术出口合同金额211.3亿美元,同比增长39.21%。

2. IT类是我国高新技术出口中的主体

我国高新技术产品出口主要集中在计算机与通讯技术领域,其次是电子技术领域。2000年,计算机与通讯技术类、电子技术类高新技术产品出口分别为270.09亿美元和58.45亿美元,分别占高新技术产品出口总额的72.92%和15.7%。2002年上述领域的出口分别为545.33亿美元和79.17亿美元,分别占高新技术产品出口总额的80.54%和11.69%,分别增长50.5%和42.3%。2006年后技术出口以计算机软件、技术咨询和技术服务等为主,2011年计算机软件出口占全部出口额的89.2%,出口集中在软件业、交通运输设备制造、研究与试验发展、医药制造业、化学原料及化学制品设备制造业等领域。

3. 三资企业是高新技术出口的主要力量,私营企业已成为出口的新生力量

2000年我国外商投资企业高新技术产品出口额298.22亿美元,比1999年增长58.89%,占全国高新技术产品出口总额的比重由1999年的76%上升到2000年的80.51%,2003年1~10月,三资企业累计出口高新技术产品718.5亿美元,同比增长66.5%,所占比重达84.9%。私营企业出口增长迅猛,2003年1~10月,累计出口19.5亿美元,增长3.4倍,占出口总额的2.31%,随着我国外贸体制改革的不断深化,企业外贸经营权的进一步放开,私营企业将是未来我国高新技术产品出口的又一支生力军。2011年5月,外资企业高技术产品出口总值1687.9亿美元,同比增长14.9%。国有企业出口129.4亿美元,同比增长4%,其他企业出口239.7亿美元,同比增长42.6%。

4. 加工贸易是高新技术产品的主要方式

2000年以加工贸易方式出口的高新技术产品为328.03亿美元,占高新技术产品出口总额的88.56%;2002年的数据分别为606.26亿美元和89.54%。这显示出我国高新产业发展的隐忧。目前,我国高新技术产业中,相当部分关键技术及主要零部件靠引进,使得许多高新技术产业始终停留在对进口零部件进行组装或劳动密集加工的基础上,导致我国高技术产业的增加值明显偏低。并且由于我国新技术企业难以在短期内提高技术创新能力和国际竞争力,短期内我国高新技术产品出口以加工贸易为主导的格局还将维持。2011年5月以加工贸易方式出口的高技术产品1576.2亿美元,同比增长12.79%,占所有贸易方式的76.62%。

5. 高新技术产品出口国家和地区相对集中

中国香港、美国、欧盟、日本、东盟、韩国等是我国高技术产品传统的重点出口市场。2002年对中国香港、美国、东盟和欧盟分别出口167.34亿美元,157.29亿美元,65.45亿美元和111.28亿美元,分别增长49.78%、62.02%、38.37%和29.14%。近年来,我国加大了对东欧、拉美、印度和非洲等新兴市场的开拓力度,一些国家和地区正逐渐成为我国高新技术产品的主要出口市场。2013年9月中国对中国香港、美国、东盟分别出口1579.09亿美元、829.68亿美元、353.06亿美元。

6. 沿海地区是高新技术产品主要出口基地

技术出口以东部沿海地区为主,占我国技术出口总额的70%以上。2003年1~10月,沿海地区出口高新技术产品829.9亿美元,占全国的98.3%,其中广东出口371.2亿美元,占总额的44.8%,上海、江苏出口额分别为128.4亿美元和169.1亿美元,增长幅度分别为120.1%和81.1%。西部地区高新技术产品出口10.5亿美元,增长20.8%,占全国高新技术产品出口的比重为1.25%。

虽然我国的技术出口正进入快速增长的新阶段,但每年的逆差仍然在100亿美元以上。这也说明技术贸易,特别是技术出口空间潜力还非常大,是我们要着力加强和推进的方向。

二、我国技术出口展望

技术出口的扩大,可以增加出口创汇能力,改善贸易条件,扩大贸易规模,推动我国科学技术的发展,提高外贸对经济的刺激作用,促进国民经济的高效益增长,优化国内产业结构和出口商品结构,从而在世界经济发展和国际分工中处于有利地位,增强抵御各种外部风险和冲击的能力。

我国具有有利于技术出口的因素:① 拥有较丰富的多层次的技术资源。既有先进技术、尖端技术,也有成熟的工业技术,还有传统的手工技术;既有大量劳动密集型技术,也有资本、技术和知识密集型技术。这种多层次的技术资源能适应国外厂商对不同层次技术的需要。② 我国技术出口具有价格低廉的比较优势。近年来,我国在扩大技术出口方面取得了可喜的成绩,但也存在不利于技术出口的因素:① 我国的主体技术还是中等水平的工业技术,技术整体水平较低,难以满足世界市场对先进高新技术的需求;② 技术贸易法规尚不健全,在管理、售后服务及出口鼓励政策等方面还存在明显不足。为促进我国技术出口的发展,政府应加大对研究与开发的投入力度,提高我知识和技术创新能力;各有关部门密切配合在投融资体制、激励机制和高新技术产业国际化方面进行探索,创造更有利于高新技术产业发展和高新技术产品出口的环境;企业作为技术出口的主体,一方面应注重开发有自主知识产权的高新技术产品,另一方面国家应支持企业的技术创新活动;制定和完善技术出口的有关法律、法规,使技术出口的管理体制更科学、更规范;坚持市场多元化战略,在巩固传统市场的同时,积极开拓新的国际市场。

总体而言,我国的技术出口潜力巨大,市场广阔,只要我们抓住机遇,充分利用有利因素,采取适当措施,克服不足,一定能开创技术出口的新局面。

思考与练习

1. 简述专利制度,商标制度和版权制度的主要内容。
2. 试述我国对技术进口的管理体制。
3. 试述我国对技术出口的管理体制。

第7章 中国对外贸易的促进措施

学习目标

了解我国对外贸易的各种促进措施;掌握出口退税、出口补贴政策;理解出口信贷政策;了解我国促进进口的相关措施;理解出口管制及其原因;熟悉一些进出口商会和贸易促进机构。

第1节 促进出口的相关措施

我国对外贸易的促进措施主要体现在对出口贸易的促进,具体措施主要有:出口退税、出口补贴、出口信贷和促进出口的其他保障措施。

一、出口退税

(一)出口退税的概念

出口退税是指根据我国税法规定,对已报关离境的出口货物,将其在出口前生产和流通环节已经缴纳的国内增值税或消费税部分或全部退还给出口商的一种税收政策。

出口退税的理论依据是避免双重征税和保证国际竞争的公平性。由于一国产品的出口正好是另外一国或地区的进口,如果一国或地区依据本国税法征收流转税而另一国或地区也对该商品征收流转税,这意味着出口产品面临着双重课税的困境。所以为了扩大出口贸易、避免双重课税的出现一般对其出口商品实行出口退税政策。各国在出口退税政策中一般坚持"征多少,退多少,不征不退"的中性原则。我国的出口退税制度中也规定了"征多少,退多少,不征不退和彻底退税"的基本原则。这样做是为了遵循税收的国家间公平原则和税收的国民待遇原则,也是为了保证本国商品以真正公平的价格参与国际竞争。

(二)我国出口退税制度的演变

(1) 1985年3月国务院批准了《关于对进出口产品征、退产品税或增值税的规定》,此规定从当年4月份执行,标志着我国出口退税制度的建立。直到1993

年实际出口退税率只有11.2%。

(2) 1994年,我国实行税制改革,确立了增值税的主体地位,国家税务总局制定颁发了《出口货物退(免)税管理办法》,对新税制下的出口货物增值税和消费税的退、免税做了规定。按照国家颁布的增值税条例,增值税的税率是17%,即出口退税率应为17%。调整后的实际平均退税率为16.63%,由于从11.2%一下提高到了16.63%,大大地鼓励了出口企业的积极性。1994年和1995年我国出口增长突飞猛进,增长率分别为32%和23%。这样一来政府的退税负担过重,且出现了很多偷税、骗税现象。

(3) 1996年为缓解财政压力,出口退税率向下调整,平均税率调整为8.29%。由于出口积极性严重受挫,出口形势严峻,1996年出口增长仅为1.53%,且受1997年爆发的东南亚金融危机的影响,1998年的出口增长仅为0.5%。

(4) 2003年10月正式出台的《财政部、国家税务总局关于调整出口退税率的通知》调整了出口退税机制,调整后的出口退税率分为五档分别为:17%、13%、11%、8%、5%,此次退税体制改革的基本原则是:新账不欠,老账要还,完善机制,共同负担,推进改革,促进发展。

(5) 2004年我国对出口退税机制进行了改革:一是建立中央与地方共同负担出口退税新机制,中央与地方按照75∶25的比例共同负担;二是结构性调整退税率,调整后的平均税率为12%左右;三是2003年年底拖欠的退税由中央财政负担。

(6) 2005年8月将中央财政与地方财政按照75∶25的共同负担比例调整为92.5∶7.5。

(7) 2008年下半年,针对全球性金融海啸对我国经济的影响逐渐呈现,为扶持企业生产经营,促进外贸出口,国家四次上调出口退税率,分别为:① 从2008年8月1日,部分纺织品、服装的出口退税率由11%提高到13%。② 从2008年11月1起部分纺织品、服装、玩具的出口退税率提高到14%;日用及艺术陶瓷的出口退税率从5%提高到11%;部分塑料制品出口退税率从5%提高到9%;其他家用电器等一些商品的出口退税率分别从5%～11%提高至9%～13%。③ 从2008年12月1日起,国家提高部分劳动密集型产品出口退税率,部分水产品由5%提高到13%,鞋类、箱包、家具等出口退税率提高到13%。④ 2009年1月1日,纺织服装提高到15%。

(8) 2009年6月,财政部、国家税务总局《关于进一步提高部分商品出口退税率的通知》出台,文件规定自6月1日起,提高部分深加工农产品、药品、钢材等产品的出口退税率。

尽管我国出口退税政策在促进出口上起到了重要作用,但是还存在一定的问题:

第一,出口退税管理体系不健全,管理方式和管理手段存在问题。出口退税涉及外经外贸、海关、税务、工商等多个政府职能部门,各职能部门都有自己的一套管理体系,而部门之间的联系不紧密,协作配合不到位,电子信息化手段不衔接,容易产生管理上的灰色地带,给骗税分子以可乘之机。

第二,出口退税管理办法上存在问题。我国目前针对不同的企业采取不同的出口退税管理办法,从而导致不同企业退税收益上的差别。在加工贸易出口上,对来料加工两头在外的企业采取免税,导致企业放弃使用国内原材料,而大量从国外进口原材料,这对我国经济长远发展是不利的,不仅损失了外汇,而且从客观上限制了国内原材料市场的发展。

目前,我国采取两种出口退税管理办法:一种是"先征后退"的管理办法;一种是"免、抵、退"的管理办法。实践证明,"免、抵、退"管理办法对于解决征退分离问题,有效防止出口骗税起到了一定作用,也有利于我国税收政策与国际接轨。

(三) 我国出口退税制度的作用

(1) 出口货物退税是鼓励我国企业参与国际竞争。实行零税率的作用在于避免对出口货物双重征税,而增值税的基本原则是税款最终由消费者负担。出口商品或劳务的最终消费者是进口国的购买者,进口国要对这类购买者征税。如果对出口不实行零税率,势必造成双重征税。零税率不仅免除最后出口阶段的增值税,而且通过退税使出口商品或劳务以不含税价格进入国际市场,会提高本国产品的竞争能力。因此出口退税政策的实行符合国际惯例,对促进我国企业进入国际市场、参与国际竞争,促进中国同国际经济大循环一体化的进程意义是十分重大的。

(2) 出口退税政策是国家调节外部宏观经济的重要经济手段,有助于促进国民经济健康、稳定发展。随着国际经济一体化步伐和中国加入WTO,出口作为国民经济的重要组成部分迅速增长,对经济的拉动作用日益显著。因而如何适时调整出口税收政策以有效促进国民经健康、稳定发展成为政府宏观经济管理的重要内容。特别近几年国家实施的经济转型升级、优化出口结构等方面发挥了十分重要的作用。

(3) 出口税收政策的全面实施促进了我国对外贸易的发展。我国对出口货物实行退税,使出口货物以不含税价格进入国际市场,增强了出口货物的竞争能力,调动了外贸企业出口的积极性,出口贸易额连年大幅度增长。不仅如此,由于出口退税是随着出口货物加工程度的深浅而决定退税的多寡,因此大大促进了出口商品结构的优化,使出口贸易的质量也有了较大提高。从1993年至1997年,我国制成品出口以年均18.5%的速度快速发展。在工业制成品中,机电产品由于加工程度高,实行了优先退税的政策,其出口有了显著发展,1991—1997年年均增长24.9%。所以说,出口退税政策已成为我国调节出口贸易最重要的手段之一,它对国际贸易的发展有着不可忽视的作用。

二、出口补贴

(一) 出口补贴的概念

出口补贴是一国政府为了降低出口产品的价格,增加其在国际市场的竞争力,在出口产品时给予出口商的现金补贴或财政上的优惠。

出口补贴可分为两种基本形式:直接补贴和间接补贴。其中,直接补贴是指政府在出口商品时,直接付给出口商现金补贴,如财政贴息。一般来说其目的是为了弥补出口商品国际市场价格低于国内市场价格所带来的损失,提高本国商品占领国际市场的能力。当补贴金额大大超过实际的差价时,出口补贴包含出口奖励的意味。这种补贴方式以欧盟对农产品的出口补贴最为典型。间接补贴是指政府对某些商品的出口给予财政上的优惠,如减免税收、出口信用、优惠利率等。如退还或减免出口商品所缴纳的销售税、消费税、增值税、所得税等国内税,对进口原料或半制成品加工再出口给予暂时免税或退还已缴纳的进口商,免征出口税,对出口商品实行延期付税、减低运费、提供贷款、实行优惠汇率以及对企业开拓出口市场提供补贴等。其目的仍然在于降低商品成本,提高一国出口商品的国际竞争力,增强本国企业占领国际市场的能力。

世界贸易组织中的《补贴与反补贴协议》将出口补贴分为禁止性补贴、可申诉补贴和不可申诉补贴三种。禁止性补贴是不允许成员政府实施的补贴,即对进口替代品或出口品在生产、销售环节,直接间接提供的补贴,如果实施,有关利益方可以采取反补贴措施;可申诉补贴指一成员所使用的各种补贴如果对其他成员国内的工业造成损害,或者使其他成员利益受损时,该补贴行为可被诉诸争端解决;不可申诉补贴即对国际贸易的影响不大,不可被诉诸争端解决,但需要及时通知成员,一般具有普遍适应性和发展经济的必要性,不会受到其他缔约方的反对或引起反措施,其实施目的是对某些地区的发展给予支持,或对研究与开发、环境保护及就业调整提供的援助等。

(二) 出口补贴的产品

出口补贴一般用在农产品的出口上,从数量上看,接受出口补贴最多的产品是粮食;从价值上看,出口补贴最多的产品是牛肉和奶产品;从实际补贴数量上看,单项最大补贴产品是小麦和面粉以及粗粮,年均实际补贴量都在 1000 万吨以上。

(三) 我国的出口补贴政策

我国政府为帮助处于困境中的出口企业所进行的补贴已达十几项,如设立财政扶持专项资金、给予传统商品出口退税差额资助、直接补贴企业等。

采用出口补贴的政策具有一定的正面效应:可以促进外贸商品出口额的快速增长,进而带动相关产业的迅速发展;可以增加外汇收入、平衡国际收支;出口补贴可以调整企业产品的结构,优化产业升级;改善企业经营管理状况等积极作用。

但是出口补贴政策的实施也具有很多负面效应:首先,出口补贴长期以来作为一项非公平竞争手段一直遭到国际社会的反对和限制,如果一国发现其进口商品存在补贴或者倾销,则可按《反倾销协议》、《补贴与反补贴协议》对其征收反补贴税和反倾销税。世贸组织统计数字显示,尽管全球范围内反补贴、反倾销诉讼的案件越来越少,但针对中国的反补贴、反倾销诉讼却日渐增多。国外反补贴调查已经成为中国企业面临的新挑战,中国政府为此也取消了不少补贴政策。其次,出口补贴虽然促进了外贸的发展,但是在一定程度上加重了财政负担,占用了用来支持国家重点项目的资金,削弱了国家的经济建设职能。第三,出口补贴的刚性强,阻碍了市场对经济发展的调节作用,而且由于出口补贴涉及的部门多导致效率低下、管理成本太大。

着眼于长远利益,我国应当有计划地、渐进地减少出口商品的财政补贴,同时调整补贴的用途,将有限的补贴资源提供给战略性项目和产品,配合国家的对外开放战略,使得财政补贴政策具有产业和产品的导向作用。

三、出口信贷

(一) 出口信贷的概念

出口信贷是一种国际信贷方式,它是一国政府为支持和扩大本国大型设备等产品的出口,增强国际竞争力,对出口产品给予利息补贴、提供出口信用保险及信贷担保,鼓励本国的银行或非银行金融机构对本国的出口商或外国的进口商提供利率较低的贷款,以解决本国出口商资金周转的困难,或满足国外进口商对本国出口商支付货款需要的一种国际信贷方式。一般适用于一些金额较大,期限较长的商品,如成套的设备、船舶等。

按出口信贷的信贷对象可以分为卖方信贷和买方信贷两种。

1. 出口卖方信贷

出口卖方信贷是出口方银行向该国出口商提供的商业贷款,是由出口商向国外进口商提供的一种延期付款的信贷方式。出口商以此贷款为垫付资金,允许进口商赊购自己的产品和设备。出口商一般将利息等资金成本费用计入出口货价中,将贷款成本转移给进口商。

出口卖方信贷的一般做法是在签订出口合同后,进口方支付5%~10%的定金,在分批交货、验收和保证期满时再分期付给10%~15%的货款,其余的75%~85%的货款,则由出口商在设备制造或交货期间向出口方银行取得中、长期贷款,以便周转。在进口商按合同规定的延期付款时间付讫余款和利息时,出口厂商再向出口方银行偿还所借款项和应付的利息。所以,卖方信贷实际上是出口厂商由出口方银行取得中、长期贷款后,再向进口方提供的一种商业信用。

卖方信贷的特点和优势主要有:①相对于打包放款、出口押汇、票据贴现等贸易融资方式,出口卖方信贷主要用于解决该国出口商延期付款销售大型设备或承包国外工程项目所面临的资金周转困难,是一种中长期贷款,通常贷款金额大,贷款期限长,如中国进出口银行发放的卖方信贷,贷款期限可长达 10 年。②出口卖方信贷的利率一般比较优惠。一国利用政府资金进行利息补贴,可以改善该国出口信贷条件,扩大该国产品的出口,进而带动该国经济增长。所以,出口信贷的利率水平一般低于相同条件下资金贷放市场利率,利差由出口国政府补贴。③出口卖方信贷与出口信贷保险相结合。由于出口信贷贷款期限长、金额大,发放银行面临着较大的风险,所以一国政府为了鼓励该国银行发放出口信贷贷款,一般都设有国家信贷保险机构,对银行发放的出口信贷给予担保,或对出口商履行合同所面临的商业风险和国家风险予以承保。在中国主要由中国出口信用保险公司承保此类风险。

2. 出口买方信贷

出口买方信贷是出口国政府支持出口方银行直接向进口商或进口商银行提供信贷支持,以供进口商购买技术和设备,并支付有关费用。出口买方信贷一般由出口国出口信用保险机构提供出口信用保险。

出口买方信贷主要有两种形式:一是出口商银行将贷款发放给进口商银行,再由进口商银行转给进口商;二是由出口商银行直接贷款给进口商,由进口商银行出具担保。贷款金额一般不超过贸易合同金额的 80~85%。贷款期限根据实际情况而定,一般不超过 10 年。达成方式一般是:出口方银行直接向进口商提供的贷款,而出口商与进口商所签订的成交合同中则规定为即期付款方式。出口方银行根据合同规定,凭出口商提供的交货单据,将货款付给出口商,同时记入进口商偿款账户内,然后由进口方按照与银行订立的交款时间,陆续将所借款项偿还出口方银行,并付给利息。所以,买方信贷实际上是一种银行信用。

按出口信贷的时间划分可以分为:短期(1 年以内)、中期(1~5 年)和长期(5~10年)。

(二)出口信贷在我国的发展

由于出口信贷方式能有力地扩大和促进国际贸易的发展,因此西方国家一般都专门设立专门银行来办理此项业务,如美国进出口银行、日本输出入银行、法国对外贸易银行。我国也于 1994 年 7 月 1 日正式成立了中国进出口银行。这是一家直属国务院领导的、政府全资拥有的国家政策性银行,其国际信用评级与国家主权评级一致。中国进出口银行总部设在北京。截至目前,在国内设有 22 家营业性分支机构;在境外设有巴黎分行、东南非代表处和圣彼得堡代表处;与1 000多家银行的总分支机构建立了代理行关系。

中国进出口银行的主要职责是贯彻执行国家产业政策、外经贸政策、金融政策和外交政策,为扩大我国机电产品、成套设备和高新技术产品出口,推动有比较优势的企业开展对外承包工程和境外投资,促进对外关系发展和国际经贸合作,提供政策性金融支持。其资金来源除国家财政拨款外,主要是中国银行的再贷款、境内发行的金融债券等。

四、促进出口的其他措施

促进出口的其他措施包括:提供其他政策性金融支持,如:出口信用保险政策、国际保付代理业务、外贸发展基金;设立促进出口的特殊区域,如:设立保税区、出口加工区和科技园区;建立协调和促进对进出口贸易的相关中介机构,如:进出口商会、贸易促进机构等。

(一)其他政策性金融支持

1. 出口信用保险政策

出口信用保险是指国家为促进本国出口贸易而建立的非营利性保险制度,对于出口信贷由国家的专门机构提供担保,当外国进口商拒绝付款时,这个专门机构会按照承保的数额给予补偿,也即是企业出口贸易的收汇风险由出口信用保险公司承担。这项措施是以国家替出口商承担出口收汇的风险为手段扩大出口和争夺世界市场。

出口信用保险在欧美发达市场已有近百年的历史,由于1947年的关贸总协定和1995年成立的WTO严格限制政府的出口补贴政策,因此作为符合国际规则标准的出口信用保险制度逐渐成为一国发展国际贸易和投资的重要政策。

出口信用保险的担保项目主要可分为两类:政治风险和经济风险。

政治风险又称"国家风险",是指在对外投资和贸易过程中,因政治原因或订约双方所不能控制的原因,使债权人可能遭受损失的风险,如因进口国发生政变、革命、暴乱、战争而中止货物进口以及进口国实施进口或外汇管制等政治原因造成损失的风险。政治风险的承保金额一般为合同金额的85%~95%。

经济风险是指因经济前景的不确定性,各经济实体在从事正常的经济活动时,蒙受经济损失的可能性,如进口商因破产倒闭无力偿还、货币贬值或者通货膨胀等因素造成损失的风险。这种风险的承保金额一般为合同金额的70%~80%。

我国出口信用保险业务自上世纪80年代末开始发展起来。1988年责成中国人民保险公司负责办理出口信用保险业务,以短期业务为主;1992年开办中长期业务;1994年政策性银行成立,与中国人民保险公司共同办理出口信用保险业务；2001年12月中国出口信用保险公司正式运营，作为我国唯一承办出口信用保险业务的政策性保险公司。它的成立是我国深化金融保险与外贸体制改革，加大政策性扶持的重大举措。出口信用保险是符合WTO规则的扶持出口的措施，在我国推动实施科技兴贸战略，促进高新技术产品出口方面发挥着重要作用。

2. 国际保付代理业务

国际保付代理业务也称保付代收或承购应收账款业务，简称国际保理，它是在国际贸易以托收、赊账等方式结算货款的情况下提供的包括买方资信调查、百分之百的风险担保、催收账款以及资金融通等的综合性财务服务。

国际保理业务产生于18世纪的欧洲和美国，20世纪后发展迅速。1982年世界国际保理营业额只有32亿美元，到了2005年世界国际保理营业额已达到11 995亿美元。中国银行于1992年推出国际保理业务，于1993年加入国际保理商联合会（FCI）。2005年12月成立了中国首家国际保理中心——天津滨海国际保理中心，该中心以天津为基地，业务辐射整个环渤海经济圈。

国际保理业务具有综合服务水平高的优点，但是其在出口商品种类、出口地区以及对风险的抵抗能力等方面有一定的局限性。

3. 外贸发展基金

对外贸易发展基金是中央政府建立的在全国范围内用于调节和促进对外贸易发展的专项资金，由中央财政纳入政府性基金预算实行专项专户列收列支管理。中央外贸发展基金由上缴中央财政的出口商品配额招标收入和利息以及基金使用回收的本金、使用费、滞期费等构成。为了鼓励机电产品出口，每年在中央外贸发展基金中安排一定比例，作为机电产品出口发展基金，专门用于支持扩大机电产品出口。

对外贸易发展基金的扶持对象主要包括国内竞争力强、产品有出口市场、信誉好的名牌企业到境外兴办有一定规模且效益显著的境外加工贸易项目。

（二）设立促进出口的特殊区域

1. 保税区

保税区是一国海关设置的或经海关批准注册、受海关监督和管理的可以较长时间存储商品的区域。保税区能便利转口贸易，增加有关费用的收入。运入保税区的货物可以在海关监管范围内进行储存、改装、分类、混合、展览以及加工制造。外国商品存入保税区，不必缴纳进口关税，尚可自由出口，只需交纳存储费和少量费用，但如果要进入关境则需交纳关税。

自1990年5月，国务院批准在上海外高桥建立中国第一个保税区之后，又相继建设了天津港、大连、深圳的福田和沙头角、宁波、广州、张家港、海口、厦门象屿、福州、青岛、汕头、珠海、海南洋浦等15个保税区。目前全国16个保税区隔离设施已全部经海关总署验收合格，正式投入运营。随着中国加入WTO，全国保税区逐步形成区域性格局,南有以广州、深圳为主的珠江三角洲区域,中有以上海、宁波为主的长江三角洲区域,北有以天津、大连、青岛为主的渤海湾区域,三个区域的保税区成为中国与世界进行交流的重要口岸。经过多年的探索和实践,全国各个地区的保税区已经根据保税区的特殊功能和依据地方的实际情况,逐步发展成为当地经济的重要组成部分。

保税区具有"保税仓储、出口加工、转口贸易"三大功能。其税收、外汇政策为:国外货物入区保税,货物出区进入国内销售按货物进口的有关规定办理报关手续,并按货物实际状态征税;国内货物入区视同出口,实行退税;保税区内企业之间的货物交易不征增值税和消费税。

2. 出口加工区

出口加工区是指一国或地区为了利用外资、引进技术、赚取外汇,在港口、机场附近等交通便利的地方划出的一块接受海关监管、享受减免关税和国内税等优惠专门用来发展出口加工业的特殊封闭区域。

2000年4月底,国务院批准设立首批出口加工区并选择部分地区进行试点。目前经国务院批准且已封关运作的出口加工区近70%设在沿海地区,中部和西部地区各占15%,布局比较合理。其中上海松江和江苏昆山两个出口加工区的进出口值占了全国出口加工区进出口总值的70%多。

出口加工区与保税区的区别在于:①从区外进入加工区的国产机器设备、料件、基建物资可以向税务部门申请办理出口退税;而保税区必须是货物离境才可办理退税。②出口加工区区内加工企业,不得将未经实质性加工的进口原材料、零部件销往境外或区外。区内从事仓储服务的企业,不得将仓储的原材料、零部件提供给区外企业。保税区则无此限定,而且这正是保税区最能发挥功能优势的独特之处。③加工区运往区外的货物,海关一律按照制成品征税。保税区则不同,实际操作中大多按料件征税。④原则上出口加工区企业不得委托区外企业进行产品加工。而保税区则可以委托区外企业进行加工。⑤加工区不得经营商业零售、一般贸易、转口贸易及其他与加工区无关的业务。出口加工区功能、目标单一,难以发挥出口贸易的关联效应。而保税区具有三个基本功能,三个功能互相促进,协调发展。保税区作为跨国公司进入中国市场的一个"缓冲区",将成为跨国企业商品流通的一条主渠道。因此出口加工区利于"出",而保税区利于"进"。

(三)建立协调和促进进出口贸易的相关中介机构

1. 进出口商会

进出口商会是国家为了保证公平竞争和有序出口而建立的其协调作用的自律组织。

中国进出口商会由中国机电产品进出口商会、中国五矿化工进出口商会、中国纺织品进出口商会、中国轻工工艺品进出口商会、中国食品土畜进出口商会、中国医药保健品进出口商会 6 大进出口商会构成。

根据《中华人民共和国对外经济贸易法》和国务院相关文件规定，商会的主要职能是对会员企业的外经贸经营活动进行协调指导，提供咨询服务，主要包括：

第一，维护会员的合法权益，帮助企业解决进出口贸易工作中遇到的困难和问题，向政府主管部门提出建议，为政府决策提供依据。

第二，协助政府指导和规范会员的经营行为，促进行业自律和互律，制止不公平竞争行为，维护正常的进出口贸易秩序。

第三，为我会中小企业提供优惠的中小企业信用保险计划，以支持中小会员企业增强出口信心，扩大出口规模，保障出口安全。

第四，面向会员及时提供各类商品的国际市场情况，宣传国家的外经贸方针政策，提供国内外经贸形势等多种信息。

第五，协助会员解决贸易纠纷，配合有关部门保护会员企业的知识产权。

2. 贸易促进机构

我国的主要对外贸易促进机构包括：中国国际贸易促进委员会和国家商会及其地方分会、行业分会、支会，主要举办展览、提供信息、咨询服务、进行仲裁等。

其主要职责包括：① 开展调查研究工作，向国内外有关企业和机构提供贸易和经济技术合作方面的信息和咨询，介绍合作对象，开展促进对外贸易、利用外资、引进先进技术和进行企业改造的工作；② 开展同世界各国经济贸易界的联络工作，邀请和接待外国经济贸易、技术界人士和代表团来访，组织中国经济贸易技术代表团、考察团出国访问和考察；③ 发展同外国商会、经济贸易协会和其他国际经济贸易组织的联系，参加国际经济贸易组织或其他的活动，负责同中国贸促会相应的外国工商团体驻京机构的联络工作，必要时向外国派遣常驻代表或设立代表机构；④ 参加、组织或同外国相应机构合办有关国际经济贸易方面的国际会议；⑤ 组织中国对外经济贸易企业和团体在外国举办经济贸易展览会或参加国际博览会。

第 2 节　促进进口的相关措施

一、促进进口的原因

随着我国改革开放、加入 WTO 以及我国出口的对经济的重要拉动作用，人们对出口贸易的关注程度越来越高，但是进口贸易一直以来受到的关注不多，实际上进口贸易也是拉动经济增长的重要力量，而且不同的进口贸易结构对我国经济增长的拉动作用是不同的。2012 年 4 月中国国务院已提出措施，以稳定出口的同时增加进口为目的，推动对外贸易在平衡稳定中长期的发展，并提出要进一步优化进口商品结构,稳定和引导大宗商品进口,积极扩大先进技术设备、关键零部件和能源原材料的进口,适度扩大消费品进口。进一步优化进口国别和地区结构,降低能源原材料的进口关税,适当降低部分与人民群众生活密切相关的生活用品进口关税。

合理发展进口贸易对我国经济的健康发展具有不可替代的作用:

(1) 进口高科技含量产品。可以通过进口贸易的技术进步效应促进产业结构的升级,带动经济增长。目前我国对外贸易以劳动密集型产品为主,技术含量和附加值都较低,且易受经济环境变动的干扰,如本国劳动力成本提高、国际贸易摩擦加剧等。想要继续保持对外贸易对经济增长的拉动作用,就要提高出口产品的科技含量,生产高附加值的商品。采取进口方式引进技术设备,注重吸收、消化、改造、提高,用于扶植发展新兴产业,改造传统产业,能促进产业结构的升级,进而带动经济增长。

(2) 初级产品尤其是国内稀缺的能源、矿产资源和原材料进口的增加对于短期内满足我国国内资源需求,解决发展中的资源瓶颈问题,具有重要意义。对此类产品短期适度的进口也是我国目前减少贸易顺差的重要战略步骤之一。国外铁矿石、原油价格持续上扬、居高不下的现状也说明世界市场已对我国的进口形成了部分预期,国家必须要做好相关预案,对于能源、燃料等初级产品的进口,选好一定的时机,防止贸易条件进一步恶化。

(3) 长期来看,我国进口商品结构与经济增长存在均衡关系。首先,工业制成品的进口有力地促进了经济增长,工业制成品进口尤其是机械及运输设备,本身就可以形成生产能力,还可以带动国内技术更新换代和升级改造。虽然从短期来看,我国进口商品结构与经济增长具有反向调节能力。因为短期内,根据凯恩斯的简单国民收入决定理论工业制成品和初级产品进口对于经济增长都具有负面的抑制作用。但是如果具有较好的技术消化吸收能力、良好的技术扩散机制,合理的进口将有利于产业转向的顺利完成。

(4) 进口资本品可以带来进口贸易利益效应。当一个国家根据比较优势原则出口劳动密集型产品而进口资本密集型产品时,资本品进口本身可以带来贸易利益,这种利益称为进口贸易利益效应。这种利益表现为资源相对节约,也就是如果不进口而是自己生产这些资本品将耗费更多的资源。

二、我国促进进口的措施

2012年4月30日,国务院国发印发《关于加强进口促进对外贸易平衡发展的指导意见》(以下简称"《意见》"),《意见》指出进一步加强进口,促进对外贸易平衡发展,对于统筹利用国内外两个市场、两种资源,缓解资源环境瓶颈压力,加快科技进步和创新,改善居民消费水平,减少贸易摩擦,都具有重要的战略意义。这是实现科学发展、转变经济发展方式的必然要求,是当前和今后一个时期对外贸易的基本任务。

(一)《意见》的指导思想

以邓小平理论和"三个代表"重要思想为指导,深入贯彻落实科学发展观,以科学发展为主题,以加快转变经济发展方式为主线,在保持出口稳定增长的同时,更加重视进口,适当扩大进口规模,促进对外贸易基本平衡,实现对外贸易可持续发展。

(二)《意见》的基本原则

坚持进口与出口协调发展,促进对外贸易基本平衡,保持进出口稳定增长。坚持进口与国内产业协调发展,促进产业升级,维护产业安全。坚持进口与扩大内需相结合,推动内外贸一体化,促进扩大消费。坚持进口与"走出去"相结合,拓宽进口渠道,保障稳定供应。坚持市场机制与政策引导相结合,充分发挥市场主体作用,完善促进公平竞争的制度和政策。

(三)《意见》指出的主要任务

进一步优化进口商品结构,稳定和引导大宗商品进口,积极扩大先进技术设备、关键零部件和能源原材料的进口,适度扩大消费品进口。进一步优化进口国别和地区结构,在符合多边贸易规则的条件下,鼓励自最不发达国家进口,扩大自发展中国家进口,拓展自发达国家进口。进一步优化进口贸易结构,鼓励开展直接贸易,增强稳定进口的能力,支持具备条件的国内企业"走出去"。

(四)《意见》指出促进进口的主要措施

(1)加大财税政策支持力度。第一,调整部分商品进口关税。根据国内经济社会发展需要,以暂定税率的方式,降低部分能源原材料的进口关税,适当降低部分与人民群众生活密切相关的生活用品进口关税,适时调整部分先进技术设备、关键零部件进口关税,重点降低初级能源原材料及战略性新兴产业所需的国内不能生产或性能不能满足需要的关键零部件的进口关税。继续落实对自最不发达国家部分商品进口零关税待遇,加快降税进程,进一步扩大零关税商品范围;结合自由贸易区降税安排,引导企业扩大从自由贸易区成员方的进口。第二,增加进口促进资金规模。在现有外经贸发展专项资金的基础上,增加安排进口促进支持资金。为国家鼓励类产品的进口提供贴息支持,适时调整贴息产品支持范围。支持各类商务平台拓展进口功能,鼓励开展各类进口促进等公共服务,继续加大对自发展中国家进口支持力度。

(2)加强和改善金融服务。第一,提供多元化融资便利。对符合国家产业政策和信贷条件的进口合理信贷需求,积极提供信贷支持。鼓励商业银行开展进信贷业务,支持先进技术设备、关键零部件和能源原材料的进口。鼓励政策性银行在业务范围内支持高新技术产品和资源类商品进口。进一步拓宽进口企业融资渠道,鼓励和支持符合条件的企业通过发行股票、企业债券、短期融资券、中期票据等扩大直接融资。研究完善战略资源国家储备体系,支持和鼓励企业建立商业储备。第二,完善进口信用保险体系和贸易结算制度。鼓励商业保险公司根据企业需要,研究开展进口信用保险业务,推出有利于扩大进口的保险产品和服务,降低企业进口风险。加强和改善跨境贸易人民币结算工作,便利、规范银行和企业开展进口贸易人民币结算业务。进一步推进货物贸易外汇管理制度改革,为企业贸易外汇收支提供更加便利的服务,研究海关特殊监管区域外汇便利化措施。

(3)完善管理措施。第一,进一步优化进口环节管理。清理进口环节的不合理限制与措施,降低进口环节交易成本。调减自动进口许可商品管理目录,积极推动开展网上申领。加快自动进口许可电子数据与海关的联网核查进程,提高联网核查效率,实现科学监管、有效监管。第二,完善海关特殊监管区域和保税监管场所进口管理。鼓励企业在海关特殊监管区域和保税物流中心设立采购中心、分拨中心和配送中心,促进保税物流健康发展;支持企业通过海关特殊监管区域和保税监管场所扩大相关商品进口。进一步规范海关特殊监管区域流通秩序,营造公平的竞争环境。第三,推动进口与国内流通衔接。鼓励支持国内流通企业参与国际贸易,支持具备条件的企业整合进口和国内流通业务,减少中间环节。鼓励国内商业企业经营代理国外品牌消费品,发展自营销售平台,打破垄断,实现充分竞争。参照国际通行做法,完善相关法律法规,支持离境免税业务发展。适当增加药品等特定商品进口口岸,扩大相关产品进口。对检验检疫合格的进口商品,进入国内市场流通后,国内其他单位不再检验、检测。第四,推动加工贸易转型升级。保持加工贸易政策总体稳定,控制高能耗、高污染、低附加值加工贸易发展,引导加工贸易向产业链高端延伸、向中西部转移和向海关特殊监管区域集中。建立内销交易平台,引导有条件的企业培育自主品牌和内销渠道。在严格执行相关进出口税收政策和有效控制环境污染的前提下,研究推进海关特殊监管区域内企业开展内销货物返回维修业务。第五,完善产业损害和进口商品质量安全预警机制。监测分析国际经济发展变化及进口异常情况对国内产业的影响,针对重点商品进口数量和价格走势,定期发布产业损害预警报告,发布产业竞争力动态,开展产业竞争力调查、产业安全应对与效果评估工作,促进公平竞争。进一步完善进口商品质量安全风险预警与快速反应监管体系。

(4)提高贸易便利化水平。第一,进一步提高通关效率。改进海关、质检、外汇等方面的监管和服务。口岸及海关特殊监管区域所在地的海关和出入境检验检疫机构实行工作日24小时预约通关和报检。给予高资信企业通关便利。不断完善进口商品归类、审价等管理办法。落实国家对企业收费优惠政策,严格执行收费项目公示制度,清理进口环节不合理收费,进一步规范收费行为。充实口岸监管力量。第二,加强边境贸易基础设施建设。进一步改善边境口岸基础设施、查验监管设施和边境经济合作区基础设施条件,构建集物资运输、仓储、加工为一体的现代物流体系,提高口岸吞吐能力。改善边民互市点配套设施,便利边民互市,全面落实促进边境地区经济贸易发展相关政策,扩大与周边国家和地区的经贸往来。第三,加强电子政务信息平台建设。继续推进"大通关"建设,加快电子口岸建设。大力推动贸易单证标准化和电子化进程,促进各部门间贸易单证信息的互联互通和监管信息共享,在统一模式下实现进出口货物"一次录入,分别申报"。完善进口商品技术法规与合格评定信息咨询服务平台。发挥地方人民政府的主导作用,支持各地建立信息服务平台。

(5) 加强组织领导。第一,完善进口公共服务。推动建立进口促进专门网站等公共服务平台,加强信息发布、政策介绍、信息查询、贸易障碍投诉、知识产权保护等公共服务。培育国家进口贸易促进创新示范区,充分发挥进口贸易集聚区对扩大进口的示范和带动作用。定期举办进口论坛,交流市场信息,加强进口政策宣传。支持与我国贸易逆差较大的国家和地区来华举办商品展览会、洽谈会等推介活动。第二,发挥行业中介组织作用。鼓励支持贸易促进机构、进出口商会、行业协会等中介组织根据需要开展进口咨询和培训服务。发挥中介组织作用,加强同大宗商品出口国相关组织和企业的对话与沟通。加强与国际证券期货机构的联系合作,提高大宗商品国际市场话语权和定价权。加强对重点进口企业和行业的指导,及时发布相关信息,加大进口促进力度。第三,强化组织实施。各地区、有关部门要进一步统一思想,调整"奖出限进"、"宽出严进"的工作思路和政策体系,坚持进口和出口并重,坚持关税政策与贸易政策的紧密协调,按照本意见要求和各自职能分工,抓紧制定具体措施,认真落实财税、金融、管理等方面的支持政策。进一步健全工作机制,加强在政策协调、信息通报等方面的互动合作,形成合力,积极扩大进口,促进对外贸易平衡发展,为推动我国经济社会又好又快发展作出新贡献。

促进进口的同时要注意:① 要争取进口配件的本土生产。在我国进口产品之中,很多产品是我国有能力生产的,或者虽然目前没有能力,但是具有潜在生产优势的。对于这样的产品,我国应该尽量减少进口,努力使生产本土化。这样一方面可以增加就业,另一方面也可以继续提高我国产品的科技含量,增强我国企业在国际市场上的竞争力。② 控制进口的贸易依存度,保障国家经济安全。放开大量进口,必形成相当高的依存度,长期来看,对国家经济安全等方面,负面影响就会展现出来。

第3节　出口管制的相关措施

一、出口管制的概念

出口管制是指出口国政府运用经济和行政手段,对某些特定商品的出口进行管制的行为。出口管制的主要目的是:维护国家安全;改善贸易条件,牟取更大贸易利益;保护稀缺资源;维护政治利益等。

出口管制是一国对外实行通商和贸易的歧视性手段之一,也是对外实行差别待遇和歧视政策的政治工具,实施出口管制会对被管制国家和实施该政策的国家经济造成负面影响。20世纪70年代以来,各国的出口管制有所放松,特别是出口管制政治倾向有所减弱,但它仍作为一种重要的经济手段和政治工具而存在。

需要实行出口管制的商品一般有以下几类:

(1) 战略物资和先进技术资料,如军事设备、武器、军舰、飞机、先进的电子计算机和通讯设备、先进的机器设备及其技术资料等。对这类商品实行出口管制,主要是从"国家安全"和"军事防务"的需要出发以及从保持科技领先地位和经济优势的需要考虑。

(2) 国内生产和生活紧缺的物资。其目的是保证国内生产和生活需要,抑制国内该商品价格上涨,稳定国内市场。如西方各国往往对石油、煤炭等能源商品实行出口管制。

(3) 需要"自动"限制出口的商品。这是为了缓和与进口国的贸易摩擦,在进口国的要求下或迫于对方的压力,不得不对某些具有很强国际竞争力的商品实行出口管制。

(4) 历史文物和艺术珍品。这是出于保护本国文化艺术遗产和弘扬民族精神的需要而采取的出口管制措施。

(5) 本国在国际市场上占主导地位的重要商品和出口额大的商品。对于一些出口商品单一、出口市场集中,且该商品的市场价格容易出现波动的发展中国家来讲,对这类商品的出口管制,目的是为了稳定国际市场价格,保证正常的经济收入。比如,欧佩克(OPEC)对成员国的石油产量和出口量进行控制,以稳定石油价格。

(6) 对某个国家制裁或禁运的商品。

出口管制主要有两种形式:一是单边出口管制,即一国根据本国的出口管制法律,设立专门的执行机构,对本国某些商品的出口进行审批和发放许可证。单边出口管制完全由一国自主决定,不对他国承担义务与责任。二是多边出口管制,即几个国家的政府,通过一定的方式建立国际性的多边出口管制机构,商讨和编制多边出口管制的清单,规定出口管制的办法,以协调彼此的出口管制政策与措施,达到共同的政治与经济目的。巴黎统筹委员会和瓦瑟纳尔协定都是属于多边出口管制机构。

二、出口管制的措施

一国实行出口管制时通常可以采取：直接的数量管制,比如自动出口配额制、出口配额制度、发放出口许可证等和间接的税率调节,如对某些产品征收出口关税或者减少出口退税等。

出口管制最常见和最有效的手段是运用出口许可证制度,出口许可证分为一般许可证和特殊许可证。一般许可证又称普通许可证,这种许可证相对较易取得,出口商无须向有关机构专门申请,只要在出口报关单上填写这类商品的普通许可证编号,在经过海关核实后就办妥了出口许可证手续。特殊许可证可以出口属于特种许可范围的商品,必须向有关机构申请特殊许可证。出口商要在许可证上填写清楚商品的名称、数量、管制编号以及输出用途,再附上有关交易的证明书和说明书报批,获得批准后方能出口,如不予批准就禁止出口。

思考与练习

1. 出口退税的概念是什么？有哪些作用？
2. 出口补贴的概念是什么？试论我国的出口补贴政策及作用。
3. 试述出口信贷的分类,特点和优势。
4. 简述促进进口的相关措施。
5. 简述实施出口管制的相关措施。

第 8 章　中国对外贸易体制改革

> **学习目标**

了解我国对外贸易体制的建立、发展和改革历程;掌握我国加入世贸组织的主要承诺及入世后我国外贸体制的改革趋向。

第 1 节　中国对外贸易体制的建立和发展

对外贸易体制的含义是指对外贸易的组织方式、运行方式及其与国民经济其他部门的关系,它包括对外贸易的组织形式、机构设置、管理权限、经营分工、利益分配等方面的制度。一般而言,对外贸易体制包括宏观层面的国家外贸行政管理体制和微观层面的外贸企业经营体制两个方面。

我国的对外贸易体制,是在新中国建立后由新民主主义经济体制向社会主义经济体制过渡的过程中逐步建立发展起来的,当时的外贸体制是符合整个国民经济发展的需要的,在当时的历史条件下起过重大的积极作用,后来随着国际、国内形势的变化,逐渐与新的形势和发展需要不相适应。党的十一届三中全会后,伴随着经济体制改革的逐步出台,对外贸易体制的改革也陆续展开,并取得了一定的效果。

一、中国对外贸易体制的建立

我国的对外贸易体制,是 1949 年新中国成立以后在产品经济和单一计划经济基础上,按照前苏联传统的垄断经营外贸体制的框架和模式建立起来的,它的基本特征是国家统制,外贸集中。即在接管外国资本和官僚资本的进出口企业的同时,建立国营外贸公司,使对外贸易由分散向集中、由私营向国家统制的方向转变,在此基础上建立了由国家统一领导,统一管理,国营外贸企业为主体统一经营,实行指令性计划和统负盈亏的高度集中的对外贸易体制。具体来说,我国对外贸易体制的建立包括以下内容。

(一) 成立了专门的全国集中统一的对外贸易管理机构

1949 年 11 月,中央人民政府设立了贸易部,统一领导和管理国内贸易和对外贸易。同时,组建地方外贸管理机构,各大行政区设贸易部管理对外贸易。内地省市由商业厅局兼管对外贸易。另外,把口岸省、市已经设立的对外贸易管理局划归中央贸易部直接领导,之后又改为中央和地方省市共同领导。1952年9月开始,国家实行内外贸分管,成立新的对外贸易部集中领导和统一管理全国的对外贸易工作,同时在各大行政区和主要口岸设立对外贸易部特派员办事处,由对外贸易部和地方政府双重领导,各大行政区1954年撤销后,在一些省市设立了对外贸易局,逐步在全国建立起条条为主、条块结合的集中统一的对外贸易管理体系。

(二)制定和实施全国统一的对外贸易管理制度

1950年12月,政务院制定颁布了《中华人民共和国对外贸易管理暂行条例》,接下来又陆续颁布了一系列有关对外贸易经营管理的法令和政策,逐步形成了全国统一的对外贸易管理制度,克服了外贸工作分散管理的现象,保证了对外贸易管理集中于中央政府的统一领导下。

(三)成立国营专业外贸公司

中央贸易部成立后,即在所属的国外贸易公司下,设立了主管苏联、东欧国家贸易的中国进口公司、主管西方国家贸易的中国出口公司,以及经营外贸出口和收购业务的中国畜产、茶叶、矿产、油脂、蚕丝公司。中央对外贸易部成立后,1953年改组原中国进口公司和中国进出口公司,按照各大类商品分工经营的原则,组建起在外贸部直接领导下的14个外贸专业进出口公司以及经营海运和陆运的2个外贸运输专业公司,各大口岸和内地的分公司由有关的总公司和当地外贸局实行双重领导。此后,各个外贸专业公司又进行了多次调整,在各地方设立了分、支公司。

(四)对私营进出口商进行社会主义改造

从新中国成立后到1955年以前,我国还保留了私营进出口商,但国营贸易一直占领导地位,国家对外贸易领域的公私经营范围做了明确划分,实行公私兼顾、区别对待,对私营进出口商在外贸经营范围、电汇、信贷、税收、价格等方面进行了限制,同时利用私营进出口商的经营渠道为国营外贸企业服务,并加强对其进行社会主义改造。1952年以后,国家采取委托经营和公私联营的办法,将私营进出口企业的经营纳入国家计划的轨道。1956年,对私营进出口商的社会主义改造基本完成,从此,对外贸易全部集中在对外贸易部所属专业进出口公司经营,国营对外贸易在整个对外贸易中的比重从1950年的66.8%上升至1957年的99.9%,基本上形成了对外贸易国家统制的体制。

二、中国对外贸易体制的发展

1957年,随着我国国民经济转入单一计划经济轨道,我国的对外贸易体制也适应国家经济体制的要求,形成了由政府职能部门领导的国营外贸公司集中经营、国家对外贸公司实行指令性计划管理和统负盈亏的、集管理和经营为一体的高度集中的对外贸易体制,这种外贸体制的基本特征是高度集中、统一经营,即国家高度垄断,由国家外贸管理部门的直属外贸总公司统一经营、统负盈亏。这一时期是国家对外贸易实行统一管理和经营机制进一步加强和完善的时期。"大跃进"期间,全国出现了严重的不利于对外贸易集中统一的混乱现象,有的口岸违背原有经营分工规定,相互争货源、争客户、争市场;有的地方抬价收购、削价竞销、肥水外流。中共中央针对各地区一度出现的这些现象,于1958年8月发布了《关于对外贸易必须统一对外的决定》。明确指出:"对各国政府间的贸易,全由对外贸易部秉承中央的意志统一办理";"对资本主义国家非政府间的贸易,同属垄断性强或大宗进出口商品,均由对外贸易部所属总公司统一对外成交";"对外贸易必须严格统一对外,绝不允许有任何不统一的现象发生"。所有对外贸易均由对外贸易部所属专业总公司和各口岸对外贸易机构统一经营,其他各部门、各地区的任何地方和任何机构不允许做进出口买卖。财务上实行国家统收统支、统负盈亏、企业所创外汇全部上缴的政策体制。这种高度集中的外贸体制一直延续到1978年。

三、1949—1978年我国对外贸易体制的主要内容和特点

1. 实行对外贸易国家统制管理

国家统制的主要手段是:实行外贸企业管理制度、进出口许可制度、外汇管理制度、商品检验制度、保护关税制度、货运监管制度、外汇管理制度、查禁走私制度。这些手段是加强国家对对外贸易监督、管理和调控的重要措施。

2. 实行集中、单一的对外贸易指令性计划管理体制

外贸计划是外贸体制的核心内容,是国家对对外贸易进行直接控制的具体体现,包括外贸收购、调拨、出口、进口以及其他各项计划的编制、下达和执行。进口计划以国家计委为主,外贸部门参与编制,出口计划的编制实行外贸行政系统和企业系统双轨制,采取自上而下,自下而上的程序进行,各项计划批准下达后,必须严格执行。而且计划是指令性的,不能随意更改,如需修改要逐级上报到国务院核批。国家外贸计划既成为集中调节外贸经营的主要杠杆,又成为代行进出口许可等职能的、对外贸进行集中直接管理的主要手段。

3. 实行统收统支、统负盈亏的对外贸易财务体制

财务体制是原有外贸体制赖以维持和运转的基本支柱。其基本内容是由国

家实行统一核算,统收统支,统负盈亏,各外贸专业总公司负责核算和平衡本公司系统的进出口盈亏,其盈亏上报外贸部统一核算和综合平衡后,再上报中央财政,企业盈利全部上缴国库,企业亏损一律由国家补贴,外贸公司不自负盈亏,生产借贷单位和使用进口物资的单位对盈亏也概不负责。此外,外贸企业的大部分固定资金和小部分流动资金也均由国家预算拨给,无偿占用,小部分固定资金和大部分流动资金由银行贷款、支付利息,有偿使用。

4. 实行统一经营的对外贸易经营体制

国家进出口经营权和业务权授于各外贸专业总公司及其所属口岸分公司,由他们按分工统一负责进出口贸易的对外谈判、签约、履约等业务活动,其他任何机构、部门、地方均无权经营进出口业务。内地省、市外贸分支公司仅负责出口货源的组织、收购、调拨、运输及对内经营活动。同时,进口商品实行统一拨交制,即外贸公司按照国家进口计划组织进口后,又按国家分配计划调拨转交给用货单位和部门,用货部门可派人参加技术性谈判,但同外商不发生合同关系,不承担进口质量和效益的责任。出口商品实行收购制,即出口商品生产企业或供货单位按国家计划进行生产后,全部产品卖给外贸公司,由外贸公司组织出口,生产单位对出口商品的价格、盈亏、适销性等问题不承担责任。

5. 实行对外贸易国家统一价格的外贸定价制度

采取割断国内外市场价格的办法,按照内外有别分别作价的原则,出口商品货源按国内计划价格收购,进口商品的内销按国内调拨价供应用户。而出口商品外销和进口商品在国外购进,则一律按国际市场价格作价。国内价格是由国家规定的、统一的、基本不变的计划价格,不受国外市场价格的影响,具有计划性、稳定性的特点。这种双轨的外贸定价制度,是对外贸易体制中制约外贸经营活动的一个重要因素。

6. 实行出口收汇统一结缴国家、进出口用汇根据计划统一拨付的外汇使用和管理制度

外贸公司的出口收汇统一结缴国家,所有与进出口有关的外汇业务由国家指定的外汇专业银行——中国银行统一经营,进出口需要用汇,由各级政府层层上报国家计委综合平衡后,下达进口用汇计划统一拨付。

四、对1949—1978年我国对外贸易体制的基本评价

1949—1978年的我国对外贸易体制,实行的是高度集中,以行政管理为主,吃大锅饭的外贸体制,并且与高度集权的计划经济体系相适应的,随着国内外形势的不断发展变化,这种体制在发展变化中逐步得到强化。这种高度集中的对外贸易体制是在当时的历史条件下建立和发展起来的,因此,应做出辩证的、实事求是的历史分析,不能脱离当时的历史条件作出简单片面的评价。

一方面,在当时的历史条件下,这种高度集中的对外贸易体制,保证了我国对外贸易的发展,粉碎了主要资本主义国家的封锁禁运,顶住了外部压力,对整个国民经济的恢复建设和发展起到了积极促进作用。新中国的对外贸易克服重重困难得到了较大发展,这是主导的方面。这种外贸体制在特定的历史条件下,第一,有利于集中调度资源,发展出口贸易;第二,有利于统一安排进口,保证重点建设;第三,有利于集中统一对外,增强竞争力和优势,在国际竞争中应付各种挑战;第四,有利于加强与社会主义国家和友好国家的经济合作,与外国经济压力进行斗争,捍卫国家的政治和经济独立;第五,有利于使我国国际收支避免出现逆差;第六,有利于将国内市场与国际市场(被资本主义国家控制的)中的任何不确定因素隔离开来,保证建设不受影响;第七,有利于控制我国进出口水平和构成,达到保护民族幼稚工业、实现进口替代战略的目的。统计资料表明,在1949—1978年间,外贸总额从1950年的11.3亿美元增加到1978年的206.3亿美元,年均增长率为11%。其中,出口额从5.5亿美元增加到97.4亿美元,年均增长率为10.9%;进口额从5.8亿美元增加到108.9亿美元,年均增长率为11.1%。而且,出口商品结构也不断优化,制成品出口比重从1950年的20%左右上升到46.5%。

这种国家高度垄断的对外贸易体制在实践过程中也暴露出许多弊端,主要是:第一,对外贸易由少数国家外贸公司垄断经营,阻碍了竞争机制的形成,破坏了外贸经营活动的内在的规律性,造成贸易渠道和经营形式的单一,不利于调动各地区、各部门发展对外贸易的积极性。第二,统一经营、统负盈亏使国家承担了全部外贸风险,同时也不利于外贸企业走上自主经营、自负盈亏、自我发展和自我约束的企业经营道路,而且没有适当兼顾国家、企业、个人三者的利益,不利于调动他们的积极性和加强经济核算,改善经营管理。第三,统得过死,政企不分,国家通过指令性计划以及行政包揽和干预,对企业限制过多,忽视经济调节作用,造成政企职责不分、外贸企业缺乏经营自主权,难以积极主动参与国际竞争。依仗行政特权办事,官商作风严重,不讲求经济效益。第四,垄断体制阻断了工贸、农贸和技贸的结合,产销脱节,有时甚至互相牵制,外贸企业成了生产企业与国际市场之间的隔离层,使得生产企业和供货部门不了解国际市场的供求状况,不利于生产企业生产适销对路的出口产品,不利于对外竞争能力的提高。第五,由于价格体系,特别是汇价不合理,高额的国家进出口价差补贴不仅加重了政府财政负担,而且由于补贴的标准不一,导致不平等竞争,造成了企业之间的利益不均,助长了抬价争购、低价竞销,影响了正常的外贸经营秩序。这种外贸体制若不进行改革,势必影响我国对外贸易的发展,进而制约我国的改革开放和整个国民经济的发展。进入20世纪70年代来,随着国内外形势的发展和对外开放政策的实施,我国的对外贸易往来和经济合作迅猛扩大,原有的外贸体制的弊端也日益暴露出来,越来越不适应对外贸易发展的需要,这种情况说明我国的对外贸易体制必须进行改革。

第 2 节　中国对外贸易体制的改革

1978年底,党的十一届三中全会制定了对外开放、对内搞活的方针,揭开了中国经济体制改革的序幕。从1979年开始,在中共中央和国务院的直接领导和部署下,在实行对外开放的同时,针对原有外贸体制的弊端和问题,逐步对外贸体制进行了一系列改革。这一系列改革主要包括两个大的阶段:第一阶段是我国对外贸易体制局部改革的探索时期,时间从1979年至1987年;第二阶段是我国对外贸易体制改革深化发展的时期,时间从1988年至今。

一、我国对外贸易体制改革的探索时期(1979—1987年)

这一时期可划分为两个阶段,第一阶段为1979年至1984年9月的改革试点阶段;第二阶段为1984年9月至1987年的改革试点深化阶段。

(一)1979—1984年的对外贸易体制改革试点

根据党中央、国务院的要求,从1979年起至1984年9月,我国对外贸易体制进行了一系列改革试点,其主要内容是:

1. 对中央和地方对外贸易行政管理机构进行调整改革

1979年7月成立了国家进出口管理委员会和外国投资管理委员会,以加强对进出口、外汇平衡,引进技术和利用外资的管理。1980年,经国务院批准,将外贸部直属的海岸管理局改为中华人民共和国海关总署,将外贸部直属的进出口商品检验局改为中华人民共和国进口商品检验局,作为国务院的直属机构。1982年3月,由原对外贸易部、对外经济联络部、国家进出口管理委员会、国家外国投资管理委员会合并成立中华人民共和国对外经济贸易部,统一管理和领导我国的对外贸易和经济合作工作,全国各省区、市以及一些省属地区(市)都相继成立了地方对外经济贸易委员会或对外经济贸易厅(局),地方外贸行政管理机构受中央外贸行政管理机构和省、自治区、直辖市、计划单列市人民政府双重领导,负责地方对外贸易工作。

2. 扩大对外贸易渠道,下放外贸经营权和商品经营权

外贸专业总公司逐步下放经营权,扩大地方的外贸经营权,以调动地方和生产企业发展外贸的积极性,根据国务院关于对广东、福建实行特殊政策、灵活措施的决定,相应扩大这两省的外贸经营权,其产品除个别品种外,全部由省外贸公司自营出口。决定各地方经过批准后可以设立地方外贸公司,北京、天津、上海、辽宁、福建等省市分别成立了外贸总公司,主要经营本地区自产的部分商品出口和地方生产、建设所需的物资和技术引进等业务,外贸经营业务实行中央和地方双重领导,以地方为主,确定对出口商品实行分级管理、分类经营、除国家统一经营的商品由对外贸专业公司经营外,其他商品,凡有条件的地区,一律由省市负责经营,核定出口成本,自负盈亏,并承担国家相应下达的出口创汇任务。1984年1月起,多数省份有权保留一定比例的外汇收入。1984年1月,明确28种限制进口商品,允许一批机构无需经过经贸部就可进口非限制类商品,这些机构包括经贸部所属外贸公司和分公司、其他部门所属的外贸公司、省政府经营的外贸公司。国务院有关部委经批准成立了一批进出口公司,将原来由外贸部所属专业公司经营的一些进出口商品分散到有关部委所属的进出口公司经营,还成立了一批综合性贸易公司,其经营范围除传统内的进出口业务外,还兼营某些商品和代理国内单位的进出口业务。此外,教育、文化、卫生、体育、科教等部门以及有关学会、协会、团体等也成立了经营某些类别商品进出口业务的公司和从事对外广告、展览、咨询等服务性业务的公司。这些公司的成立,打破了过去国营专业外贸公司独家经营的局面,扩大了对外贸易渠道,同时增强了产销结合。

3. 开展工贸结合的试点

工贸结合就是工业企业和外贸企业的结合,由工业企业和外贸企业共同投资,共同出人,联合组建,直接结合,共同经营,密切配合,为提高出口商品质量和国际竞争而努力,针对我国对外贸易中长期以来存在的工贸分家、产销脱节等造成的一系列问题,我国开展了多种形式的工贸结合的试点。

外贸公司与工业公司专业对口,实行"四联合,两公开",即联合办公、联合安排生产、联合对外洽谈、联合派小组出国考察;外贸的出口商品价格对工业部门公开、工业生产成本对外贸部门公开。这是工贸结合的初级形式,最初由上海提出,其特点是工贸双方的机构、人员、任务、财务、供销等方面都不做变动,简便易行。

设立了各种形式的工贸公司。工贸结合公司,即工业企业和外贸企业共同组建、共同经营,如上海玩具公司;全国性的工贸联合公司,如1982年成立的中国船舶工业公司;地方性的工贸联合公司,如1982年成立的青岛纺织品联合进出口公司,实行工贸结合和进出口结合。

4. 开展代理业务,建立海外贸易机构

外贸专业公司对部分产品的出口由收购制改为代理制,是这一时期改革的一项重要试点内容,所谓出口收购制是指外贸企业根据国家计划和国际市场供求状况向国内生产企业收购产品,并组织出口的一种制度。在这种制度下,商品的所有权要从生产企业移到外贸企业,由外贸企业承担盈亏。而代理制是指由外贸企业提供各种服务,收取手续费,盈亏由出口商品生产企业和进口商品用户自负。代理制可分为进口代理制和出口代理制,实行代理制后,可以实现价格同国际市场挂钩,有利于节约外汇和保护国内生产,有利于组织适销对路的产品出口,提高

出口商品在国际市场上的竞争能力,还有利于调动外贸经营的积极性。

在推行代理制试点的同时,针对我国原对外贸易体制存在的"官商"作风,提出了"打破官商作风,走出去做生意"的口号,在主要国外市场设立常驻贸易机构,如在美国、英国、法国、德国、日本、科威特等十多个国家设立了公司代表处,主要开展对外推销、进口订货、市场调研、建立与客户的联系等工作。

(二) 1984年9月至1987年的对外贸易体制改革

1984年9月15日,国务院批准并转发了《对外经济贸易部关于外贸体制改革意见的报告》,在总结前几年改革的基础上,提出了外贸体制改革的三项原则:① 政企职责分开,经贸部专司管理;② 外贸经营实行代理制;③ 工贸结合、技贸结合、进出口相结合。同时,还设计了按此原则进行改革的方案,这标志着我国对外贸易体制进入了一个全面改革的新阶段,这次改革的主要内容包括以下方面:

1. 实行政企分开,简政放权

实行政企分开,就是政府宏观管理要从企业的日常经营活动中解脱出来,着重抓领导、统筹、协调、服务、监督、制定政策、规划等工作,实行政企分开后,对外经贸部和省、市、自治区对外经贸厅(委)专司对外经济贸易的行政管理,并重新设立各口岸的特派员办事机构,逐步建立对设立对外贸易企业的管理,重新恢复对部分进出口商品的许可证制度,实行配额管理,建立对外国企业在中国常驻代表机构的管理,对出口商品商标的协调管理,以及进一步加强对海关、商检、外汇的管理。经贸部所属的外贸专业公司、其他部门的外贸公司和地方的外贸公司,都要逐步从原来所属的行政部门中独立出来,实行独立核算,自负盈亏,成为经济实体,向专业化、社会化方向发展,这些企业要承担国家规定的进出口等各项任务,建立责、权、利一致的经济责任制,自主经营进出口业务。各级行政部门不得干预外贸企业的内部事务,给企业以充分的自主权。

2. 改革外贸计划体制

适应实行有计划的商品经济的要求,大幅度减少原来的商品的指令性计划管理的范围,扩大指导性计划范围,注意发挥市场调节的作用,实行指令性计划、指导性计划和市场调节相结合。自1984年起,对部分中心城市的外贸计划在国家计划中实行单列,视同省一级计划单位,享有省级外贸管理权限。自1985年起,外经贸部不再编制、下达外贸收购计划和调拨计划。在出口计划方面,国家只下达出口总额指标和属于计划列名管理的主要商品出口数量指标,前者是指导性计划,后者是指令性计划;其余出口商品,除了履行政府间贸易协定必须保证交货外,都由生产企业和外贸企业根据国内市场情况自行确定。在进口计划方面,由中央外汇进口的少数几种关系国计民生的大宗商品、大型成套设备和技术引进项目,以及同协定国家的贸易,由外经贸部根据国家计划按商品(项目)下达指令性计划,并指定公司经营,其余进口均不再下达分商品的进口计划。随着外贸经营权下放,规定凡经批准经营进出口业务的单位和企业,都要承担国家出口计划任务,改变外贸计划全部由外贸专业总公司承担的局面。

3. 改革外贸财务制度

各类外贸企业实行利改税,独立经营、自负盈亏,在财务上要与其主管部门脱钩,出口盈利较大的商品,国家征收出口调节税,出口不亏不盈或利润在 7.5% 以下的商品不再征税;退出口税后仍有差额的商品,国家给予定额扶持,进口盈利的商品,除国家批准免税的以外,一律照章征收关税、工商税;少数盈利大的商品,提高关税税率。

4. 实行外贸代理制

进口经营原则上全部实行代理制,由用户自负盈亏。出口经营基本上实行代理制,但要根据商品情况分别确定。工矿产品基本上采用代理制,农副产品和一些手工艺品等仍由外贸公司收购。

5. 外贸专业公司试行出口承包经营责任制

1987 年,国务院决定在外经贸部所属外贸专业总公司实行出口承包责任制试点工作,其承包内容是:出口总额、出口商品换汇成本、出口盈亏总额等三项指标,实行超亏不补、减亏留用、增盈对半分成,并按三项指标完成情况兑现出口奖励。承包的方式是:由外经贸部发包,外贸专业总公司总承包后再按公司系统逐级分包到各分公司、子公司;各类外贸公司内部的处、科、室,也试行各种形式的责任制,把公司的经营好坏同公司的发展和职工的利益紧密挂钩。同时适当扩大承包的外贸专业总公司的经营自主权和业务范围,允许他们引进技术和关键设备;开展进料加工、来料加工、补偿贸易,在生产领域举办中外合资经营企业;向出口商品生产企业参股、联营;开展期货贸易、对销贸易、租赁、咨询等业务。

1979—1987 年我国对外贸易体制进行的探索性改革,是对旧体制的第一次根本性的触动,改变了对外贸易由外贸部门独家经营的局面,高度集权的外贸总公司垄断,全国外贸的局面被打破,各省级下属外贸组织开始成为外贸活动的主力军;外贸公司数量显著增加,扩大了经营渠道,调动了各地方、部门、外贸企业和出口生产企业的积极性,增强外贸企业自主经营的活力和在国际市场的开拓竞争能力,这些改革措施对促进我国外贸发展起到了积极的作用。但是,从总体上看,这些改革措施仍然只是探索性的,我国外贸体制中一些带有根本性的问题尚未解决,改革还未取得实质性的突破,主要表现在:宏观管理仍以直接控制为主,经济调节体系还很薄弱;尚未彻底改变实行了几十年的统收统支的财务体制,企业内部管理上仍旧是政企不分,外贸公司尚未真正实行企业化管理,缺乏有效的措施和自我约束机制,造成各类外贸企业的盲目竞争,工贸结合还存在很大的裂痕,在体制上尚未真正解决,此外,由于许多改革措施不配套或执行不彻底,造成老问题没有解决,新问题又产生,影响了外贸经营秩序的整顿。这些情况表明,还必须对外贸体制进行更进一步的改革。

二、我国对外贸易体制改革的深化发展

我国对外贸易体制改革的深化发展时期是从 1988 年开始到现在。从 1988 年开始,我国外贸体制进行了四次重大改革:第一次是从 1988 年到 1990 年,在外贸企业中普遍推行承包经营责任制,并对轻工、工业、服装三个外贸行业实行自负盈亏的试点。第二次重大改革是从 1991 年 1 月 1 日起国务院通过调整和改革汇率机制,统一外汇留成,创造相对平等竞争环境,取消了对外贸企业的出口补贴,打破了实行多年的"大锅饭"体制,使我国的外贸企业开始走上自主经营、自负盈亏、自我约束、自我发展的道路,外贸体制改革取得了突破性进展。第三次重大改革是 1994 年起至 2001 年实施以汇率并轨为核心、以国内外经贸企业改革为中心的新一组外贸体制改革。第四次重大改革是 2001 年至今。2001 年 12 月,中国成为 WTO 成员,我国外贸体制需要按照 WTO 的要求和中国国情进行规范和调整。

(一) 1988—1990 年的我国对外贸易体制改革

1987 年 10 月,党的十三次代表大会的报告中明确提出了今后一段时期我国对外贸易体制改革的方向:"为了更好地扩大对外贸易,必须按照有利于促进外贸企业自负盈亏、放开经营、工贸结合、推行代理制的方向,坚决地、有步骤地改革外贸体制。"1988 年 2 月,国务院下发了《关于加强和深化对外贸易体制改革若干问题的规定》,对加快和深化外贸体制改革做出了部署。这次改革的方向是,建立自负盈亏、放开经营、工贸结合和推行代理制的外贸体制,改革的核心是,通过建立和完善以汇率、税收等为主要杠杆的经济调节体系,推动外贸企业实现自负盈亏。这次改革的主要内容是:

1. 全面推行对外贸易承包经营责任制

(1) 对外贸易承包经营责任制,即在所有权和经营权分离的前提下,要求各省、自治区、直辖市、计划单列市人民政府和各外贸专业总公司、各工贸总公司三个渠道分别向中央承包出口收汇、上缴外汇额度和经济效益指标,承包指标一定三年不变。

(2) 各外贸专业总公司和部分工贸总公司的地方分支机构与总公司财务脱钩,同时与地方财政挂钩,把承包落实到外贸经营企业和出口生产企业,盈亏由各承包单位自负。

(3) 在轻工业品、工艺品、服装三个进出口行业的外贸企业实行自负盈亏的试点。出口收汇大部分留成给外贸企业、生产企业和地方,小部分上缴国家,取消补贴,实行自负盈亏。

2. 深化改革外贸机构

按照转变职能、下放权力、调整机构、精简人员的原则,对外经贸部进行机构改革,加强宏观管理机构,减少微观管理机构,各外贸专业总公司设在各地方的分支公司、地方外贸公司和自属生产企业,除保留统一经营的分支机构以外,都在计划、财务、机构、编制和劳动工资等方面与总公司脱钩,下放地方作为独立的经济法人,按照国家统一政策进行管理。外贸专业总公司要逐步转变职能,由管理型转为经营型,实行企业化经营,朝着综合型、集团型、多功能、国际化企业的方向发展,集中更多的精力开拓国际市场,为扩大进出口贸易服务。

3. 深化改革进口经营体制

对于少数关系国计民生的、大宗的、敏感的重要进口商品,由国家指定外贸总公司及其直属的分公司统一经营;对于少数国际市场集中、价格敏感的大宗进口商品,由有该类商品进口经营权的各类外贸公司联合成交;其他绝大部分进口商品,由各类外贸公司放开经营。无论哪一类进口商品,凡实行进口许可证管理的,均按进口许可证管理制度执行。加速推行进口代理制后,除收取一定的费用的外贸专业公司统一订货的进口商品外,其他绝大多数商品,用户都可以根据公司经营范围自行选择,自由委托。价格与国际市场挂钩,可以促进经济核算,鼓励用户使用国内产品,有利于节约外汇和保护国内生产。

4. 深化改革出口经营体制

对于少数关系国计民生的、大宗的、资源性的重要出口商品,实行指令性计划,由国家指定的一家或几家外贸公司统一经营;对于少数国际市场上容量有限、有配额限制、市场竞争激烈的比较重要的出口商品,实行指导性计划,由部分有该类商品经营权的各类外贸公司放开经营。不论哪一类出口商品,凡实行出口配额和出口许可证管理的,均按出口配额和出口许可证管理制度执行。

5. 深化改革外贸管理体制

我国对外贸易的行政管理实行归口管理和分级管理的原则。对外经济贸易部根据国务院授权,行使全国外贸行政归口管理的职能,各地方对外经贸厅(委、局)行使本地方的外贸行政归口管理的职能。对外经济贸易部逐步转变职能,在外贸管理方面由直接控制为主转向间接控制为主,综合运用法律手段、经济手段、必要的行政手段,调节市场关系,引导企业行为,以集中更多的精力对外贸进行宏观管理,主要负责研究制定并组织实施我国对外贸易的发展战略、方针政策、法规条例。

6. 进一步改革外贸计划体制

除统一经营、联合经营的 21 种出口商品保留双轨制编报下达外,其他出口商品改为单轨制编报下达,统一经营和实行统一成交,即由各省、自治区、直辖市和计划单列市直接向中央承担计划,大部分商品均由有进出口经营权的企业按国家有关规定自行进出口;在进口计划中,自1988年起,地方和部门自留外汇进口所占比重超过中央外汇进口。同时,进一步缩小进出口商品指令性计划的范围,扩大了指导性计划和市场调节的范围。

7. 深化改革外贸财务体制

全面推行外贸承包经营责任制后,实行承包经营的企业,其增盈资金在1987年的基础上扩大了使用范围,即经过批准可将其中一部分,最高不超过25%的金额,专用于职工集体福利。

轻工、工艺、服装三个行业试行自负盈亏的企业,其利润收入55%用于补充自有流动资金,其余的45%一半用于发展生产,一半用于职工福利和奖金。

原实行全额利润上缴的企业,1988年大部分改为承包上缴利润基数,实行增盈全留的办法;还有一部分企业实行承包基数内和超基数利润按不同比例留成的办法。

1988年至1990年我国推行的以外贸承包经营责任制为主要特征的对外贸易体制改革,从实践上看,基本达到了预期的目的和效果。首先,它打破了长期以来外贸企业吃"国家大锅饭"的局面,调动了各类外贸企业和出口生产企业扩大出口的积极性,进一步发挥了各级地方政府支持和推动外贸发展的积极性,有力地促进了外贸的发展。其次,它有利于解决我国经济体制中长期存在的政企不分问题,使企业逐步走向自主经营的道路。再次,它促进了工贸结合,有利于增强外贸企业的国际竞争力。外贸承包经营责任制是以产品经济为基础,由中央财政统负盈亏的外贸传统体制向以自负盈亏为特征的体制转轨的一种过渡性制度,还存在着一些弊端和不足;表现在:① 尚未建立外贸的自负盈亏机制,承包制仍然保留了中央政府对出口的补贴,财政补贴是一种非规范化的行政性分配、无法避免主观随意性,也不符合国际贸易的规范。② 其次助长了地区和部门间的封锁和壁垒,助长了局部利益的膨胀和不平等竞争的加剧,各承包单位采取措施控制本地区、本部门的出口货源,人为地切断了部分商品在地区间、部门间长期形成的合理流向和经济联系,使生产要素得不到合理配置,影响了生产力的发展。同时,对不同地区和企业规定了不同的承包基数、不同的出口补贴标准和不同的外汇留成比例,造成了地区间、企业间不平等的竞争,诱发了对内抬价抢购和对外削价竞销现象的发生,造成了外贸经营秩序的混乱。③ 助长了企业行为短期化。由于受到承包期限和经理任期的制约,企业在追求利润的刺激下,缺乏中长期投资和开发新产品的积极性,只注重承包内任务的完成和超额完成,往往忽略了外贸长期发展的战略目标和战略措施,企业宁可转产附加值低且易迅速出口、换汇成本低的产品,导致国家外向型企业产品结构长期处于低水平运行。④ 承包期一定三年不变,没有考虑国内外经营环境的变化。承包企业遭到重大的环境变化时,往往难以完成承包任务。

(二) 1991—1993年的我国对外贸易体制改革

在总结前一阶段改革经验和教训的基础上,为解决我国对外贸易体制中存在的问题,1990年12月9日,国务院下发了《关于进一步改革和完善对外贸易体制若干问题的决定》,进一步深化外贸体制改革,这一轮外贸体制改革的重点放在微观经营管理层的政策,其中心内容是适应建立现代企业制度的客观要求,完善对外贸易承包经营责任制,建立外贸企业自负盈亏的机制和适应国际经济通行规则的运行机制,使外贸企业逐步走上统一政策、平等竞争、自主经营、自负盈亏、工贸结合、推行代理制、联合统一对外的良性发展轨道。其主要内容是:

(1) 取消国家财政对出口贸易的补贴,按照国际通行做法由外贸企业综合运筹,自负盈亏。各省、自治区、直辖市、计划单列市人民政府和各外贸、工贸进出口总公司及其他外贸企业等向国家承包出口总额、出口外汇和上缴中央外汇(包括收购)额度任务。一般商品创汇的40%上缴国家,10%归地方政府,10%归生产企业,40%留归出口创汇企业。外贸企业实行没有财政补贴的自负盈亏,是向社会主义市场经济体制迈进的一个重要步骤。

(2) 改革外汇留成比例,加强出口收汇管理。改变过去按地区实行不同外汇比例留成的做法,实行按不同商品大类统一比例留成制度。目的在于消除不同地区间的不平等竞争,在留成比例中增大外贸企业留成比例,使外贸企业有条件实现自负盈亏。同时,加强了对出口收汇的管理,以保证国家收汇和防止逃汇、套汇,外汇管理部门和结汇银行实行跟踪结汇。重视发挥市场调节作用,放开了对外汇调剂价格的限制,扩大了进入外汇调剂中心调剂外汇的比例,并强调行政管理部门不得用行政手段干预外汇资金的横向流通。

(3) 调整了出口商品的指令性计划、指导性计划和市场调节的范围,缩减了配额和许可证管理商品的范围。从1992年开始,基本上取消了进出口指令性计划,实行指导性的总量计划,绝大多数进出口商品放开经营,少数商品实行公开、透明的配额许可证管理。

(4) 改革关税制度。1992年1月1日起,主动降低225个税目商品的进口关税率;1992年12月31日起调减了371个税目商品的进口关税率,使关税总水平下调7.3个百分点;1993年12月31日调减2998个税目的进口关税率,平均降税率为8.8%。

(5) 深化外贸企业经营体制的改革,推动外贸企业转换经营机制。贯彻《全民所有制工业企业转换经营机制条例》和《对外经济贸易企业转换经营机制实施办法》的精神,搞好外贸企业建立现代企业制度试点,使其真正成为自主经营、自负盈亏、自我发展、自我约束的法人实体和市场竞争的主体。外贸企业中试行股份制,允许吸收法人股,职工内部少量持股,少数条件成熟的股份公司,也可成为上市的股份有限公司;加强工贸结合,推动外贸企业开展实业化、集团化、国际化经营,形成若干在国际上有竞争力的,以外贸为龙头的贸工(农、技)相结合的或以生产科研企业为核心的工贸技一体化的外向型企业集团。

这次改革的意义在于:

第一,使我国对外贸易管理体制更适应社会主义市场经济发展的要求,外贸企业自负盈亏使出口的发展摆脱了国家财政状况的制约,打破了"大锅饭"体制,走上了自主经营、自负盈亏的轨道,外贸企业的经营机制发生了根本性的改变。企业自主经营有利于出口生产发展的长远规划,以保证国家外贸出口的稳定发展;这一改革使我国外贸体制在自负盈亏方面取得突破性进展,更便于参与国际分工和国际交换,也更适应国际贸易规范的要求。

第二,改变了外汇留成的地方倾斜政策,使外贸企业基本上处于同一起跑线上,为企业的平等竞争创造了必要的前提条件。同时,扩大了企业对外汇的支配使用权,有利于保持适度的进口增长,为进一步拓展对外贸易关系创造了良好条件。

第三,优化了出口商品结构。改革使出口产品逐步朝深加工、精加工方向发展,出口产品附加价值不断提高,为优化我国出口商品结构,使其不断向高级化方向发展奠定了基础。

第四,推动了外贸由价格竞争转向非价格竞争。越来越多的外贸企业把竞争注意力由价格方面转向质量、品种、履约率等非价格方面。

这次改革在出口承包经营责任制方面还存在一些问题,主要表现在:第一,承包额度缺乏科学的核定标准,影响其公平性和稳定性。第二,地方政府仍对外贸企业的经营活动施加行政干预。第三,人民币汇率调整还未完全到位。第四,按商品大类实行统一外汇留成的做法形成了新的不平等竞争;上缴中央外汇任务的分配不尽合理,影响开放型经济的发展。第五,出口退税限制较多,影响企业放手成交;出口跟踪结汇环节多,手续繁杂,为企业增加许多不必要的负担;对企业留成外汇进口管理过严,影响外贸企业综合运筹补亏。第六,外贸企业对于自负盈亏新体制还有一段适应过程,企业自我发展、自我约束的机制也有待进一步完善。第七,《关于进一步改革和完善对外贸易体制若干问题的决定》中有关外贸宏观调控手段的规定中,有些仍有较浓的行政管理色彩,影响对外贸易按客观经济规律运行。第八,各类有外贸经营权的企业之间的政策不尽相同,难以平等竞争;外贸经营放开后,协调服务机制不健全,经营秩序比较混乱,进口管理体制改革滞后,影响进出口结合及协调发展。这些问题,都需要通过进一步深化外贸体制改革来加以解决。

(三) 1994—1996 年我国对外贸易体制的改革

1994 年开始的新一轮外贸体制改革,是在我国国民经济体制改革和对外开放进入一个新的历史阶段的背景下展开的。在邓小平理论指导下,1992 年 10 月党的"十四大"确定我国经济体制改革的目标是建立社会主义市场经济体制。1993年11月14日,党的十四届三中全会通过《中共中央关于建立社会主义市场经济体制若干问题的决定》,用建立国民经济新体制代替旧体制,主要任务是要构筑起社会主义市场经济的四大框架:一是转换国有企业经营机制,建立现代企业制度;二是培育和发展市场体系;三是转换政府职能,建立健全宏观经济调控体系;四是建立合理的个人收入分配和多层次的社会保障制度。推进财政体制、金融体制、投资体制、外贸体制和国有资产管理体制的五大改革。提出了我国外贸体制改革的目标和方向是"深化外贸体制改革,尽快建立适应社会主义市场经济发展的、符合国际贸易规范的外贸体制","坚持统一政策,放开经营,平等竞争,自负盈亏,工贸结合,推行代理制的改革方向"。1993年,国务院下发《进一步深化对外贸易体制改革的决定》,1994年7月1日《中华人民共和国对外贸易法》实施,1995年9月党的十四届五中全会提出实现"九五"计划和2010年远景目标的关键是实现两个具有全面意义的根本性转变,一是经济体制从传统计划经济体制向社会主义市场经济体制转变,二是经济增长方式从粗放型向集约型转变。根据实现"两个根本性转变"的要求,按照社会主义市场经济体制的类别和国际经济贸易通行规则,进一步完善以经济、法律手段为主的外经贸间接调控体系,我国外经贸经营体制和管理体制改革在深化中继续稳步推进。

1994—1996年的我国对外贸易体制改革,总体来说是在整个国民经济综合配套改革中进行的,改革呈现出一系列新特点:由过去侧重突破旧体制转向侧重建立新体制;由过去注重单项推进转向突破综合配套,整体推进;由过去主要依靠政策推动转向主要依靠法律推动。因此,这一期间的改革无论在广度、深度、力度和难度上都有新的突破。改革的主要内容和措施包括以下几个方面:

1. 深化外汇管理体制改革,发挥汇率对外贸的重要调控作用

国务院决定,从1994年1月1日起、实现双重汇率并轨,实行以市场供求为基础的、单一的、有管理的人民币浮动汇率制度,建立银行间外汇市场,改进汇率形成机制,保持合理的、相对稳定的人民币汇率;实行外汇收入结汇制,取消现行的各类外汇留成,取消出口企业外汇上缴和额度管理体制;实行银行售汇制,实现人民币在经常项下的有条件可兑换;对向境外投资、贷款、捐赠等汇出继续实行审批制度。外商投资企业外汇管理暂维持现行办法不变。为了保障外商投资企业以外的所有外贸企业的出口用汇,作为过渡措施,对出口企业按结汇额的50%的外汇指定银行设立汇帐,企业用汇可持有效凭证到银行办理兑付。

双重汇率不符合社会主义市场经济和国际贸易规范,造成国家财政和外汇流失,增加了外商投资疑虑,是影响外贸发展的关键问题。因此,这项改革成为1994年外贸体制改革的突破口,也是1994年金融体制改革和国民经济体制改革的重要组成部分。

外汇体制改革为各类出口企业创造了平等竞争的良好环境；有助于合理补偿企业出口成本，提高我国出口商品的竞争力；大大加速外贸企业经营机制的转换，更有效地发挥汇率作为经济杠杆调节对外贸易的功能。这样，也促使我国外汇、外贸体制更加符合社会主义市场经济体制要求和国际经济规范，对推动我国"复关"进程，加速我国经济与国际经济互接也具有积极的作用。另外，这次改革为人民币逐步过渡为可兑换货币迈出了重要一步。

2. 运用法律、经济手段，完善对外贸的宏观管理调控体系

（1）加快完善外贸法，依法管理。加快对外贸易法规建设，是这次外贸体制改革的一项重要内容，《中华人民共和国对外贸易法》于1994年7月1日实施，它是我国对外贸易的根本大法，保证我国对外贸易在社会主义市场经济体制下有序地运行，同时，将颁布《进口商品管理条例》、《出口商品管理条例》、《反倾销条例》、《反补贴条例》、《保障措施条例》、《处罚低价出口行为的规定》、《关于中国出口产品反倾销案件的应诉规定》等法律、法规，把对外贸易管理纳入法制化轨道。

（2）国家对进出口总额、出口收汇和进口用汇实行指导性计划。对企业的经营目标进行引导，解决困扰企业的既要自负盈亏，又要完成创汇、收汇和上缴外汇任务的矛盾，使企业能够按照市场经济规律经营，提高经营效益，对少数关系国计民生的重要大宗进出口商品实行配额总量控制，协调平衡国内外市场。

（3）深化进出口商品经营管理体制改革。国家采取鼓励出口的政策措施，促进出口增长，完善出口退税制度，1994年全国实行分税制后，出口退税全部由中央财政承担（过去的出口退税，中央财政承担80%，地方财政承担20%），以保证全面贯彻出口退税制度；1994年成立国家进出口银行，其主要职能是为资本货物出口提供信贷支持，为出口产品提供风险担保等；设立出口商品发展基金和风险基金，主要用于少数国际市场价格波动较大的商品以丰补歉，自负盈亏，开发新产品，使出口和生产能稳定增长；改革和完善进口管理。从1995年12月31日起，取消176个税目的商品进口控制措施，包括进口许可证和进口配额管理的商品，自1996年4月1日起，我国进口关税总水平由35.9%降低至23%。同时，对进口设备和原材料等一律按法定税率征收关税和进口环节税（指增值税和消费税）；加快赋予具备条件的国有生产企业、商业物资企业和科研单位外贸经营权，取消进出口贸易的指令性计划，实行指导性计划；对少数实行数量限制的进出口商品，按照效益、公正、公开和公平竞争的原则，实行配额招标、拍卖和规则化分配。

（4）调整利用外资政策。1996年利用外资政策的调整对进一步理顺外贸经营管理体制，规范经营秩序和提高利用外资的质量具有很大的促进作用。7月1日国家推出三项规定：取消外商投资企业以及经济特区、各类开发区、重点建设和技术改造项目等原先享有的一些进口关税减免待遇；将包括外商投资企业在内的所有企业纳入统一结售汇体系；为防止利用加工贸易走私，保证加工贸易健康发展,在全国范围内对加工贸易实行银行保证金台账制度。这三项规定的出台体现了国民待遇原则和建立社会主义市场经济体制必然要求的公平竞争原则,为我国在更高水平、更高层次上对外开放和利用外资创造了良好的政策体制环境,使得利用外资持续发展,吸收外商直接投资质量有所提高。

3. 加快转换外贸企业经营机制

按照现代企业制度改组国有外贸企业,具备条件的外贸企业要逐步改变为规范化的有限责任公司或股份有限公司,要围绕国有资产保值和科学管理,积极推进现代企业制度、综合商社和设立监事会、内部职工持股等试点,加速外经贸企业经营机制转换,实行资产经营责任制,政府鼓励企业在自愿、互利的基础上通过投资、参股、联合开发生产、联合经营等方式跨行业、跨地区联合、兼并,向实业化、集团化、国际化和综合化方向发展,逐步形成一批以外贸公司为龙头、贸工、技、商结合的综合商社和以生产企业为核心,具有多种功能的产业跨国公司。

4. 保持对外贸易政策的统一性,增强透明度

全国实行统一的对外贸易制度和政策,是建立全国统一大市场的客观要求,也是国际贸易规范之一。按照国际规范及中国的承诺,只实施正式公布的法律、法规和政策。为此,必须确保我国外贸制度的统一性:统一对外贸易立法和法律实施,统一管理对外贸易,对外统一承担国际义务,凡涉及对外贸易的法规制度,除须由全国人大或国务院发布的以外,国务院授权对外贸易经济合作部统一对外公布,并组织实施。涉及国家安全、商业秘密的各项外经贸法规、政策及对外服务的有关规定均公开颁布。过去制定的内部文件,要抓紧清理,继续有效地予以公布,以增强透明度。

5. 加强外贸经营的协调服务机制

进一步发挥进出口商会在外贸经营活动中的协调指导、咨询服务作用,建立社会中介服务体系,发挥各研究咨询机构和各学会、协会的信息服务功能,形成全国健全的信息服务网络,建立必要的法律、会计、审计事务所,为企业提供有关经贸方面的服务,对企业的经营进行社会监督。制定一系列的制度和措施,加大对违法经营者的惩处力度,维护正常经营秩序;加速实现外贸管理单位、海关、外汇管理部门和结汇银行的计算机联网,实行综合监管,1996年9月,外经贸部成立了"中国国际电子商务中心",为实现我国对外经贸管理、经营和服务的国际化、现代化提供了一条有效途径。

6. 加强对技术进出口的立项和合同管理

这是1996年技术贸易管理体制改革的一项重要内容,外经贸部会同有关部门编制了我国禁止、限制出口技术目录,防止由于出口不当给国家和企业带来重大损失,对技术引进项目实行登记制和技术引进合同实行注册制,确立了从项目承担代理登记有效到技术设备进口合同注册生效的管理程序。

（四）"九五"时期的我国对外贸易体制改革

"九五"时期，我国对外经济贸易运行的国际国内环境发生的了重大变化。经济全球化与世界科技革命的飞速发展给世界各国经济发展带来新的机遇和挑战。1997年的亚洲金融危机殃及世界许多国家和地区。我国加入世界贸易组织谈判取得重大进展。从国内看，市场机制在资源配置中日益明显地发挥基础性作用，商品短缺基本结束，但宏观经济出现通货紧缩趋势，有效需求不足，保持经济的持续稳定增长面临前所未有的困难。作为国民经济的重要组成部分，我国外经贸积极适应这些新的变化，不断深化改革，基本建立了适应社会主义市场经济发展、符合国际通行规则的外贸体制新框架，推动外经贸取得了新的成绩。

1. 进一步放开外经贸经营权，深化外经贸经营体制改革

（1）进一步放开外经贸经营权，逐步由审批制向依法登记制过渡，并开始赋予有条件的私营生产企业和科研院所自营进出口经营权。

（2）中外合资经营外贸试点顺利进展。自1996年9月30日外经贸部发布《关于设立中外合资对外贸易公司试点暂行办法》在上海浦东和深圳经济特区试办中外合资外贸公司以来，中外双方有合资意向的企业积极洽谈。

（3）继续推行外贸代理制。随着外贸经营权的进一步放开，外贸经营主体日益多元，我国的外贸代理市场正在逐步形成。外经贸部在帮助企业认清形势，努力推动企业改革的同时，继续推广、介绍国际上外贸代理的通行做法，指导企业增强法律意识，鼓励企业实行外贸代理制。为完善代理立法，建立健全外贸代理法律制度，规范外贸代理行为，用合同形式保护各方当事人在外贸代理关系中的合法权益，外经贸部参与研究制定《中华人民共和国合同法》，有关外贸代理的法律规定将在《合同法》中予以体现。

（4）外经贸企业改革取得积极进展。根据党的十五大精神，中央和地方外经贸企业在建立现代企业制度方面进行了积极探索。一批大型外贸公司参加了国务院现代企业制度试点、大型企业集团试点和综合商社试点，稳步进行国有外经贸企业战略性改组。一大批外贸企业进行了股份制改造，组建上市公司。目前，有二十几家外经贸企业分别在上交所和深交所挂牌上市，形成了独具特色的"外经贸板块"。1998年以来，军队、武警、政法和中央党政机关与所办和所管理的经济实体脱钩，将国有外经贸企业改革推进到一个新的阶段。政企分开，是适应社会主义市场经济体制的重大举措，有利于政府部门转变职能，有助于形成公平竞争的市场格局。

2. 进一步加强宏观调控，深化外贸管理体制改革

（1）贯彻依法治国方略，清理、修改、新立外经贸法律法规，积极推进外经贸管理法制化建设。"九五"时期，外经贸领域积极贯彻依法治国方略，在《对外贸易法》的基础上加快制定实施配套法规，立法步伐明显加快，在外贸、外资、国际经济技术合作等方面制定并发布了一系列新的法律法规,外经贸法律体系不断完善。

(2) 加强宏观调控,建立和完善鼓励出口的激励机制。首先,坚持实行出口商品配额有偿招标。其次,进一步减少进出口商品的行政审批和数量限制措施。最后,改革我国传统大宗出口商品——茶叶的经营管理体制。

(3) 大力改革进口体制,加快形成以汇率、关税、税收、信贷等宏观调控手段为主的国际收支和进出口平衡机制。继1994年1月1日实施汇率并轨,实行以市场供求为基础的、单一的、有管理的人民币浮动汇率制度后,1996年12月1日,我国接受《国际货币基金组织协定》第八条第(二)(三)四款义务,实现了人民币经常项目下的可兑换。1997年,外经贸部研究制定《中华人民共和国货物进口管理条例》,鼓励公平、互利的进口贸易,实行自由贸易政策。除了法律禁止或限制进口的货物,均可自由进口。国家限制进口的货物,实行一般配额或关税配额管理、许可证管理等。对进出口商品平均关税水平从23%降低到17%,降税幅度为26%,其涉及4 800多个税号商品,降税面达73%以上。降税后,我国税则中的最高税率由120%降低到100%,税率在30%以上的税目个数约减少了45%。2001年1月1日,我国再次调低关税,关税平均税率降至15.3%,加权平均税率达到10.54%。在调整出口退税率的同时,进一步完善了退税机制,不断提高退税效率。我国根据国民经济发展需要大幅度地自主降税,是进口管理体制改革和扩大开放的重要举措,意味着我国以实际行动参与全球的贸易和投资自由化进程,逐步减少并将最终取消进口行政审批,为"九五"期间使进口管理体制由行政手段为主转为以经济、法律手段为主和主要依靠关税调节进口打下良好基础。在非关税方面,我国已承诺提前10年实现中远期目标,即于2010年取消所有不符合世界贸易组织的非关税措施。

(4) 政府机构改革稳步推进。1998年国务院新一届政府组成后,对外经贸政府职能部门作了调整,原国家机电产品进出口办公室和管理国家级经济技术开发区的职能划归外经贸部。原国家进出口商品检验局、原卫生部卫生检疫局、原农业部动植物检疫局共同组建成"国家出入境检验检疫局",由海关总署管理。海关总署还成立了走私犯罪局,组建海关缉私警察队伍,受海关总署和公安部双重领导,形成"联合缉私、统一处理、综合治理"的反走私新体制。

(5) 进出口商会等外贸中介组织进一步发挥协调服务作用。各商会初步建立了"民主选拔、竞争上岗、优胜劣汰、能上能下"的灵活用人机制和"协商共议、民主参与、民主决策"的决策机制;商会组织体系日趋完善,逐步形成了商会章程、内部管理、会员管理、业务管理制度等相互配套的制度体系;商会分会建设积极、稳妥推进。商会的服务领域逐渐拓宽,协调职能不断加强,能够积极向政府反映行业的愿望和要求,向企业传达政府的政策方针,较好地发挥了政府和企业之间的桥梁和纽带作用。

(6) 加快外经贸信息化建设,积极推动电子商务的发展。1997 年,外经贸部投入大量人力、物力成立了"中国国际电子商务中心"(CIET NET)。一年来,CIET NET 的初步运行表明,中国对外经济贸易向信息化迈进已有一个坚实的起点。2000 年 11 月,"九五"国家信息化建设重点工程——"金关工程"外经贸专用网的主干网建设顺利完成,并实现了与海关总署、外汇管理局、国家税务总局、银行等部门的联网与数据共享,政府贸易管理各环节可以在该主干网上安全运行。金关工程主干网建设的完成标志着我国外经贸用现代化管理手段,实现电子化、网络化、规范化管理已经起步。

"九五"时期,我国进出口保持了较快增长,外经贸发展的质量和效益进一步提高,货物进出口总额累计 17 740 亿美元,出口 9 618 亿美元,进口 8 122 亿美元,分别较"八五"时期增长 74.9%、85.6%和 63.8%。2000 年进出口总额 4 743 亿美元,超额实现国民经济"九五"计划的外贸发展目标,在世界贸易中的排名升至第八位。利用外资开始了从扩大数量到提高质量的转变。实际利用外商直接投资稳居发展中国家首位,每年保持在 400 亿美元以上的较大规模,累计 2 134.7 亿美元,较"八五"期间增长 87%。其他各项外经贸业务、多双边和区域经济合作都取得了新的进展。

(五)"十五期间"外贸体制的进一步自由化改革

2001 年 12 月 11 日,中国正式加入了 WTO 组织。加入 WTO 后,我国对外开放也呈现出一系列新的特点:由政策导向型的开放转变为同国际经济接轨的制度型开放;从有限范围和特定领域的开放转变为全方位、宽领域的开放。新特点也对中国现有的对外贸易制度创新提出了新的要求。这段时期的外贸制度变革主要是自由化改革,WTO 主张自由贸易和无歧视待遇、最惠国待遇、国民待遇、关税减让、消除数量限制和透明度等六个原则。于是在外贸制度变革方面,我国确认根据入世承诺进一步开放经营权、提前赋予外资企业出口权和在服务贸易领域的若干开放性承诺,旨在通过减少政府的直接控制功能、增加服务功能以及通过法规改善竞争环境,以逐步实现我国加入 WTO 的承诺。2006 年 12 月 11 日之后,中国入世进入了后过渡期,这既是一个阶段的终点,也是一个新的起点。中国将从入世承诺约束下的开放,转向 WTO 框架协议约束下的整体开放。至此,我国的对外开放将在更高层次、更大范围和更宽领域内进行,我国的外贸体制仍会进一步加快改革的步伐,以接受更大的挑战。"十五"时期,我国进出口保持了更为迅猛的增长,外经贸发展的质量和效益进一步提高,货物进出口总额累计45 578亿美元,出口 23 852 亿美元,进口 21 726 亿美元,分别较"九五"时期增长156%、148%和 167%,仅 2005 年进出口总额就达 14 219 亿美元。

(六)"十一五"期间对外贸易体制改革

"十一五"期间,我国对外贸易体制改革的主要目标要围绕着如何转变对外贸易增长方式,提高质量、效益、水平。"十一五"期间,我国外贸积极转变发展方式,有效应对国际金融危机挑战,保持良好发展势头,为促进国民经济平稳较快发展作出了重要贡献。

1. 进出口规模跃上新台阶

"十一五"期间,对外贸易进出口额 116 818 亿美元,出口 63 995 亿美元,进口 52 823 亿美元,较"十五"期间增长 156%、168%、143%。2010 年,进出口额达到 2.97 万亿美元,比"十五"末翻了一番,年均增长 15.9%,世界排名由第 3 位升至第 2 位。其中,出口 1.58 万亿美元,年均增长 15.7%,占全球份额由 7.3% 升至 10.4%,世界排名由第 3 位升至第 1 位;进口 1.4 万亿美元,年均增长 16.1%,占全球份额由 6.1% 升至 9.1%,世界排名由第 3 位升至第 2 位。

2. 出口商品结构持续优化

工业制成品出口比重由"十五"末的 93.6% 提高到 94.8%。机电产品出口比重由 56% 提高到 59.2%。高新技术产品出口比重由 28.6% 提高到 31.2%。农轻纺等传统行业出口质量和效益稳步提升。高耗能、高污染、资源性产品出口比重由"十五"末的 6.6% 降至 5.5%。

3. 扩大进口取得积极成效

进口关税总水平由"十五"末的 9.9% 降至 9.8%。取消了 800 多个税目商品的自动进口许可管理,贸易便利化程度进一步提高。进口年均增速高于出口 0.4 个百分点,贸易平衡状况明显改善,顺差占国内生产总值的比重由"十五"末的 4.5% 降至 3.1%。

4. 外贸发展更加均衡协调

民营企业经营活力进一步释放,进出口比重由"十五"末的 15.7% 提高到 25.2%。一般贸易进出口快速增长,占比由 41.4% 提高到 50.1%。中西部地区进出口增速显著高于东部地区和全国平均水平,占比由 8.3% 提高到 9.9%。

5. 市场多元化取得新进展

对欧盟、美国、日本、中国香港四个传统市场进出口比重由"十五"末的 52.7% 降至 46.9%。对新兴市场进出口快速增长,占比提高,与"十五"末相比,对东盟由 9.2% 提高到 9.8%,对金砖国家由 4.9% 提高到 6.9%,对拉丁美洲由 3.5% 提高到 6.2%,对非洲由 2.8% 提高到 4.3%。同时,多双边和区域经贸合作进一步加强,成功签订和实施了一批自贸区协定。

6. 外贸体制机制不断完善

市场配置资源的基础性作用进一步增强,以政府宏观管理、中介组织服务协调、企业自主经营为特征的外贸运行机制基本形成。以出口退税、出口信用保险、贸易融资等为主要内容的外贸促进体系日趋完善。行政许可事项明显减少,许可证、配额、国营贸易等管理手段不断完善。建立健全了大宗商品进口协调机制和报告制度,成功开展了部分重点商品进口联合谈判。

(七)"十二五"期间的外贸体制改革

"十二五"期间,要坚持在稳定增长的同时优化外贸结构,促进贸易平衡,实现外贸可持续发展。

1. 稳定外贸增长

(1) 提高对稳定外需的认识。发展对外贸易、参与国际分工,对我国经济发展有着不可替代的作用。我国经济中面向国际市场的产能还比较大,必须把扩大内需与稳定外需结合起来,把稳定外贸增长和保持国际市场份额结合起来,努力克服外部环境变化的不利影响,在严峻复杂的形势中积极寻求有利的发展契机,保持进出口稳定增长。2011年进出口总额3.64万亿美元,其中出口1.9万亿美元,进口1.74万亿美元,同比分别增长16.88%、20.25%、24.29%。

(2) 改善外贸发展的环境。保持出口退税、贸易融资和出口信用保险等外贸政策的基本稳定,稳定政策预期,增强企业信心。规范外贸经营秩序,保护企业合法权益。进一步改善通关、结算环境,加强进出口环节的收费监管,清理并逐步取消进出口环节的不合理限制。经国务院批准,《2011年关税实施方案》自2011年1月1日起实施,其中包括进口关税调整、出口关税调整、税则税目调整三个方面。调整后,2011年的关税总水平为9.8%,其中农产品平均税率15.2%,工业品平均税率8.9%。

(3) 培育外贸新竞争优势。支持企业引进技术和自主创新相结合,提高产品技术含量。支持企业开展境外商标注册,使用自有品牌,培育国际品牌。支持企业建立自主营销网络,将贸易链延伸到境外批发和零售终端,增强渠道控制力,提高贸易附加值。完善产品技术和质量标准,逐步建立重点出口产品质量追溯体系。鼓励企业开展国际通行的质量管理体系、环境管理体系和产品认证,积极参与各类国际标准、技术标准的制定。

2. 调整贸易结构

(1) 优化出口产业和商品结构。深入实施科技兴贸战略,鼓励企业自主创新,促进先进技术向生产成果转化,推动传统产业升级。大力发展新兴出口产业,推动战略性新兴产业国际化。扩大技术和资金密集型的机电产品、高新技术产品和节能环保产品出口。鼓励自有品牌、自有知识产权和高附加值产品出口。提高劳动密集型产品出口质量、档次和附加值。控制高耗能、高污染和资源性产品出口。

(2) 优化经营主体结构。做强大企业,扶持中小企业发展。鼓励行业龙头企业向产业链两端延伸,开展国际化经营,培育一批具有全球资源整合能力的跨国企业。支持中小企业开展专业化经营。引导上下游生产企业之间、生产企业与流通企业之间加强协作与整合,提高整体竞争力。强化政府为企业服务功能,营造国营、民营、外资等各类企业平等参与、公平竞争、优胜劣汰的体制环境。

(3) 优化贸易方式结构。做强一般贸易,逐步扩大一般贸易比重。提升加工贸易,引导加工贸易从沿海向内陆地区转移和向海关特殊监管区域集中,鼓励加工贸易企业延伸产业链、增值链,提高本地增值、本地配套比重。发展其他贸易,重点鼓励边境地区发挥自身区位、资源、政策优势,发展有比较优势的特色产业,推动边境贸易快速发展。

3. 促进贸易平衡

(1) 进一步扩大进口规模。推动发达国家放宽对我高技术产品出口管制,扩大先进技术设备、关键零部件进口,促进国内技术创新。扩大国内短缺的能源、资源和原材料的进口,保障市场供应。适度扩大消费品进口,带动居民消费结构升级。

(2) 增强进口的主动权。加强政策引导和行业协调,鼓励企业构建全球采购网络,向全球供应链上游延伸。协调大宗农产品、能源产品、矿产品进口,规范进口秩序,提高议价能力。鼓励企业通过多种方式介入国际市场能源资源、大宗农产品定价体系,提升价格话语权。

(3) 完善进口促进体系。培育若干进口贸易促进创新示范区,建设一批进口促进平台。鼓励中国进出口商品交易会等知名展会拓展进口功能。加强多双边交流合作,支持与我国贸易逆差较大的国家和地区来华举办商品展览会、洽谈会。鼓励行业和企业赴境外开展贸易促进活动。鼓励自最不发达国家进口,促进自与我贸易逆差较大国家和发展中国家进口。

4. 优化空间布局

(1) 优化国际市场布局。按照政策引导、市场主导、协调推进、重点突破的原则,在巩固传统市场的同时,大力开拓新兴市场,培育周边市场。综合考虑资源储量、人口规模、市场份额、战略地位等因素,选择若干个发展中国家市场进行重点开拓。加快实施自贸区战略,扩大自贸区伙伴市场规模。

(2) 优化国内区域布局。加强国内区域间的协调合作,在鼓励沿海地区发展高端产业、发展高增值环节和总部经济的同时,合理有序地将劳动密集型传统产业、加工制造环节向中西部地区转移,加快中西部地区发展。加快重点口岸、边境城市、边境经济合作区建设,扩大与周边地区的经贸往来。

5. 推进基地、平台和网络建设

(1) 建设转型升级基地。依托现有产业集聚区和各类开发区,培育一批农产品、轻工、纺织服装、医药、五金建材、新型材料、专业化工、机床、工程机械等外贸转型升级示范基地。继续推进国家科技兴贸创新基地和国家汽车及零部件、船舶出口基地建设。以产品创新、质量提升、品牌培育等为重点，支持基地建设研发设计、试验检测、国际营销等公共服务平台，提升基地内企业技术创新、质量管理和市场开拓水平，增强各类基地在国际市场上的竞争力和影响力。

（2）建设国际商务平台。培育一批技术强、服务优、信誉好的重点外贸电子商务平台，提高企业利用电子商务开展对外贸易的能力。支持国内有影响的专业市场拓展外贸综合服务功能，积极开展国际贸易，形成一批优势明显、特色突出、服务优质的外贸与内贸相结合的重点专业市场。打造一批有较强影响力的境内外国际经贸展会，形成布局合理、重点突出、专业门类齐全、具有品牌效应的重点经贸展会网络，支持北京、天津、上海、广州建设全球会展业高地。

（3）建设国际营销网络。鼓励有条件的行业组织和优势企业"走出去"，利用一批基础好、潜力大的批发市场、零售店、专卖店，打造自有营销渠道，促进自有品牌出口。结合出口市场格局和需求特点，重点选择一批境外展示营销中心，以优势行业出口商品为依托，着力完善贸易促进和终端市场营销功能，深度开拓国际市场，增强国际竞争力。

6. 推动"走出去"带动贸易

（1）推动"走出去"带动出口。鼓励轻工、纺织、服装、家电、一般装备制造等国内技术成熟、国际市场需求大的行业生产能力向目标市场转移，带动零部件和中间产品出口。支持具备实力的外贸企业、大型流通企业、中华老字号企业在境外投资建设批发市场、贸易中心，扩大中国产品在当地市场的销售。鼓励承接境外承包工程，带动国内原材料、设备等产品出口和中国技术、标准"走出去"。

（2）推动"走出去"带动进口。支持国内企业"走出去"，与有关国家（地区）开展能源矿产、农业开发、海洋资源等方面互利合作，建立稳定的境外能源资源供应渠道。鼓励在产地开展能源资源产品的初级加工后再进口，带动当地就业，改善与有关国家（地区）的贸易结构和经贸关系。

（3）推动"走出去"提升竞争力。鼓励企业通过并购、重组、战略合作等形式，整合国内外优质要素。稳步推进境外经贸合作区建设，拓宽国际投资合作途径。鼓励国内金融机构、会计师、律师事务所等服务机构"走出去"，为开拓国际市场提供优质服务，提高中国企业的软实力和综合竞争力。

三、国际贸易规范与中国外贸体制改革

1986年7月，中国提交了恢复关贸总协定缔约国地位的申请，历经长达15年漫长而艰辛的谈判，终于在2001年12月11日成为世界贸易组织第143个成员。依据加入世贸组织的法律文件，中国既可享受权利，又要履行相应的义务，其中，使本国贸易体制与WTO多边体制相一致，是世贸组织成员的一项基本义务，经过20多年的改革，中国的外贸体制改革取得了重大突破，特别是市场取向改革

目标的确立与逐步推进,已从根本上解决了中国外贸体制与 WTO 多边贸易体制的相容性问题。可以说,目前的外贸体制已基本适应了 WTO 多边贸易体制的要求。但也要看到,中国外贸体制在某些局部上也还存在不尽一致或不相适应的地方,需要按照 WTO 要求和中国国情进行规范和调整。

(一) 世界贸易组织的基本原则

1995 年 1 月 1 日,世贸组织诞生,成为多边贸易体制的组织和法律基础,与国际货币基金组织和世界银行并列为世界经济的三大支柱。

世贸组织的宗旨是:提高生活水平,保证充分就业,大幅度稳步地提高实际收入和有效需求;扩大货物、服务的生产和贸易;坚持走可持续发展之路,各成员应促进对世界资源的最优利用,保护和维护环境,并以符合不同经济发展水平下各自成员需要的方式,加强采取各种相应的措施;积极努力确保发展中国家,尤其是最不发达国家,在国际贸易增长中获得与其经济发展水平相应的份额和利益。

世贸组织的目标是建立一个完整的包括货物、服务、与贸易有关的投资及知识产权等在内的更具活力、更持久的多边贸易体系。为了有效地实现上述宗旨和目标,WTO 规定了一系列基本原则,以协调各成员间的贸易政策,共同管理全球贸易。

1. 非歧视原则

非歧视原则又称无差别原则,是世贸组织的基石,是各国间平等地进行贸易的重要保证,也是避免贸易歧视和贸易摩擦的重要基础。非歧视原则主要通过最惠国待遇和国民待遇原则体现出来。

(1) 最惠国待遇原则。最惠国待遇是指缔约国一方现在和将来给予另一方的优惠和豁免,必须立即和无条件地给予所有缔约方。

WTO 成员方之间相互给予最惠国待遇的实质,是保证市场竞争机会均等,消除成员方之间在贸易与关税方面的歧视。

(2) 国民待遇原则。国民待遇是指,对其他成员方的产品、服务或服务提供者及知识产权所有者和持有者所提供的待遇,不低于本国同类产品、服务或服务提供及知识产权所有者和持有者所享有的待遇。

(3) 互惠原则。互惠原则也叫对等原则,是指两成员方在国际贸易中给予对方以贸易上的优惠待遇。

2. 关税保护和关税减让原则

(1) 关税保护原则。WTO 允许对国内工业进行保护,但只能利用关税进行保护,而不得采用其他非关税壁垒的措施。其目的是使保护程度具有更大的透明度。

(2) 关税减让原则。关税减让原则指各成员国之间通过谈判在关税方面彼此作出互惠与平等的让步，各国应逐步降低关税。

3. 一般禁止数量限制原则

对缔约国和任何一种进出口商品，除关税、国内税以及其他规定的费用外，一律不得以配额、进出口许可证或其他措施限制其数量。但也有许多例外。如为保证农业、渔业产品市场，为保护本国的国际收支，为保护国内幼稚工业的发展等可实施数量限制。

4. 公平竞争原则

要求贸易在公平的基础上进行竞争，反对采取出口倾销和出口补贴，允许进口国征收反倾销或反补贴税来抵消其对国内同类工业造成的损害。

5. 透明度原则

指成员国正式实施的有关进出口贸易的政策、法令及条例，以及成员国政府或政府机构与另一成员国政府或政府机构签订的影响国际贸易政策的现行协定，都必须公布。

6. 磋商与协调原则

这是总协定解决缔约国之间争端的重要原则。其目的在于求得当事人各方均能接受的解决争端的方法，以保持缔约国之间权利和义务的平衡。

7. 对发展中国家的优惠待遇原则

考虑到发展中国家的具体情况，允许发展中国家在执行 WTO 基本原则时有一些特殊例外。允许发展中国家的关税制度有更大的弹性；对商品出口有一定限度的补贴；可享受普遍优惠制；发达国家给予发展中国家出口的工业品及半成品更加优惠的差别关税待遇；在非关税措施方面给予发展中国家更为优惠的差别待遇；发展中国家之间可实行优惠关税而不给予发达国家。

（二）中国加入世贸组织的承诺

在《中华人民共和国加入议定书》中，我国承诺：

1. 遵守非歧视原则

中国承诺在进口货物、关税、国内税等方面，给予外国产品的待遇不低于给予国产同类产品的待遇，并对目前仍在实施的与国民待遇原则不符的做法和政策进行必要的修改和调整。

2. 贸易政策统一实施

承诺在整个中国关境内，包括民族自治地方、经济特区、沿海开放城市以及经济技术开发区等统一实施贸易政策。世贸组织成员的个人和企业可以就贸易政策未统一实施的情况提请中国中央政府注意，有关情况将迅速反映给主管机关，如反映的问题属实，主管机关将依据我国法律可获得的补救，对此迅速予以处理，处理情况将书面通知有关当事人。

3. 确保贸易政策透明度

承诺公布所有涉外经贸法律和部门规章,未经公布的不予执行。加入世界贸易组织后设立"世界贸易组织咨询点"。在对外经贸法律、法规及其他措施实施前,提供草案,并允许提出意见。咨询点对有关成员咨询的答复应该完整,并代表中国政府的权威观点,对企业和个人也将提供准确、可靠的贸易政策信息。

4. 为当事人提供司法审议的机会

承诺在与中国《行政诉讼法》不冲突的情况下,在有关法律、法规、司法决定和行政决定方面,为当事人提供司法审查的机会,包括最初向行政机关提出上诉的当事人有向司法机关上诉的选择权。

5. 逐步放开外贸经营权

承诺在加入世界贸易组织后3年内取消外贸经营审批权。在中国的所有企业在登记后都有权经营除国营贸易产品外的所有产品。同时中国还承诺,在加入世界贸易组织后3年内,已享有部分进出口权的外资企业将逐步享有完全的贸易权。这里的贸易权仅指货物贸易方面进口和出口的权利,不包括在国内市场的销售权,不同产品的国内市场销售权取决于我国在服务贸易作出的承诺。

6. 逐步取消非关税措施

我国承诺按照世界贸易组织的规定,将现在对400多项产品实施的非关税措施(配额、许可证、机电产品特定招标)在2005年1月1日之前取消,并承诺今后除非符合世界贸易组织规定,否则不再增加或实施任何新的非关税措施。

7. 不再实行出口补贴

中国承诺遵照世界贸易组织《补贴与反补贴措施协议》的规定,取消协议禁止的出口补贴,通告协议允许的其他补贴项目。

8. 实施《与贸易有关的投资措施协议》

中国承诺加入世界贸易组织后实施《与贸易有关的投资措施协议》,取消贸易和外汇平衡要求、当地含量要求、技术转让要求等与贸易有关的投资措施。根据大多数世界贸易组织成员的通行做法,承诺在法律、法规和部门规章中不强制规定出口实绩要求和技术转让要求,由投资双方与东道国通过谈判议定。

9. 以折中方式处理反倾销反补贴条款可比价格

在中国加入世界贸易组织后15年内,在采取可比价格时,如中国企业能明确证明该产品是在市场经济条件下生产的,可以该产品的国内价格作为依据,否则,将找替代价格作为可比价格。该规定也适用于反补贴措施。

10. 接受特殊保障条款

中国加入世界贸易组织后12年内,如中国出口产品激增对世界贸易组织成员国内市场造成市场紊乱,双方应磋商解决。在磋商中,双方一致认为应采取必要行动时,中国应采取补救行动。如磋商未果,该世界贸易组织成员只能在补救冲击所必需的范围内,对中方撤销减让或限制进口。

11. 接受过渡性审议

中国加入世界贸易组织后8年内,世界贸易组织相关委员会将对中国和成员履行世界贸易组织义务和实施加入世界贸易组织谈判所作承诺的情况进行年度审议;然后在第10年完全终止审议。中方有权就其他成员履行义务的情况向委员会提出质疑,要求世界贸易组织成员履行承诺。

(三) 入世后中国外贸体制的改革

外贸体制改革始终是外经贸工作的重要任务。入世后,我国外贸体制改革的最重要特点是在WTO基本框架下的改革,使我国外贸体制改革既符合国际贸易规范和市场经济要求,又要符合我国国情特点。

1. 转变政府职能

大多数WTO规则是针对政府而立的,也只有政府才能执行和遵守,因此,入世首先是"政府入世"。为了兑现加入世贸组织的承诺,同时为企业参与国际竞争创造良好条件,各级政府要进一步转变政府职能,积极推进依法行政,政府要摒弃管制行政的传统,代之以服务行政的理念;构建"有限政府"和"有效政府",提高行政效率,改善公共服务;以深化行政审批制度改革为突破口,加快建设符合WTO规则和社会主义市场经济体制要求的新型外贸体制的步伐。按照国务院行政审批制度改革的总体要求,各级外经贸部门大力减少行政审批项目;对于确需保留的审批项目,要建立健全监督制约机制,简化程序,提高效率。

履行外贸登记制承诺,改革外贸经营资格管理制度。取消了私营生产和流通企业进入外贸领域的限制,实行了与公有制企业相同的标准和程度,取消了对不同所有制企业的区别待遇。

2. 清理、修改和制定外贸法律法规

加入WTO,我们既享有相应的权利,又要承担相应的义务。保证有关法律、法规、规章和政策措施符合WTO规则和我国的对外承诺,并使这些法律、法规在全国得到统一实施,就是我们应当履行的一项重要义务。

自2001年12月至2003年12月,加入世贸组织两年来,我国政府在外贸和外资法律和法规方面开展了大规模清理工作,并按照我国加入WTO的承诺,开展了大量的法律、法规、规章的修改和制定工作。共清理出文件1413份,其中外经贸法律 6 部，行政法规 164 部，部门规章 887 件，双边经贸协定 191 份，双边投资保护协定 72 份，避免双重征税协定 93 份。为了履行我国入世有关承诺，将我国入世承诺和 WTO 规则规定的我国作为成员国应当享受的权利、承担的义务转化为国内法的需要，我国对 1994 年颁布的《对外贸易法》进行修改，并于 2004 年 7 月 1 日正式实施。《对外贸易法》的 5 部配套行政法规，包括《反倾销条例》、《反补贴条例》、《保障措施条例》、《货物进出口管理条例》、《技术进出口管理条例》已于 2002 年 1 月 1 日正式实施。另外，根据《对外贸易法》第十六条和第十七条的规定，为保护人的生命健康和生态环境，我国政府还制定了《农业转基因生物安全管理条例》。

通过"修法"，基本形成了符合国际多边贸易规则，同时适应中国国情的中国对外贸易法律体系；进一步完善了我国外商投资的法律体系。

2001 年修订了《著作权法》、《商标法》和《专利法》等知识产权法，保证外国人在所有知识产权方面的国民待遇和最惠国待遇全面符合 TRIP 协定，对地理标识、植物新品种等在相关法律和法规中做了专门规定，并建立了对知识产权的大范围综合性管理体系。

3. 深化国有外经贸企业改革

一些大中型国有外贸企业通过资产重组、股份制改革、国内以及海外上市，形成了一批有规模、有实力的企业集团；一些中小型外贸企业，通过改组、联合、兼并、租赁、承包经营和内部职工持股、股份合作等多种形式，实现了机制创新，取得了明显成效。

为促进外贸体制改革，保持外贸和经济持续健康发展，2003 年 10 月，国务院发布了关于改革出口退税机制的决定，按照"新账不欠，老账要还，完善机制，共同负担，推动改革，促进发展"的原则，对历史上欠退税款由中央财政负责偿还，确保改革后不再发生新欠，同时建立中央、地方共同负担的出口退税新机制。

这次出口退税机制的改革，为深化外贸体制改革创造了条件。下一步，将从五个方面深化外贸体制改革。

(1) 建立便利、公平的外贸运行机制。进一步形成便利、公平的运行环境，降低市场主体的各种交易成本和制度成本，充分调动各类企业走向国际市场的积极性。

(2) 建立积极、稳定的外贸促进机制。逐步建立起以政府为主导，以财政资金为保障，以市场化运作为基础、体现稳定性和公共性的新型外贸促进机制。

(3) 建立快速、高效的外贸监控和反应机制。积极做好加入 WTO 后的应对工作，建立和完善快速、有效的监控和保护机制，切实维护国家利益和经济安全。

(4) 建立规范、透明的外贸管理机制。加强外贸管理立法工作，改善管理办法,简化行政审批,进一步增强管理的透明度,提高外贸管理的市场化程度。

(5) 建立机制完善、协调有效的外贸中介服务体系。进一步改革进出口商会制度,鼓励发展各类外贸咨询和法律服务机构,真正发挥中介组织在外贸发展中的协调促进作用。

思考与练习

1. 简述我国 1979 年至 1993 年对外贸易体制改革的主要内容。
2. 简述我国 1994 年以来外贸体制改革的主要内容。
3. 试述我国入世后外贸体制改革的主要内容。

第9章 中国对外贸易关系

学习目标

了解中国发展对外贸易关系的基本政策和指导原则;掌握我国与不同类型的国家和地区经济贸易关系的发展概况;重点掌握我国同这些国家和地区在发展经济贸易关系方面存在的问题,探讨解决问题的有效措施和对策。

第1节 中国对外贸易关系的基本政策

对外经济贸易关系包括的内容十分广泛,涉及商品贸易、技术贸易、服务贸易、利用外资、生产技术交流、合资经营、合作生产、加工贸易等,其中以商品贸易为主要形式。我国必须正确制定和贯彻对外贸易的基本政策,以指导我国同世界各个国家和地区发展经贸关系。

一、中国对外贸易关系的发展

新中国成立以来,我国对外贸易关系主要经历了以下几个阶段:

1. 50年代的贸易关系

新中国成立后,由于美国等西方国家对中国实行封锁禁运,我国在政策上倒向苏联这一边,首先全面发展与苏联、东欧等社会主义国家的对外经贸关系。同时,也积极发展了对亚非拉的经贸合作,并打开了同一些西方国家的贸易渠道,这一阶段与我国有贸易往来的国家和地区由1950年的46个增到1960年的118个。

2. 60年代的贸易关系

进入60年代,我国同前苏联、东欧国家关系恶化和疏远,对外贸易额大幅下降,对外贸易开始逐步转向第三世界国家。同时,与欧洲等西方资本主义国家的贸易也发展起来,1970年与我国有经贸关系的国家重新发展到130个。

3. 70年代的贸易关系

1971年,我国在联合国恢复了合法席位,1972年中美发表联合公报,同年,中日邦交正常化,1979年中美正式建立外交关系,同年签订了中美贸易协定,中美贸易开始大规模发展起来,所有这些,推动了我国对外贸易关系的发展,1980年与我国有经贸关系的国家和地区发展到174个。

4. 80年代至今的贸易关系

80年代以来,我国进入改革开放的新阶段,我国对外贸易采取全方位协调发展的政策,使我国同世界各国和地区的贸易关系有了突飞猛进的发展,整个对外贸易格局发生了显著变化,到2002年,我国已与200多个国家和地区发展了经贸关系,此外,还同许多全球性和区域性的多边贸易组织建立了联系,尤其是2010年中国—东盟自由贸易区(简称CAFTA)的建立。东盟和中国的贸易占到世界贸易的13%,成为一个涵盖11个国家、19亿人口、GDP达6万亿美元的巨大经济体,是目前世界人口最多的自贸区,也是发展中国家间最大的自贸区。我国与东盟之间的经济一体化程度达到前所未有的水平,这将对中国的经济产生深远的影响。

二、我国对外贸易关系的基本政策

对外贸易政策是一个国家外交政策和经济政策的重要组成部分。一个国家对外贸易关系的发展,必须在本国政府外交政策和对外贸易政策原则的指导下进行。

早在新中国诞生前,毛泽东同志就阐明了新中国发展对外贸易关系的基本政策:"中国人民愿意同世界各国人民实行友好合作,恢复和发展国际间的通商事业,以利发展生产和繁荣经济。"这一政策在恢复和发展我国国民经济中取得了一定的成效。但是,在相当长的一段时间里,由于国内外条件的限制,此项政策在实行中遇到了重重障碍。

进入80年代后,从国际形势看,世界经济在不稳定中迅速发展,各国之间的联系日益密切,经济生活越来越走向国际化。从国内形势看,随着全党工作的重点转移到社会主义现代化建设上来,党中央制定了对外开放的基本国策。与此相适应,我国提出的对外贸易工作的基本方针是:独立自主,自力更生,平等互利,扬长补短,通过各种方式积极开展对外经济技术交流与合作,充分利用国际上一切有利条件,促进我国社会主义建设事业的迅速发展。这一基本方针是我们制定对外贸易政策所遵循的主要原则和根本依据。

当前,我国对外贸易关系的基本政策是:在改革开放总方针指引下,实行全方位协调发展的国别地区政策,即坚持平等互利原则,致力于同世界上所有国家和地区发展多种形式的多边、双边经济贸易关系。这为我国积极参与国际交换和国际竞争,扩大国内经济与世界经济的联系,使国内经济与国际经济实现互接互补,促进国民经济发展创造了良好的条件。

三、中国对外贸易关系的主要原则

我国在发展对外贸易关系时,遵循下列主要原则:

(一) 独立自主原则

独立自主是我国长期坚持的建国方针,也是我国发展对外贸易关系必须遵循的主要原则之一。其基本含义是:一国可以自主地解决和处理本国事务而不受别国的控制和干涉。

我国是一个发展中的社会主义国家,还没有完全脱离技术、经济落后状态。因此,我们必须在独立自主的基础上,自力更生地发展我国经济,建设我们的国家。但是,这绝不是说我们拒绝对外开放和国际经济合作,排斥国外市场、资源、先进技术和经验,闭关自守。相反,我们要在独立自主、自力更生的前提下,积极发展同世界各国家和地区的经济贸易关系,互通有无,互相学习,取长补短,充分利用国外的资源和技术,发展民族经济,使我国早日成为现代化强国。

(二) 平等互利原则

这一原则的基本含义是:国家不论大小、强弱、贫富,应该一律平等,在贸易中不允许强国欺负、歧视和剥削弱国,各国要相互尊重对方的主权和愿望,根据双方的需要和可能来发展经贸关系,反对把贸易作为控制和掠夺别国的工具。

平等互利必须贯彻到外贸活动的各个方面:首先,我国与各国进行贸易时,反对以任何借口,附带任何政治条件去谋求任何特权;同时,我们也决不接受对方任何不平等条件和不合理要求。其次,我国与各国在交往中要根据双方需要和可能,在自愿的基础上进行交易。再次,对外贸易作价要符合国际市场价格水平,签订合同要"重合同、守信用",以维护双方的利益。最后,在海关、商检、运输、仲裁、贸易平衡等涉及双方利益的方方面面,也必须贯彻平等互利的原则。

(三) 互惠、对等原则

互惠、对等原则是世界贸易组织的基本原则之一。互惠是指利益或特权的相互或相应让与,它是两国之间建立和发展贸易关系的基础。在国际贸易中,国家之间相互给予最惠国待遇、国民待遇通常都是以互惠为前提的。对等是指贸易双方相互给予对方同等待遇:一是对等地给予同样的优惠待遇,二是对等地就对方给予自己的不平等或者歧视待遇,采取相应的报复措施。

我国将在平等互利的基础上建立与其他国家之间互惠、对等的贸易关系,即在国际贸易关系中坚持并维护互惠、对等原则。其贯彻与实施主要体现在以下两个方面:一是我国在对外贸易方面根据所缔结或参加的国际条约、协定,给予其他缔约方、参加方或者根据互惠、对等原则给予对方最惠国待遇或国民待遇。二是任何国家或地区在贸易方面对我国采取歧视性的禁止、限制或者其他类似措施时,我国可以根据实际情况对该国家或地区采取相应的措施。这表明我国同其他国家与地区的贸易关系应当建立在对等、互惠的基础上,而不能建立在差别待遇甚至歧视待遇的基础上。

(四) 外贸、外交相互配合的原则

外贸和外交的关系归根结底是经济和政治的关系,这两者是相互影响、相互作用的。对外贸易是一国与他国的商品交换活动,属于经济基础;外交负责处理一国与他国的政治问题,属上层建筑,所以,外贸是外交工作的基础之一,对外交活动有相当大的影响,外交为外贸服务是理所当然的。但政治是经济的集中表现,外贸又不能代表整个经济基础,为了整个国家的政治利益,外贸又要为外交服务,所以这两者是相互影响、相互作用又相互配合的。在很多时候,外贸还是外交工作的先锋和桥梁。先外贸后外交,通过友好贸易促进两国建交的例子是屡见不鲜的,但外贸也不能完全消极地服从外交,否则对外贸易也就起不到经济基础的作用了。

第2节 中国与主要发达国家的经贸关系

发达国家主要指北美洲的美国、加拿大、亚洲的日本、欧洲的欧洲联盟国家和大洋洲的澳大利亚、新西兰等国家。美国、日本、欧盟等主要发达国家是我国重要的贸易伙伴,我们应在平等互利的基础上积极发展与这些国家的贸易关系。

一、中国和美国的经贸关系

(一) 中美经贸关系的现状

中美两国自1972年恢复正常关系以来,双边经贸关系的发展大体上可以划分为三个阶段:第一阶段,从1972年中美关系正常化至1978年底。这一时期两国经济交往十分有限。1972年,中美双边贸易额只有1 300万美元,在中美正式建交前的1978年,贸易总额也只有9.91亿美元。第二阶段,从1979年中美正式建交至1989年。在这一阶段,中美于1979年7月签署了《中美贸易关系协定》,双方决定相互给予对方最惠国待遇,中美贸易合作开始快速发展。1979年中美贸易总额达到24.51亿美元,其中中国对美出口5.9亿美元,自美进口18.6亿美元,中方贸易逆差12.7亿美元。到1988年,中美进出口贸易总额达100.11亿美元,平均每年递增15.1%,当年美国成为中国的第三大贸易伙伴。而美国的统计数字显示,中美双边贸易额1979年23亿美元,到1985年达77亿美元,1989年则达到178亿美元。由于这一时期中美两国仍然将遏制苏联作为战略关系的基础

和最高目标,中美贸易也一直受到美国国会1974年通过的"杰克逊——瓦尼克修正案"的约束,所以中美经贸关系的发展起伏不定。第三阶段,是从1990年至今,这一时期,中美加速发展经贸关系的条件逐渐具备,双边贸易额获得跃进式增长。根据美国统计数字,1991年中美贸易达到了127亿美元,1992年为180亿美元,1993年为230亿美元。1994年5月,克林顿总统宣布将人权问题与中国最惠国待遇问题脱钩,美国对华经贸政策也开始作出重大调整。1999年11月15日,中美两国政府代表在北京签署了关于中国加入世贸组织的双边协议,大大加快了中国加入世界贸易组织的进程,也为中美经贸关系在双赢格局下长期稳定发展创造了条件。2000年5月,美国国会通过了对华永久性正常贸易关系法案。第四阶段,2001年在中国加入WTO后,美国总统小布什正式宣布解决中国永久性正常贸易待遇问题,消除了困扰两国关系多年的一大障碍。2009年1月20日,奥巴马正式宣誓就职。2009年11月15日至18日,奥巴马对中国进行国事访问,他是首位就任一年内访问中国的美国总统,奥巴马在职期间推出了一系列的新政来促进经济的繁荣,如金融救援计划,发展新能源,新的医疗改革计划、住房救助计划、通过减税、奖励、增加投资来增加就业机会等。就对华政策而言,奥巴马政府的对华政策不可能完全摆脱美国历届政府对华政策的总体框架而另辟蹊径。奥巴马政府所改变的只是其具体的对华策略,总的来说就是正视中国崛起的事实,加强与中国的合作,希望中国在国际上发挥越来越重要的作用。奥巴马与美国前几位总统不同,前几位的对华关系是先有波折后平稳,而奥巴马是先稳住局势,再来谈问题。奥巴马认为,国际上存在的主要问题,如果没有中国的参与,就无法成功解决。总体而言,奥巴马政府对中国的态度是积极的,希望和中国保持着稳定的经济局面。2012年11月,奥巴马连任美国第57届总统,奥巴马的连任对中美关系的进一步稳步发展起到了很好的促进作用。

中美经贸关系是中美关系的重要基础和组成部分。由于两国经济的强大互补性和双边经贸合作的巨大潜力,中美经贸关系一直持续快速发展。与中美两国建交时相比,目前的中美双边经贸关系发生了质的变化,合作方式向多元化、多样化发展;合作内容变得更加丰富,更具实质性;合作范围进一步扩大和深入。

1. 双边贸易和投资快速增长,相互依赖程度增强

据中国海关统计,1991—1994年,中美贸易总额分别为142.02、174.90、276.52和354.30亿美元。1995年突破400亿美元。1997年中美贸易额为489.9亿美元。1998年为549.4亿美元。1999年为614.3亿美元。2000年增至744.67亿美元,其中中国出口521.04亿美元,占中国出口总额的20.9%。2001年增至804.9亿美元,比2000年增长8.1%,其中中国出口542.8亿美元,同比增长4.2%,中国进口262亿美元,同比增长17.2%。2002年猛增至971.8亿美元,增长20.8%。其中中国出口699.5亿美元,增长28.9%;自美国进口272亿美元,增长 3.9%。2002 年中国已取代日本成为美国第三大进口来源国。2003 年中美进出口额首次突破千亿大关,达 1 263.3 亿美元,同比增长 37.6%,其中中国出口 924.67 亿美元,自美国进口 338.66 亿美元,中方贸易顺差 586 亿美元。2005 年中美进出口额又突破两千亿,达 2 115.1 亿美元,同比增长 24.7%。2006 年中美进出口额 2 626.7 亿美元。2007 年中美进出口额突破三千亿,进出口额达 3 020.7 亿美元,同比增长 15%。2008 年中美进出口额为 3337.4 亿美元。2009 年由于金融危机的影响中美进出口额出现小幅回落,仅为 2 982.6 亿美元,同比下降 10.6%。2010 年中美进出口额又出现大幅增长,达 3 853.8 亿美元,同比增长迅速,达 29.2%。2011 年中美进出口额突破四千亿美元,达到 4 465.8 亿美元,同比增长 15.88%,其中中国向美国出口 3 244.5 亿美元,同比增长 14.5%;自美国进口 1 221.3 亿美元,同比增长 19.6%。2012 年中美进出口总额 4 846.8 亿美元,同比增长 8.5%,其中中国向美国出口 3 518 亿美元,同比增长 8.4%;中国自美国进口 1 328.9 亿美元,同比增长 8.8%。2013 年 1~10 月中美进出口额 4 236.2 亿美元,同比增长 6.9%,其中中国向美国出口 2 996.3 亿美元,同比增长 3.6%,出口增速放缓,但进口增速有所加快,中国自美国进口 1 239.9 亿美元,同比增长 16.1%。

从 1979 年中美贸易有统计数字以来,两国贸易额 33 年增长了 180 倍。截至 2013 年 10 月,美国是中国第二大贸易伙伴国,而中国也是美国第二大贸易伙伴国。据美国商务部统计,2000 年,中国是美国的第八大出口市场,对华出口占美总额的 2.1%。2002 年中国已成为美国的第 7 大出口市场,对华出口的比重进一步增至 3.2%。2003 年 1~8 月,中国已成为美国第 6 大出口市场,美对华出口占美出口总额的比重也达到了 3.6%。截至 2013 年 10 月,中国是美国第 3 大出口市场和第一大进口来源地。自 2002 至 2011 年的十年间,两国的进出口额就增长了近 5 倍。

中美双向投资持续增长,投资领域不断扩大。美国的统计数字表明,20 世纪 90 年代以来,美国的对华直接投资持续攀升,年均增长近 40%。据中国海关统计,2002 年美国对华投资项目 3 363 个,比上年增长 29%;合同美资 81.6 亿美元,增长 8.5%;美资实际投入 54.3 亿美元,同比增长 22.4%;2003 年,美资实际投入呈逐年递减趋势,美资实际投入 41.99 亿美元,同比下降 22.67%。2004 年美资实际投入 39.41 亿美元,2006 年 28.65 亿美元。2008 年起美资实际投入开始出现不稳定的局面,2008 年美资实际投入 29.44 亿美元,2009 年上升到 35.76 亿美元,2010 年增长到 40.52 亿美元,而 2011 年又出现大幅下滑,美资实际投入仅为 29.95 亿美元。而中国对美直接投资仅为 18.11 亿美元。2012 年美国对华投资新设立企业 1374 家,同比下降 8.22%,实际投入外资金额 31.3 亿美元,同比增长 4.5%。自 1997 年至 2012 年,美国对华投资累计达 557.6 亿美元。2013 年 1~

11月,美国对华直接投资新设立企业994家,同比下降20.29%,实际投入外资金额31.62亿美元,同比增长17.36%。

美国已成为中国外资的最大来源国。目前美商投资绝大部分属于我国鼓励类项目,并以技术先进、管理水平高而著称,许多诸如在CDMA、飞机、汽车、计算机芯片、工程机械等领域的投资,为我国相关产业升级换代发挥了重要作用。同时,美国在华投资范围和领域十分广泛,在20多个省、市和自治区中有投资,涉及的行业包括机械、石油、电子、通讯、化工、纺织、能源、轻工业、食品、农业、制药业、旅游、保险、房地产、汽车以及航空工业等。美国500强企业中已有80%在华投资,而且投资企业总体经营状况良好。据中国美国商会2003年8月公布的《2003年白皮书》显示,65%以上的美国合资或独资企业处于盈利状态,44%的美资公司表示去年收入"大幅增长",10%的美资公司"盈利状况极佳",那些尚未盈利的公司中,有91%的公司预计在未来三年内将实现盈利。据美方统计,现在大中国市场(包括内地和香港)是美在发展中国家最大的海外投资收益来源地,2000年美从大中国市场的收益为70亿美元。

同时,中国在美国兴办的贸易型和非贸易型公司也呈增长趋势,2003年上半年新批中国在美投资企业29家,协议投资金额3 095万美元,中方投资2 687万美元,截至2003年上半年,经批准的中国在美投资企业共计732家,协议投资总额超过11.6亿美元,中方投资约8.6亿美元,涉及工业、科技、服装、农业、餐饮、食品加工、旅游、金融、保险、运输和承包等各领域。2011年中国对美直接投资18.11亿美元。随着双方贸易和投资的持续增长,中美双方各自在对方对外贸易中的地位上升,相互依赖程度增强。

2. 双边经济技术合作日益活跃,大型项目明显增多

2002年,中美签署了总金额高达47亿美元的五大经贸合作项目,其中中石化与美国埃克森美孚合作的炼油化工一体化项目就高达33亿美元。又如,青啤与美国最大啤酒制造商安布公司的战略性投资合作协议,上海制皂集团并购美国电池生产商莫泰克公司的合同生效及经营权转移协议,以及中国联通与摩托罗拉、朗讯、北方电讯和爱立信公司的CDMA二期工程通讯设备采购框架协议等,这些签约合同广泛涉及石油化工、电信、能源等重要领域,表明了中美经济合作领域的产业相互依赖格局正在形成。此外,中美汽车业的合作也是两国产业合作的一个亮点。美国通用汽车公司在上海浦东投资20亿美元与中方合作生产汽车。上汽与通用汽车全面合作,进军中国重型汽车和微型汽车市场,以高达9 960万美元的总投资,打造中国"重车巨人"和"微车巨人"。

3. 双边贸易的商品结构发生显著变化

20世纪80年代中期以前,我国对美出口产品主要是纺织品(约占40%以上)、工艺品、轻工品等劳动密集型产品。到90年代后期,虽然家用电器、机床及部分高新技术产品在出口总额中的比重有所变化,但总额仍然不是很大。2002年,中国对美出口商品的贸易结构发生显著变化,对美出口结构基本改变了以服装、鞋帽、纺织品为主的经贸格局,机电、通讯类商品在中国对美出口中的比重大幅上升。根据美国商务部的统计,2002年中国对美出口排在前五项的商品分别是杂项制品(19.44%)、办公用机械及自动数据处理设备(11.7%)、电信及声音的录制及重放装置设备(10.74%)、鞋靴(8.7%)、电力机械器具(8.09%)。我自美进口以机电、高新技术产品和相关农产品为主。2006年,美国对中国的前30大类进口商品均有不同程度的增长,其中,增幅较高的有钢铁制品(35.0%)、有机化学品(30.2%)、贱金属器具(78.6%)和印刷品(31.0%)。由于重新实施了纺织品贸易的配额管理,中美纺织品贸易实现温和增长,增幅回落。美国自中国进口非针织或非钩编的服装、针织或钩编的服装分别增长15.9%和21.8%,而上年则分别增长54.6%和60.2%。2007年,美国自中国进口的主要商品为机电产品、家具玩具和纺织品及原料,全年合计进口2 202.3亿美元,占美国自中国进口总额的69.4%。中国在劳动密集型产品的出口上继续保持优势,家具玩具、鞋靴伞等轻工产品以及皮革制品和箱包分别列美国自中国进口大类商品(HS类)的第二位、第五位和第七位,占美国进口市场的63.8%、73.4%和65.8%。自2008年起,美国自中国的进口商品均以机电产品、家具玩具和纺织品及原料为主,2008年分别进口1455.0亿美元、484.6亿美元和314.9亿美元。另外,贱金属及制品、鞋靴伞等轻工产品、塑料橡胶和化工产品也为美国自中国进口的主要大类商品。2009年美国自中国的进口商品中机电产品、家具玩具和纺织品及原料全年分别进口1353.7亿美元、409.2亿美元和309.0亿美元,占美国自中国进口总额的45.7%、13.8%和10.4%,下降了7.0%、15.6%和1.99%。2010年美国自中国的进口商品中机电产品、家具玩具和纺织品及原料全年分别进口1 735.5亿美元、469.5亿美元和370.3亿美元,占美国自中国进口总额的47.6%、12.9%和10.2%,增长28.2%、14.8%和19.9%。2011年美国自中国的进口商品中机电产品、家具玩具和纺织品及原料全年分别进口1935.5亿美元、452.1亿美元和392.6亿美元,占美国自中国进口总额的48.5%、11.3%和9.8%,其中机电产品和纺织品增长11.5%和6.0%,家具玩具下降3.7%。中国的家具玩具、鞋靴伞等轻工产品和皮革制品箱包占美国进口市场的63.3%、74.5%和67.4%,具有绝对竞争优势,中国产品的竞争者主要来自墨西哥、越南和意大利等国家。同时,中国居美国机电产品、纺织品及原料和塑料橡胶进口的首位,分别占其市场份额的34.2%、37.8%和22.0%。2012年美国自中国的进口商品以机电产品为主,全年进口额2 098.3亿美元,占美国自中国进口总额的49.3%,增长8.4%。家具玩具、纺织品及原料和贱金属及制品分别居美国自中国进口的第二、第三和第四位大类商品,进口额分别为468.0亿美元、392.9亿美元和211.3亿美元,占美国自中国进口总额的11.0%、9.2%和5.0%,增长3.5%、0.1%和6.7%。2013年美国自中国进口的商品以机电产品为主,1~9月进口额1 563.0亿美元,占美国自中国进口总额的48.7%,增长4.1%。其中,电机和电气产品进口836.5亿美元,增长7.8%;机械设备进口726.5亿美元,增长0.2%。家具玩具、纺织品及原料和贱金属及制品分别居美国自中国进口商品的第二、第三和第四位。中国的家具玩具、鞋靴伞等轻工产品和皮革制品箱包占美国进口市场的59.3%、70.6%和62.7%,具有绝对竞争优势,中国的竞争者主要来自墨西哥、越南和意大利等国家。中国同时也是美国机电产品、纺织品及原料和塑料橡胶的首位来源国,占市场份额的35.3%、37.7%和25.2%,具有较强的竞争优势。

(二) 中美经贸关系中存在的主要问题

1. 双边贸易不平衡状况加剧

按美方统计,美国对华贸易自1983年起就出现逆差,其后不断扩大,1996年贸易逆差额达395亿美元,使中国成为仅次于日本的美国第二大贸易顺差国,2000年,美国贸易逆差额更高达1 000.63亿美元。而按中方统计,在1992年以前,中国对美贸易一直是逆差,1993年起才转为顺差,并且1996年的顺差额仅为105亿美元,2000年的顺差额为297.4亿美元,美方统计数字竟比中方统计数字高出703.22亿美元。据中国外经贸部统计,2002年中国对美贸易顺差为427.2亿美元,比2001年同比增长52.1%。2002年美国对华贸易逆差高达1031.2亿美元。2003年至2006年中国对美贸易顺差保持着每年25%以上的增长速度,2003年中国对美贸易顺差586亿美元,2004年达802亿美元,2005年达1 142亿美元,2006年达1 442亿美元,2007—2009年受美国次贷危机的影响,美国经济萧条,进出口贸易受到严重影响,中国对美贸易顺差也出现下降,2009年中国对美贸易顺差首次出现负增长。2010年美国经济逐步恢复,2011年中国对美贸易顺差达到2 023亿美元,又创历史新高。中美长期的贸易不平衡对两国之间的关系产生了一定的不利影响。然而就我方统计数据而言,中国对美国的贸易顺差直至2005年才超过1 000亿美元,而根据美国商务部公布的数据,2002年中国对美国的贸易顺差就已经高达1 031.2亿美元。2013年1~10月中方统计中美进出口额4 236.2亿美元,其中中国向美国出口2 996.3亿美元,中国自美国进口1 239.9亿美元,中方贸易顺差1 756.4亿美元。而据美国商务部统计,2013年1~10月,中美货物进出口额为4 585.2亿美元,其中美国自中国进口3 627.7亿美元,美国对中国出口957.5亿美元,美方贸易逆差高达2 670.1亿美元,双方统计数据差额竟达913.7亿美元。

为了查清中美双方在统计上的原因所造成的差异究竟有多大,1994年,在中美商贸联合委员会下成立了双边贸易统计小组,进行专题研究。通过一年多的努力,比较了中国、美国和中国香港1992年和1993年的贸易统计数据,双方得出三点结论：① 美方的进口统计因忽视转口和转口增加而高估了从中国的进口。货物离开中国后在第三方增加的价值不应该计算为中国的出口。② 美方的出口统计因忽视转口而低估了对中国的出口。③ 美国确定货物原产地所采用的方法，导致双方统计上的差异。据此，该小组认为，仅因转口因素，1992年和1993年美国统计的对华逆差平均被高估40%。在差异如此巨大的统计数字指导下，中美两国对双边贸易的不平衡有着各自不同的理解。美国依据其至少夸大了1/3的统计数字认为，美国的对外贸易逆差有相当部分源自中国，因此，近年来，对华贸易逆差问题在美国逐渐升温。

2. 相互展开反倾销调查成为双方经贸关系的新焦点

反倾销是美国用来保护其国内生产商不受不公平竞争损害的最为有效的一种方法。在中美WTO协议中，美国认为中国是一个"非市场经济"国家，中国政府对企业出口的补贴过高，美国将根据协议条款继续实施对华反倾销政策。20世纪90年代以来，随着中美贸易的不断发展，美国对中国产品实行反倾销案件不断上升。美国立案调查的反倾销案中有半数是针对中国产品，迄今对中国产品实施近一百起反倾销措施。近年来，面对中国快速增长的对美出口形势，美政府加大了对华反倾销调查的力度，先后对我输美轴承、用于炼钢的钒铁、搬运物体的制动器装置、可锻性铸铁管件展开反倾销调查或征收高额反倾销税。2003年11月一个月之内，美国连续4次发动对中国生产的纺织品、胸罩、袍服、电视机、铸铁钢管和木制卧室家具进行反倾销调查和征收高额反倾销税。在美国对华反倾销调查指控压力加大的情况下，中国开始利用世贸组织的有关条款反击美国的不公正做法，2002年首次对美国的进口苯酚产品、铜版纸进行反倾销立案调查。2003年，中国企业对美反倾销群起反击，积极应诉。相互开展反倾销调查成为中美双边经贸关系的新焦点，对未来双边经贸发展产生重要影响。2006年美国对华贸易限制措施出现新动向：美国虽然对华发起反倾销调查的数量不多，但在反倾销规则上更加严格。2006年11月，美国商务部宣布对来自中国的铜版纸同时发起反倾销和反补贴调查，这是美国自1991年以来对中国发起的首例反补贴诉讼。2006年，美国前所未有地对中国产品发起13次337起调查，是2005年7次调查的近两倍。另外，美国对华出口管制、中国市场经济地位以及知识产权保护等也是中美经贸关系中的焦点问题。

3. 中美知识产权纠纷进入新阶段

中美知识产权领域的纠纷由来已久，而且，纠纷的演变与中美经贸关系的发展是紧密相连的。纠纷产生的根源在于经济利益。1991年、1994年、1996年美国三次宣布将中国列入未能对美国的知识产权进行保护的"特殊301条款"的"重点国家"，2000年、2001年，美国又宣布将中国列入知识产权保护监控国家名单，双方经过艰苦谈判，最终达成保护知识产权谅解备忘录和协议。从中美知识产权纠纷的内容看,可以分为三个阶段,第一阶段是:1979—1994年,美国重点关注的是中国知识产权保护的立法进展以及法律的完备性;第二阶段是1995—2001年,美国重点关注的是中国是否依法保护知识产权,强调执法制度的健全和执法机构的完善。第三阶段是2001年至今,2001年底,中国加入了WTO,开始履行《与贸易有关的知识产权协定》,这也标志着中美知识产权纠纷进入一个新阶段。尽管入世两年来,中国已经按入世协定修改或重新颁布了有关的知识产权法律法规(关于集成电路、计算机软件、医药品等方面),但中美知识产权纠纷仍有升级的危险,美国关注的重点已经转向要求中国"严格执法",以便为美国企业开辟更大的市场。在美国贸易代表提交的《中国履行WTO协议》2003年报告中,强调了"美国把解决中国对知识产权方面的执行问题置于第一要务",要求中国加强行政处罚、民事赔偿、刑事惩罚的力度,制止侵权行为的蔓延。2003年,在中美经贸关系上,除人民币汇率问题外,美国最关注的就是知识产权问题。随着中美双边贸易的急剧增长,在知识产权领域的纠纷将继续加剧。

4. 美对华高技术出口管制更为严厉

美国对华出口管制政策的目的就是要在经济和安全两者之间取得平衡。为此,美国政府规定美对华出口的许多产品必须由美国商务部发放许可证。因此,在我国技术引进国别地区排序中,美国基本位居第(二)三位,在我国技术引进总额中所占比例不大,与美国科技大国的地位不相称。布什政府上台后,进一步实施对中国的技术出口限制,并通过紧急授权维持美国《出口管理法》到期后出口管理制度的效力。2002年,布什政府敦促国会尽快通过新的《出口管理法》,通过对包括中国在内的国家实施更为有效的出口管制方式,保护美国的"国家安全利益"。虽然中国呼吁美国政府加强对华技术转让,中美两国还签署了民用技术合作协定,但美国政府仍继续对中美在技术合作方面的进展采取"打压"的立场。2002年底,美国国务院再次指责休斯电子公司和波音卫星系统公司向中国提供卫星和火箭技术,并向联邦法院提交了32页的"指控书",说明美国对华政策中戒备和防范中国崛起的成分并没有因"中美建设性合作关系"的加深而减少。中美技术转让与合作仍然是两国经贸关系中最为滞后的领域,成为发展两国经贸关系的一大制约因素。2006年,美国商务部公布《对中华人民共和国出口和再出口管制规则的修改和澄清及新的授权合格最终用户制度(草案)》,该规定对现行对华出口管制作了大幅修订。新规则使出口许可证审查本质性地向不利于我国的方向变化,增加了出口流程的长度和难度。2007年6月15日美国商务部公布了新的对华高科技产品出口管制清单,这些受限的产品、技术和软件共涉及20个大类、31个条款。如果美国放松对华技术出口限制,就可以有效地降低其对中国的贸易逆差。

5. 农产品、纺织品贸易摩擦不断

农产品贸易是中美贸易的重要组成部分,从20世纪90年代初至今,美国对华农产品出口增长了 1.5 倍,进口增长了 2.7 倍,中国是美国农产品出口的主要市场之一,位居第五。按美方统计,2002 年,美国向中国出口农产品 20.7 亿美元,主要是大宗农产品,如大豆和谷物等;从中国进口 10 亿美元,主要是消费类农产品,如蔬菜、水果、肉类和加工制品。按照中方统计,2002 年中国对美国出口农产品 16.3 亿美元,美国是中国农产品出口的第四大市场。2003 年 1~11 月,中国从美国进口农产品 15 亿美元。美国是中国最大农产品进口国。在中美两国政治意愿的推动下,2003 年 1~9 月,按美方统计,美国对华出口农产品 29 亿美元,比 2002 年同期增长了 102%。其中大豆出口达到创纪录的 12 亿美元,棉花出口 3.37 亿美元,同比增长 478%。

  2002 年 3 月 20 日起,中国开始实施新食品法,对大豆和玉米等转基因农产品的进口加以限制,影响到美国的农产品出口,美方认为农产品贸易"已证明是美国和中国之间特别有争论的问题"。为解决这一问题,中美双方进行了多轮磋商,最终就转基因问题达成了协议,暂时避免了中美之间爆发新的贸易战。近年来,美国更多利用检验检疫手段来限制中国的农产品,中国对美出口的水果、盆景、水产品等,都碰到了各类严格标准及其实施程序的限制,美国也认为中方设置了不合理的食品和动植物检验检疫标准。检验检疫问题也日益成为主导中美农产品贸易战的主要方面,2002 年,美国国会通过《2002 年农业法》,贸易保护倾向进一步加强,不仅增加了补贴力度,而且扩大了补贴范围。增加了 80% 的补贴,使补贴额达到年均 190 亿美元。中美作为全球的农产品生产和贸易大国,在农业领域的贸易也将在动态的摩擦中发展,农产品贸易日益上升为今后中美爆发贸易战的雷区之一。纺织行业是中国出口创汇的生力军。多年来,美国对我输美纺织品一直实行严格的配额管理制度,不断制造各种借口,限制我纺织品输美。随着中国入世,2002 年第一季度,中国对美纺织品出口剧增 27%,超越墨西哥、加拿大重登对美纺织品出口头把交椅。根据美国纺织品制造商协会的统计,2002 年上半年,中国对美国的纺织品服装出口增加到 9 亿平方米。在中国对美纺织品出口激增的情况下,2002 年 9 月美国纺织生产商协会(ATMI)指责中国企业利用低价倾销手段冲击美国市场,要求美国纺织品协议执行委员会(CITA)对从中国进口的五种纺织服装商品施行特别保障措施。2003 年 10 月,美国宣布对中国乳罩、袍服、针织品三大类纺织品设立新的配额限制,纺织品领域贸易摩擦不断。2012 年 11 月 19 日,美国国际贸易委员会做出日落复审裁定,认为从中国进口的蜂蜜产品将在可预见时间内给美国相关产业造成持续的实质性损害,决定继续维持对该产品征收反倾销税。美国从 2001 年 12 月起对中国产蜂蜜征收反倾销税,此次为第二次日落复审,目前的反倾销税率为 25.88% 至 183.80%。11 月 30 日,美国商务部公布有关我输美柠檬酸和柠檬酸盐产品 2010 年度反补贴行政复审终裁结果。强制应诉企业山东日照金禾生化集团股份有限公司获得 5.27% 的反补贴终裁税率,与初裁税率一致。2013年1月18日,美国商务部对产自中国的暖水虾发起反补贴调查。这是美方首次在原有反倾销措施基础上发起反补贴调查。据美方统计,2011年中国对美出口暖水虾达1.59亿美元。2004年,美对该产品发起反倾销调查。2005年,美发布肯定性终裁,应诉企业倾销幅度从27.89%~82.27%不等,未应诉企业税率为112.81%。随后,我两家涉案企业将美商务部诉至美国际贸易法院,成功将反倾销税率降至5.07%和8.45%。10月24日,美国商务部发布公告,决定对原产于中国和印度尼西亚的谷氨酸钠发起反倾销、反补贴调查。

6. 人民币汇率问题

人民币汇率问题近年来是美国最为关注的一个问题。人民币升值主要面临外部的压力和内部的动力两个方面。2003年6月起,人民币升值的主要外部压力从日本转向了美国。2003年6月和7月美国财政部长John Snow和美联储主席Alan Greenspan先后公开发表谈话,希望人民币选择更具弹性的汇率制度,认为盯住汇率制度最终会损害到中国经济。随后美国的商务部长、劳动部长也发表了类似的观点。此外,美国的一些利益集团,以健全美元联盟为代表,在要求人民币重估方面表现最为积极,美国方面有关情绪随着斯诺2003年9月的访华而达到高潮,这次访问也被称为"汇率之行"。美国方面希望人民币升值的主要理由是中国的货币操纵造成了美国严重的制造业失业问题。他们认为,中国、日本、韩国、中国台湾等国家和地区为了获得巨大的出口竞争优势,故意操纵货币的汇率,尤其是中国人民币存在着严重的低估现象。正是这一现象使美国的制造业发展出现萎缩,企业大量倒闭,带来了严重的失业现象,到2003年6月美国的失业率已经达到了6.4%,其中90%的失业是制造业的失业,而且美国对中国的贸易赤字在过去几年里也大幅增加,中国由此累积了巨额的外汇储备,到2004年底已经达到了6 099亿美元。所以说,中国需要为美国的经济下滑和失业增多负责,美国政府必须给中国政府施加更大的压力。外部面临着巨大的升值压力。而从我国国内的国际收支、外汇储备状况、物价水平和通货膨胀状况等情况来看,人民币也存在着升值的趋势。近年来,人民币对美元汇率在震荡中缓慢上升,目前的美元兑人民币的汇率约为1美元兑6.071 8人民币元。目前,在中国逐渐履行"入世"承诺、开放国内市场以及逐步进行金融改革之关键时刻,人民币升值对中国而言意味着国际竞争力的减弱,外资流入的减缓,可能引发的金融不稳定以及经济增长率下降。对美国而言,从经济层面看人民币升值也是有害无益的,不仅会损及在华投资的美商,而且会伤害美国从事中美贸易的中间商与零售商,从而伤害美国消费者,因此,美国要求人民币升值是不公正和有害的。

(三) 中美经贸关系的发展前景

中美经贸关系经过二十多年的发展,已经成为两国在21世纪共同利益的汇合点和重要交叉点,在整个中美关系中占据非常重要的地位,并开始主导甚至决定中美关系的发展方向。中美经贸关系的发展前景是广阔的。

1. 作为世界上最大的发展中国家和最大的发达国家,中美进一步发展经贸合作符合两国的根本利益

中美两国在自然条件、人力资源、市场、资金、技术和出口产品结构等方面互补性较强,这是促进中美经贸关系快速发展的最直接动因,中美经贸合作充分体现出两国经济互为补充的比较利益的优势,中国劳动密集型产业的优势和美国技术密集型的优势不构成矛盾,相反,两者是互补的,互补带来了互利,中美经贸合作是建立在互利互惠和双赢的基础上的。从美国方面来看,加强与中国的经贸关系符合美国的战略定位、战略利益和发展需要,加强与中国经贸关系,可以解决美国自身存在的经济难题,可以使美国扩大与中国的经济往来,占领更多的中国市场,增强美国企业与日本、欧盟等贸易伙伴的国际竞争力,这些已成为美国近几届政府共同追求的目标。从中国方面来看,扩大与美国的经济交往,加强与美国的经贸关系不仅有利于中国产品在美国市场的拓展,也可以获得更多的、中国急需的美国资金和技术,加速中国建设现代化的进程,这也是中国与美国发展经贸关系的根本利益所在。

2. 中美经贸关系发展的潜力依然巨大,两国经济的持续增长,为经贸合作的加强提供了可能

尽管中美经贸关系近年来发展很快,但对于美国这样的世界贸易强国来讲还远远不够。近年来美国每年的贸易额高达 3 万多亿美元,而中美贸易才 4 000 多亿美元;美国在国外的投资是 12 000 多亿美元,而在华投资仅仅 557 亿美元。自 2009 年金融危机过后,美国经济逐渐复苏,国内生产总值保持着稳步增长,年增长率 2%,而中国经济在政府基建投资和其他经济刺激措施的激励下,经济增长迅速,2011 年经济增长率高达 9%。中美两国经济的持续增长为双边贸易关系的扩大和加深奠定了良好的物质基础。

3. 改善中美贸易不平衡问题,需要两国的共同努力

中方希望美方放宽对华高技术出口限制,避免将贸易问题政治化。中国加入 WTO 后,市场进一步开放,市场规模也将进一步扩大,不断发展的中国经济将为美国企业提供巨大的商机。中美双方应增进相互了解和信任,努力排除非经济贸易因素的不利影响,以平等协商、积极务实的态度,解决经贸关系发展过程中出现的问题,共同促进中美经贸关系的健康稳步发展。

但是,我们也要看到,在布什政府贸易保护主义政策不断加强的情况下,中美经贸关系的发展也面临许多挑战和难题,如双边在贸易不平衡问题上的争论将进一步突出,中国面临来自美国的压力将会加大;美国把中国作为反倾销重点对象的趋势将持续扩大,反倾销问题将成为中美经贸关系的焦点难题等。

2003 年 12 月,温家宝总理访问美国,提出了发展中美公平贸易和经济合作的五条原则,这五条原则是:第一,互利共赢,从大处着眼,既要考虑自身利益,又要考虑对方利益。第二,把发展放在首位。通过扩大经贸合作来化解分歧。第三,发挥双边经贸协调机制作用。及时沟通和磋商,避免矛盾激化。第四,平等协商。求大同存小异,不动辄设限和制裁。第五,不把经贸问题政治化。这五条原则是建立在世贸组织框架和国际贸易基本准则基础上的,也是正确认识和妥善处理今后一个时期中美贸易可能出现的分歧和摩擦所需要的,原则的核心和精髓是六个字:发展、平等、互利。发展是动力,平等是前提,互利是目的。

近 10 年来,中美贸易发展迅速,中美经贸关系也在健康稳步地发展。2013年 1 月胡锦涛主席访美,开启了中美共同建设互相尊重、互利共赢合作伙伴关系新阶段。2013 年 3 月习近平任中华人民共和国主席,同年 6 月 8 日,习近平主席访美,与奥巴马总统会晤,在会晤中,习主席用三句话对中美关系做了概况:一是不冲突、不对抗。就是要客观理性看待彼此战略意图,坚持做伙伴、不做对手;通过对话合作、而非对抗冲突的方式,妥善处理矛盾和分歧。二是相互尊重。就是要尊重各自选择的社会制度和发展道路,尊重彼此核心利益和重大关切,求同存异,包容互鉴,共同进步。三是合作共赢。就是要摒弃零和思维,在追求自身利益时兼顾对方利益,在寻求自身发展时促进共同发展,不断深化利益交融格局。

在未来的日子里,中美经贸关系的前景是机遇和挑战并存,为了在新世纪维护一个稳定健康的中美经贸关系,双方应站在时代高度,以战略的、长远的、发展的、建设的眼光来对待和处理分歧,在有共同利益的领域加强合作,在有分歧的地方相互探讨,切实遵守国际关系基本准则和世界贸易组织规则,中美经贸关系就能不断地迈上新台阶,中美经贸合作也必将进入一个新的前景更为广阔的阶段。

二、中国和日本的经贸关系

(一)中国和日本经贸关系的现状

中日两国是一衣带水的邻邦,中日两国的贸易关系有着悠久的历史。新中国成立后,当时的日本政府追随美国对中国实行封锁禁运,两国贸易量很小,只有少量的民间贸易。1972 年中日两国实现邦交正常化,这是两国经贸关系的转折点,中日贸易快速发展。进入 80 年代初,中国改革开放全面展开,中日贸易更呈现出快速增长的势头。1972 年,两国贸易总额只有 11 亿美元,1982 年就达到了 88.63 亿美元,增加了 7 倍多,1983 年即突破 100 亿美元大关。1989 年的政治风波使 1990 年的中日贸易受到巨大影响,1990 年的贸易总额比 1989 年下降 11.84%。

进入 20 世纪 90 年代以来,中日经贸关系发展迅速,呈现出如下几个特点:

1. 双边贸易持续高速增长

1991 年日本率先打破了西方国家对华制裁,中日贸易从 1991 年起开始恢复,随即显示迅速增长的势头,1991 年双边贸易额达 228 亿美元,在 1991 年、

1992年、1993年、1994双边贸易额年和1995年,中日贸易总额分别增长达22.3%、25.1%、53.8%、22.7%和17.99%。1994年双边贸易额达478.92亿美元,占中国进出口总额的22.34%,日本成为中国的第一大贸易伙伴。1995年双边贸易额已达574.6亿美元。在1997—1998年间,由于受亚洲金融危机和国际市场需求变化的影响,中日对外贸易有所下降。到1999年双边贸易额达661.67亿美元,占中国进出口总额的18.34%。2000年贸易总额达到831.7亿美元,与上年同比增长25.7%。2001年,虽然中日之间发生了严重的贸易摩擦,但中日贸易仍再创历史新高,按中方统计,贸易总额达到877.5亿美元,同比增长5.5%,其中中方对日本出口为449.6亿美元,同比增长7.9%,中国从日本进口为428亿美元,同比增长3.1%。2002年中日双边贸易继续保持高速增长态势,并创历史新高,据中国海关统计,2002年中日贸易首次突破1000亿美元大关,达到1019.05亿美元,较上年增长16.2%,其中,我国对日出口484.4亿美元,同比增长7.8%;自日进口534.7亿美元,同比增长25%,2002年中日贸易占中国对外贸易总额的16.4%,日本继续为我国第一大贸易伙伴。2002—2005年两国贸易总额呈现稳步增长,2006年两国贸易总额再次突破两千亿大关,达到2072.9亿美元,2007年达到2 359.5亿美元,2008年再增长到2 667.3亿美元,2009年出现回落,仅为2 287.8亿美元,2010年又出现大幅增长,两国贸易额为2977.8亿美元,同比增长30.67%。据统计,2002—2011这十年间,中日贸易以年均15%的速度增长,高于同期中国对外贸易年均增长的速度。中日贸易在中国对外贸易的比重中虽然一直居较高水平,但是由于中国对外贸易增长迅速,这一比重呈下降趋势。1999年,中日贸易额占中国对外贸易的比重为18.3%,2000年则降为17.6%,2001年降为17.2%,2002年降至16.4%,2003年降为15.7%,2004年降为14.5%,2005年降为13%,2006年降为11.8%,2007年降为10.8%,2008年降为10.4%,2009年降为10.36%,2010年降为10%,2011年降为9.4%。但在日本对外贸易中,这一比重则是不断上升的。2000年,中日两国的贸易额占日本对外贸易总额的比重为9.9%,2001年上升为11.8%,首次突破10%大关,2002年达到了13.5%,2005年17%,2006年17.3%,2007年升至17.7%,2008年占比稍许回落,降至17.4%,2009年又继续攀升至20.6%,2010年达到最高值,占比约为20.7%,2011年稍许回落降至20.6%,2012年降至19.7%。由此可见,中国在日本对外贸易中的重要性。截至2013年9月中国是日本第二大出口目的地和第一大进口来源地。

与中美贸易不同,在中日贸易中,中方长期处于逆差位置,从2002年的中方逆差50亿美元,到2003年突破100亿美元,此后中方长期逆差,2011年中国对日贸易逆差达462亿美元。

2. 日本对华投资增加,项目趋于大型化

日本是向中国进行直接投资的主要国家之一,90年代初期日本企业对中国直接投资项目每年不到 600 个,合同金额最多不到 9 亿美元,实际执行只有 5 亿多美元。2000 年以来,日本对华投资不仅投资项目和金额增加,一些大企业和跨国公司对中国的投资也在迅速增长。自 1997 年至 2012 年底,日本对华直接投资达 728.99 亿美元,其中 2011 年出现大幅增长,投资金额为 63 亿美元,比上年增长 56%。2012 年日商对华直接投资金额为 73.5 亿美元,占中国全部对华投资的 5.9%。2013 年 1~9 月日本对华直接投资 59.37 亿美元。日本对华直接投资具有以下特点:一是虽然在投资金额上居中国第二位,落后于中国香港,但在实际投资金额上,资金到位率居首位,日本投资项目成功率比较高,大部分投资企业营运情况良好,但每个项目的平均投资额低于其他投资国家和地区。二是近年来,日本以电机、水泥等为重点的大型投资项目增多;汽车行业改变以往对华投资不积极的态度,加快了进入中国市场的步伐;对能源、交通、通讯、原材料等基础产业的投资增加;在商业和流通领域的投资活跃;投资区域已从沿海向内地扩展。

3. 中日进出口商品结构发生变化

2002 年我国对日机电产品及高科技产品保持较为旺盛的增长势头,中国机械机器超过了纺织品,成为对日出口的第一大商品,而传统轻纺类产品、农产品和矿产品的出口均呈下降局面。2002 年我国自日进口除纺织品原料及其制品外,均呈大幅度增长态势,特别是汽车及汽车底盘进口增幅最大,其他机电产品也保持较高增长,表明我国履行入世承诺已大幅降低工业品关税以及国内经济保持快速增长带动机电产品等市场需求旺盛。2013 年日本对中国出口的主要产品是机电产品、化工产品和贱金属及制品,1~9 月出口额分别为 370.9 亿美元、109.8 亿美元和 106.3 亿美元,下降 20.9%、增长 12.2% 和下降 15.1%,占日本对中国出口总额的 39.4%、11.7% 和 11.3%。在所有对中国的出口商品中,运输设备降幅居前,为 24.1%。日本自中国进口的主要商品为机电产品、纺织品及原料和家具玩具,1~9 月进口额为 578.1 亿美元、215.3 亿美元和 77.0 亿美元,分别下降 1.2%、3.9% 和 8.7%,占日本自中国进口总额的 44.0%、16.4% 和 5.9%。在日本市场上,中国的劳动密集型产品依然占有比较大的优势,如纺织品及原料、鞋靴伞和箱包等轻工产品,这些产品在日本进口市场的占有率均在 60% 以上,在这些产品上,中国的主要竞争对手来自亚洲国家(如越南、泰国、中国台湾省)以及意大利、美国等。

4. 日本对华提供的政府开发援助(ODA)最多

日本政府开发援助(ODA)主要包括日本政府贷款(日元贷款)、无偿援助和技术合作部分,截至 2002 年底,日本累计向中国承诺政府贷款 29504.89 亿日元,项目数达 199 个,用于基础设施、能源、环保、教育等领域的建设,自 2001 年以来,日本政府将过去的一次承诺 5 年的贷款金额及项目的做法改为一次仅承诺一年的贷款金额及项目。2002 年度,日本政府对华无偿援助金额为 61.5 亿日元(约合5 100万美元),项目为10个,截至2002年底,中国共接收日本无偿援助累计1 279.72亿日元。2003年,日本政府对《ODA大纲》进行了自制定后的第一次修改,对ODA在新时期的发展提出了新的要求。从1979年到2004年,累计总额已达3.1万亿日元(约合1 651亿人民币),约占中国接受外国政府贷款总额的一半左右。日本对华援助(ODA)始于1979年,截至2009年底,援助总额约达36 412亿日元(相当于350亿美元),占中国接受外国政府贷款总额的40%左右。其中,约90%的对华援助属于低息贷款,中国将资金用于铁路和发电站等基础项目的建设。2008年,日本政府终止了对华有偿援助,只保留无偿援助和技术援助项目。统计数据显示,日本2009年对中国的ODA为6 300万美元,其中包括技术和资金援助。

5. 经贸范围不断扩大,形式更加多样化

从80年代起,中日两国的经贸关系已从单纯的商品贸易扩大到了包括货物贸易、技术贸易、相互投资、政府资金合作等全面的经济合作,如加工贸易、综合性的长期补偿贸易、石油、煤炭等领域里的合作开发等,这些新的贸易方式,有力地促进了中日贸易的发展。

(二) 中日经贸关系中存在的主要问题

随着中日经贸关系的不断扩大,经贸摩擦的问题也随之产生,并已成为两国关系发展中的不容忽视、不可回避、急需解决的问题。

1. 近年来两国贸易摩擦加剧

2000年12月,日本政府宣布对从中国进口的大葱、鲜菇、蔺草席三项农产品实施设限调查,紧随其后,又对中国水产品、多种纺织品、轻工产品进行设限;2001年4月,日本政府不顾中国坚决反对,单方面启动对大葱、鲜菇、蔺草席三农产品实行200天的临时设限措施,日本政府又突然宣布停止中国家禽进口,将8.8亿美元中国产家禽拒之门外。同时,日本方面将贸易战从农产品扩大到工业品,从启用保障条款到采取技术壁垒措施,涉及金额高达36亿美元以上。针对日本采取的措施不断升级,中国政府于2001年6月,宣布对原产于日本的汽车、空调、携带电话征收特别关税,予以有力的回击。2010年2月份,日本共发布食品扣留通报110批次,环比下降20.3%,同比增长11.1%。其中,扣留中国食品最多,为29批次(不包括中国台湾2批次),同比增长26.1%;环比增长31.8%。在扣留中国食品中,玩具、厨房用具、餐具以及添加剂类产品居多,共有15批次;从扣留中国食品的产地看,来自广东省的食品数量最多,为10批次;从扣留中国食品的原因看,因材质及原材料规格不合格而被扣留的产品最多,为15批次;从对中国食品的检查方式看,采取自主检查的食品数量最多,为17批次;从对中国食品的处理措施看,除1批次采取了"调查中"的处置方式外,其他28批次均采取了"全部封存"的处理措施。

2. 日本对华进口产品实行苛刻的检疫手段

2002年以来,日本政府针对中国输日蔬菜、冷冻食品实施强化检疫。据不完全统计,2002年1月至7月,日本监控中国进口蔬菜5523次,称其中有14项检查发现超过正常残留农药或化肥标准;实施命令检查1478次,出现超标现象22项;对中国进口冷冻蔬菜检验944次,发现超标现象42项。在媒体的炒作下,将从中国进口的部分蔬菜、冷冻食品等同于"毒菜",吓得日本消费者不敢吃从中国进口的食品。受此影响,中国对日本出口蔬菜、冷冻食品数量、金额由多年持续增长转为连月下降。现在,检疫问题已成为中日经贸摩擦的一个新焦点。

(三) 中国和日本经贸关系的发展前景

中日经贸关系的发展,尽管还存在着一些不利因素和困难,但总是在不断前进的,合作领域不断扩大,贸易迅速发展。从长远看,发展中日经贸关系的有利条件多于不利条件,两国的经贸合作前景是广阔的。

1. 发展中日经贸关系的有利条件

第一,发展中日经贸关系具有良好的政治基础,符合两国人民的根本利益。自1972年中日邦交正常化以来,中日两国政府都十分重视发展睦邻友好关系和经贸关系,1978年缔结了《中日和平友好条约》,1983年两国政府确定了发展两国关系的基本原则是:和平友好,平等互利,相互信赖,长期稳定。1984年两国领导人互访,成立了中日友好21世纪委员会。1999年江泽民主席访日,中日共同发表了《中日共同宣言》、《行动计划》及《四项课题》(历史问题、政治问题、军事问题、领海主权与海洋权益问题),以"构筑致力于和平与发展的友好合作伙伴关系"。这些为发展中日关系和经贸关系奠定了基础。2008年5月,胡锦涛主席对日本进行国事访问。胡锦涛在同日本首相福田康夫会谈时强调,中日关系正站在新的历史起点上,面临进一步发展的新机遇,双方应共同努力开创中日战略互惠关系、全面发展新局面。胡锦涛就推进中日关系和扩大两国交流合作提出重要建议。2009年12月14~16日国家副主席习近平访日时说,中日邦交正常化37年来,两国关系取得了前所未有的发展。胡锦涛主席2008年5月对日本进行成功的国事访问,使两国关系站到了新的历史起点上。日本新政府2009年9月成立后,两国关系迅速实现良好开局。中日关系的改善和发展,给双方带来重要利益,也促进了亚洲与世界的和平、稳定、繁荣。

第二,中日贸易发展具有互补性。中日经济处于不同的发展阶段,中国是一个发展中国家,日本是最发达的工业国家之一,这为两国的经贸合作提供了可能。日本科技发达、管理先进,资金充裕,但资源缺乏,而中国资源丰富,市场巨大,但科技落后,资金短缺。双方各具优势,发展经贸关系具有较强的互补性。特别是当前亚太地区经济呈现繁荣景象,中日经贸关系的发展,不仅是中日双方利益所在,而且对促进亚太地区经济发展和繁荣也具有特别的重要意义。

第三,中国加入 WTO 与实施西部大开发战略,有利于两国经贸关系进一步发展。中国已于 2001 年 11 月加入世界贸易组织,这无疑会对中日经贸关系的发展产生积极影响,中国入世使中日贸易具有更大的发展空间和潜力。

同时,中国实施西部大开发战略,也将对中日经贸关系的发展产生积极的影响。中国西部地区资源丰富,与其他地区相比对日本经济更具互补性,西部大开发将带动日本对华直接投资的增长,西部广阔的市场将给日本对华出口带来更大的市场空间。

2. 发展中日经贸关系的不利条件

第一,中国加入 WTO,将大大推进中国贸易自由化进程,欧美发达国家的企业、资本、商品将涌入中国市场,使日本对华贸易面临欧美等国的激烈竞争。同时中国加入 WTO 后,将进一步降低关税、开放市场,日本产品进入中国市场将更容易,而中国对日出口拉动却颇为有限,由此可能导致新的中日贸易不平衡。

第二,日本对外贸易政策和战略正在发生改变,不利于中日贸易的发展。日本对华贸易政策的一贯特点是高度依赖和重视多边贸易体制。然而,目前日本的对外贸易政策正在发生一些改变,越来越重视双边贸易体制。2002 年 11 月 30 日,《日本—新加坡新时代经济合作协定》正式生效,日本—新加坡自由贸易区也随之宣告建立。这是日本签署的第一个双边自由贸易协定。2004 年 9 月 18 日,日本、墨西哥签署双边自由贸易协定,该协定于 2005 年 4 月正式生效。2005 年 12 月 13 日,日本首相小泉纯一郎在吉隆坡与马来西亚总理巴达维举行会谈,双方签署了以两国间自由贸易协定(FTA)为中心的经济合作协定文件。2006 年日本政府又先后与菲律宾、印度尼西亚签署贸易自由化双边协定。2007 年,据泰国媒体 4 月 3 日报道,泰国驻日官员表示,泰国总理素拉育已经与日本首相安倍晋三举行了会晤,并签订双边自由贸易协议。随后,日本又先后与文莱、智利、东盟、越南、印度、瑞士等国家和地区先后签订了双边自由贸易协定。2011 年 3 月 25 日,欧盟表示与日本开展贸易协定磋商。而截至目前,日本尚无和中国建立双边贸易协议的迹象。这势必使日本产生相应的贸易转移,使中日贸易发展受到不利影响。

尽管目前两国关系颇为紧张,但中日两国经贸关系的前景是乐观的,中日双方应充分利用有利条件,努力减少和避免摩擦,积极推动双边贸易向前发展。

三、中国与欧盟的经贸关系

欧洲联盟(The European Union),简称欧盟(EU),其前身是 1967 年正式诞生的欧洲共同体,共有 6 个成员国,包括法国、联邦德国、意大利、荷兰、比利时和卢森堡。1993 年 11 月 1 日,根据内外发展的需要,欧共体正式更名为欧盟,共有

12个成员国,总部设于比利时的首都布鲁塞尔。1995年奥地利、瑞典和芬兰加入欧盟,2004年5月1日接纳了10个新成员,这些新成员包括波兰、捷克等8个中欧的前社会主义国家和地中海的塞浦路斯、马耳他两个国家。2007年罗马尼亚、保加利亚加入欧盟,至此,欧盟共有27个成员国。2013年克罗地亚正式成为欧盟第28个成员国。欧盟国家的商品、科技、金融、劳务和服务等都非常发达,其整体实力在世界经济中占有十分重要的地位,国内生产总值超过美国居世界第一,贸易额占世界贸易总额的40%,是世界上最大的经济和贸易集团。

(一)中国与欧盟经贸关系的现状

中国与欧洲共同体(欧盟的前身)于1975年5月正式建立外交关系,1983年,中国与欧共体签署了贸易合作协定,1994年以来,欧盟开始实施亚洲新战略,并相继制定一系列对华关系政策性文件:① 1995年制定《欧中关系长期政策》,强调要同中国全面发展政治、经济和贸易关系,这是欧盟制定的第一个对华关系长期发展战略,初步形成了欧盟对华战略性政策框架。② 1996年通过《欧盟对华合作新战略》,主张加强与中国政府的政府对话和经贸合作。③ 1998年通过《与中国建立全面伙伴关系》的对华政策文件,把欧盟对华提高到与美、俄、日同等重要地位,标志着中欧经贸关系进入稳定成熟的发展阶段。1998年在卢森堡举行的欧盟外交部长会议还通过了新的对华备忘录,这个备忘录对中欧关系进行了广泛的重新评价,它包括各种具体措施,以支持中国经济与世界经济接轨,这个备忘录的主要建议是将欧中关系升级为欧美、欧日和欧俄关系同等重要的关系地位。2000年,中欧建交25周年,5月19日中欧就中国加入世界贸易组织达成协议。2001年9月5日,中国与欧盟领导人在布鲁塞尔举行了第四次中国—欧盟领导人会晤,一致认为应继续努力扩大双边贸易。2003年,中国发表了第一个《中国对欧盟政策文件》,这是发展双边关系的一个新的里程碑。2013年11月21日,国务院总理李克强在人民大会堂同欧洲理事会主席范龙佩、欧盟委员会主席巴罗佐共同主持第十六次中国欧盟领导人会晤。双方共同制定《中欧合作2020战略规划》,这一全面战略规划确定了中欧在和平与安全、繁荣、可持续发展、人文交流等领域加强合作的共同目标,将促进中欧全面战略伙伴关系在未来数年的进一步发展。

在以上背景下,近年来,中欧经贸关系发展稳定,继续保持良好势头。

1. 双边贸易合作迅速增长

据中国海关统计,1997年中国同欧盟的贸易总额为430.3亿美元,而到2000年,双方贸易额达到690.4亿美元,比上年增长24%。2001年,在世界经济增速普遍放慢的形势下,双方贸易仍呈较快增长势头,贸易额增加到766.3亿美元,比上年增长11%。2002年又增长到862.6亿美元,占我国当年对外贸易总额的14%。2004年双边贸易额为1 773亿美元。2005年又增长到1924亿美元。

2006年持续增长,双边贸易额2 723亿美元,超过中美双边贸易额,首次成为中国第一大贸易伙伴国。2007年中国与东盟双边贸易额3 561.5亿美元,超过中方第二大贸易伙伴国美国约540.7亿美元。受全球金融危机的影响,2009年中国与欧盟的贸易情况不太理想,双边贸易额3 641亿美元,同比下降14%。2010年起经济复苏,中国与欧盟贸易额又出现大幅上涨局面,双边贸易额达4 797.1亿美元,同比增长31.8%。2011年中国与欧盟双边贸易额达5 672亿美元,同比增长18.2%。2012年中国与欧盟双边贸易额出现小幅下降,进出口总额5 460.4亿美元,同比下降3.7%。2013年1~10月中国与欧盟双边贸易额4 560.9亿美元,占中国对外贸易额的13.4%,同比增长0.5%,其中中国出口2 759亿美元,同比下降0.7%,自欧盟进口1 801.9亿美元,同比增长2.4%。

伴随着中欧贸易规模的扩大,中国对欧盟出口商品结构也发生了显著变化,一方面,在中国对欧盟出口商品中,工业制成品占据绝对的比重,2009年工业制成品出口占到中国对欧盟出口总额的96.44%;另一方面,在工业制成品内部,资本技术密集型产品出口超过劳动密集型产品出口,初级产品出口所占比重较小,由1995年的10.92%下降为2008年的3.36%,农产品、原材料、能源产品的出口比重逐年减少。在工业制成品内部,以劳动密集型产品为主的出口结构转变为以资本技术密集型产品为主的出口结构,2001年中国对欧盟资本密集型产品出口超过劳动密集型产品出口且持续增长,2008年资本密集型产品出口比重已达到57.92%,其中又以机械运输设备的出口比重增长最快,由1995年的25.15%增加到2008年的53.46%,上升了28个百分点;化学制品及相关产品的出口比重较小且持续减少,2008年仅为4.41%;以杂项制品为代表的劳动密集型产品所占比重不断下降,轻纺、橡胶、矿冶产品的出口比重在经历了1995—2004年的下滑后,从2005年起比重逐年增长,但是增长的幅度不大,整体来看,这一类别的工业制成品出口变化幅度较平稳。

我国对欧盟出口以农副土特、轻纺、工艺品为主,从欧盟进口主要是机械、工业设备、精密仪器、运输机械等,而且进口机械设备时,都涉及了技术转让,中欧贸易结构的一个突出特点是:中国从欧洲进口的技术设备比重较大,占60%以上,大大超过了日本和美国。欧盟成员国是我国技术、设备的主要供应者之一。

2. 欧盟在中国投资持续增长

欧盟一直是中国重要的资金来源地,特别是近几年来,欧盟国家不断增加在中国的投资。1999年,欧盟国家来华直接投资项目894个,协议金额为40.956 6亿美元,实际投资金额为44.790 6亿美元。2000年,欧盟国家来华直接投资项目1 130个,比上年增加项目236个,增长26.4%,协议金额88.551 6亿美元,实际投资金额为44.794 6亿美元。2001年,欧盟国家来华直接投资项目1 214个,比上年增加项目84个,增长7.4%,协议金额为51.528 4亿美元,比上年下降42%,

实际投资额为41.827亿美元,比上年下降6.6%。2002年欧盟来华投资项目1486个,协议外资金额45.1亿美元,实际投入37.1亿美元,2002年,欧盟列中国外资来源地的第6位,累计投入金额列第4位。截至2002年底,欧盟成员国来华投资项目数达14 084个,协议外资金额600亿美元,实际投入339亿美元。到2003年6月底,欧盟对华直接投资的14963个项目,总数中有51%的项目和75%的实际投资发生在1997年至今的6年时间内。从中国利用欧盟FDI看,1986年为1.8亿美元,2008年年底累计达625.7亿美元。2012年欧盟27国对华投资新设立企业1 698家,同比下降2.58%,实际投入外资金额61.07亿美元,同比下降3.8%。2013年1~11月,欧盟28国对华投资新设立企业1 360家,同比下降13.27%,实际投入外资金额68.19亿美元,同比增长17.36%。

3. 中欧科技合作更加开放

中欧科技合作始于80年代初,并在欧盟第四和第五科研框架计划期间(1994—2002年)得到长足发展。中国参与了100多个欧盟的科研项目,中国已成为欧盟最活跃的合作伙伴。仅2001年一年,中国就争取到了33个欧盟项目,包括19个INCO项目(欧盟专门支持发展中国家的合作项目),总资金为17.1百万多欧元;还有14个主题项目(欧盟框架计划的核心部分,高科技部分),总资金为22.3百万欧元。截至2002年年底,我国从欧盟共引进技术15003项,合同金额722亿美元。根据中欧科技合作协定,总预算近150亿欧元的欧盟第五个研究与技术开发框架计划正式对华开放;中国的"86.3"和"97.3"计划也同时向欧盟开放。中欧双边合作遵循"联合研究,共同资助,共享成果"的原则,研究项目向第三国开放。今后欧洲每年分批派遣上百名年轻的经理人员来中国的中小企业学习、实践和考察。中欧合作将从传统的经贸、科技、环保等领域扩大到法制、农业发展、人力资源开发等诸多领域。

(二) 中欧经贸关系存在的主要问题

1. 中欧贸易不平衡问题

中欧双方统计都表明中方是贸易顺差方,而欧方是贸易逆差方,但二者在进出口金额和顺逆差具体金额的统计上却相差甚远。据欧方统计,2002年,欧方统计欧盟对中国出口321.6亿美元,进口769.1亿美元;同期中方统计欧盟对中国出口385.4亿美元,进口482.1亿美元。欧方统计的2002年欧盟对中国贸易逆差447.5亿美元,同期中方统计欧盟对中国贸易逆差96.7亿美元,二者相差350.8亿美元。2003年上半年,欧盟统计局公布的统计数字表明,欧盟从中国进口516亿欧元,出口227亿欧元。而中方的统计是,中方出口额为372.07亿美元,进口额为291.93亿美元。2010年,中方的统计结果显示中方出口欧盟3 112.4亿美元,自欧盟进口1 684.8亿美元,中方顺差1 427.6亿美元。而据欧盟统计,2010年欧盟自中国进口2 525亿欧元,约合3 673亿美元,向中国出口

1 133亿欧元,约合1 473亿美元,中方顺差2 200亿美元。双方统计数据相差700多亿美元。统计数据存在如此大的差异,原因是多方面的,有双方在统计方法、计价方式、时间段和对统计机密的理解等方面的不同。除此之外,双方在现实贸易中存在的一些实际情况,也直接影响到贸易统计数据。首先,以原产地为标准的判定方法无法避免由于间接贸易而产生的统计误差。当第三国进口商从中国进口时,依据出口商的申报,中方的统计为对该国的出口;而事实上,部分进口商进口后,直接出口欧盟或在本国再加工后出口欧盟,根据以原产地为准的原则,欧盟则将该出口统计为来自中国的进口。其次,欧方的进口统计因忽视转口增加值而高估了从中国的进口。中欧之间的贸易有相当部分是经第三方转口的,尤其是经中国香港转口,转口过程中由于存在着进一步加工和包装,并加入了中国香港的运输服务,这样就产生了较大的增加值。根据欧方原产地规则,欧方统计中将转口过程中的增加值计为中国的出口。实际上,货物离开中国后在第三方增加的价值,不应计算为中国的出口,中方在统计时并不将这部分计算为中国对欧的出口。其三,转口贸易容易导致出口统计不全。欧盟经别国转口出口到中国的货物有可能存在漏统计现象,从而低估了对中国的出口。此外,由于走私或其他非正常贸易方式的存在,中方实际从欧盟的进口可能还高于中方所公布的数据。中欧间相互的贸易依赖性在日益增强,但持续的贸易逆差及双方在贸易平衡统计上的巨大差异,必将影响到中欧经贸关系的进一步发展。

2. 欧盟有差别的普惠制缩小了中国产品的受惠范围,削弱了其竞争力

欧盟在1980年已给中国出口商品普惠制待遇,但比其他发展中国家,条件苛刻,规章制度繁琐。1995年欧盟开始实施新的普惠制方案,更缩小了中国产品的受惠范围。近年来,欧方认为,欧中贸易逆差首先同中国充分利用普惠制有关,于是,在取消了欧盟对中国化学品、皮革与毛制品、服装、鞋、玻璃及陶瓷制品、家具、玩具、游戏及运动用品等的普惠待遇之后,欧委会于2003年6月又作出决定:从2004年上半年开始将正式取消对华另外6种产品的普惠制,即乳制品、蛋制品和天然蜂蜜等,塑料及橡胶产品,纸制品,机电产品与光学、照相器材,计量、检验和精密仪器、医疗和手术器械及设备,钟表、乐器及其零件和附件。今后尚能继续享受欧盟普惠待遇的中国产品已所剩无几,严重的削弱了中国产品的竞争力。

3. 对中国商品实行限制的问题

欧盟对从中国进口商品进行限制的主要手段是:配额限制、反倾销限制和技术壁垒。

配额限制包括:① 空头配额。即每年所给配额中,很多是中国根本不具备出口能力的产品。② 双边配额限制。对于我国来说,主要是纺织品贸易双边配额。③ 单边配额限制。这是对我国最为苛刻和最具歧视性的限制措施。欧盟各国每年公布一次该年度限制从我国进口商品的类别和限额。欧盟始终把我国视为国营贸易国家,进口限制仍属最严之列,并无实质性的改善。

在反倾销限制方面:在西方国家中,欧盟率先对我国商品进行反倾销立案调查。据中国商品交易中心(CCEC)统计,欧盟在1979年至2002年4月底的23年间对中国产品实施的反倾销案90余起,其中1979年至1988年23起,1989年至1998年46起,后十年是前十年的两倍。目前正在实施中的反倾销案还有40余起,中国出口到欧盟的产品中,约有10%受到欧盟反倾销的影响。

在技术壁垒方面:欧盟的技术壁垒对我国出口产品和企业的危害并不比反倾销小,这些壁垒主要来自四个方面:① 技术法规标准繁多、要求高、修订频繁;② 对包装、标签以及劳工保护要求严格;③ "绿色壁垒";④ 竭力控制参与国际标准的制定。如欧盟对诸如食品、药品、农产品,现在还扩大到纺织品等的生产全过程中每一个环节都设有技术指标,比如种菜的土壤如何,蔬菜瓜果的品种、培植过程中用的什么化肥农药,果子采摘后包装箱所使用的材料等的技术标准。

4. 对我国贸易仍有歧视

1998年以前,中国一直被视为"非市场经济国家",而在1998年同样被欧盟排除在"市场经济国家"名单外的俄罗斯,两年后则获得了市场经济国家地位,而中国还需等待。1998年后,欧盟考虑到中国在市场经济体制改革方面所取得的成就,调整了政策,将中国视为"转型经济国家",允许中国企业在个案中抗辩市场经济地位。1999年至2002年底,中方仅有16家企业获得市场经济地位,28家企业获得分别裁决。就总体而言,中国企业在欧盟反倾销调查中所面临的"非市场经济问题"仍未得到彻底解决,中国产品遭到欧盟的反倾销调查时,欧盟往往采用"替代国"同类产品的价格计算中国产品的正常价值,这是导致中国产品屡屡被裁定征收高额反倾销税的最主要原因,不公正地限制了中国产品对欧盟的正常出口。

(三)中国与欧盟经贸关系发展前景

中国是世界上最大的发展中国家,欧盟是世界上发达国家最为集中的区域集团,中欧发展经贸关系有着良好的基础,双方没有根本的利益冲突,具有较好的政治关系,中欧经贸关系的健康发展符合双方的共同利益,欧盟对我国技术出口限制较松,是我国获得先进技术的主要来源,欧盟在产品结构和经济政策的调整中,正处于低增长、高失业的困难时期,同时又面临日本和美国在经济和科技领域里的激烈竞争,中国市场潜力很大,在原料和能源方面有许多产品能提供给欧盟。中欧贸易具有较强的互补性,使中欧贸易有着长久发展的余地。此外,中欧贸易虽然发展迅速,但双方之间的投资却不尽理想。据欧委会数据显示,欧盟在华直接投资占欧盟海外直接投资总额的2.1%,而在美直接投资则占近30%,中国在欧投资占欧盟国家接受外商直接投资总额的不到1%,而美国在欧投资占21%。2013年10月18日欧洲理事会正式授权欧盟委员会代表欧盟国家启动与中国的投资协定谈判。该授权决定是由正在卢森堡举行的欧盟外交部长会议做出的。欧盟委员在当天的声明中说,中欧之间贸易规模巨大,双方互为最大的贸易伙伴之一,每天有至少10亿欧元的商品和服务贸易,然而,目前双边投资的规模远远低于世界两大经济体本应拥有的规模。随着欧洲统一大市场形成和欧元货币的流通以及中国加入世贸组织,将为中欧经贸合作开辟新的领域,提供新的契机,双方合作的前景是十分广阔的。

但是中欧经贸合作也面临一些挑战。第一,欧盟东扩对中欧贸易关系的发展会带来不利影响。欧盟东扩使得更多的中东欧国家加入和即将加入欧盟,中东欧入盟候选国的经济贸易结构与欧盟现有成员国差别较大,互补性较强。随着双方联系的日益加强,欧盟也将逐渐增加从东欧国家的进口,从而替代一部分原来从中国的进口,尤其是劳动密集型制成品和原料密集型制成品,这就使中国努力扩大对欧盟出口面临更严峻的局面。同时,欧盟内部贸易障碍的消除,欧元区内实现贸易高度自由化,汇率风险消除,交易成本降低,有利于欧盟内部企业竞争力的提高和成员国之间相互贸易的扩大,这就会产生以内部贸易替代部分区外贸易的效应。因此,中国在欧盟区外贸易中的市场份额将会受到影响。第二,欧盟一体化对中国出口商品结构提出了更高的要求。欧盟一体化对于中国与欧盟的贸易的扩大是有益的,但也要看到,欧盟进口增长中不同类别商品的进口增长是不同步的,中国向欧盟出口的大宗商品恰恰是在欧盟进口中增长较慢或出现下降的商品,而欧盟进口需求增长较快的商品,又多是中国无法提供或缺乏竞争力的商品,比如机械和运输设备、化工产品等是欧盟国家最重要的进口项目,但在我国向欧盟的出口中所占比重不高。第三,由于2002年1月1日在欧元区各国汇率取消,使中国对欧盟出口企业无法实施基本汇率风险基础上的差别价格战略,因而将连带承受欧盟征收反倾销税或消减配额的压力。

综上所述,中国和欧盟的经贸关系既面临重大发展机遇,也面临一些困难和挑战,我们必须加强调查研究,制定出切实可行的对策及措施,去应付所面临的严峻挑战,以积极稳妥的方式参与区域集团化的国际分工和国际竞争,使我国与欧盟的贸易关系得到进一步的发展。

第3节　中国与发展中国家的经贸关系

发展中国家是指经济发展相对比较落后,一般以农业和原料生产为主,工业、科技、文化尚不发达,正处于逐步发展之中的国家。中国与大多数发展中国家一样具有相同的历史遭遇,面临共同的问题和发展经济的任务。因此,加强同发展中国家的团结和友好合作关系,不断探索南南合作的新途径,对促进我国经贸关系的多元化、进一步打破西方国家对我国的经济制裁具有重要的意义,这是我国对外政策和对外贸易的基本立足点。

一、中国与发展中国家经贸关系的基本原则

1983年1月,中国提出了同非洲国家进行经济合作的四项原则:"平等互利、讲求实效、形式多样、共同发展。"这四项原则也是中国同发展中国家发展经济贸易关系,开展"南南合作"的指导原则。平等互利是指中国同发展中国家进行经济技术合作,遵循团结友好、平等互利的原则,尊重对方主权,不干涉对方内政,不附带任何政治条件,不要求任何特权。讲求实效是指中国同发展中国家进行经济技术合作,从双方的实际需要和可能条件出发,发挥各自的长处和潜力,力求投资少、工期短、收效快,取得良好的经济效益。形式多样是指中国同发展中国家进行经济技术合作,方式可以多样,因地制宜,包括提供技术服务,培训技术和管理人员,进行科学技术交流、承包工程、合作生产、合资经营等。共同发展是指中国同发展中国家进行经济技术合作,目的在于取长补短,互相帮助,以利于增强双方自力更生的能力和促进各自民族经济的发展。

二、中国与亚洲发展中国家和地区的贸易关系

中国与亚洲近40个发展中国家和地区的贸易额,约占中国与整个发展中国家和地区贸易额的70%以上,中国与亚洲发展中国家和地区的贸易状况大体上可分为以下五大类:

(一)中国与东盟国家的经贸关系

东盟(ASEAN)是东南亚国家联盟的简称,即 Association of Southeast Asia。成立于1967年8月8日,最初成立时为印尼、新加坡、马来西亚、菲律宾、泰国和文莱六国,后来老挝、缅甸、越南和柬埔寨相继加入,目前已经拥有十个成员国。截至2009年年底,东盟十国(文莱、柬埔寨、印度尼西亚、老挝、马来西亚、缅甸、菲律宾、新加坡、泰国、越南)总面积444万平方公里,人口5.84亿,国内生产总值(GDP)达15 062亿美元,是一个具有相当影响力的区域性组织。东盟是当今世界上经济活力较强的地区,1992年,东盟老成员六国签订了成立东盟自由贸易区的协定,签署了代表发展东盟自由贸易区重要标志的纲领性文件:《东盟自由贸易区共同有效普惠关税方案协议》,经过多年的努力,东盟自由贸易区于2002年1月1日正式启动,东盟自由贸易区的建成将使东南亚经济发展进入一个新的阶段。

东盟自由贸易区成员国中,既有新兴工业化国家新加坡,也有发展中国家印尼、泰国等,还有最不发达国家柬埔寨,成员国间经济发展差距较大。同时,东盟自由贸易区的国家属中小国家,结盟时间较长,长期以来在政治上采取不同西方结盟的政策,经过30多年的努力,形成了较为完善的运行机制和较为一致的行动

目标。东盟自由贸易区的建成,实现了商品和服务、资本和人力在区域内自由流动,通过小国合作这种模式实现了政治上独立和经济上发展的共同目的。

1. 中国与东盟国家经贸关系的现状

由于历史、地理、民族习俗等因素,中国和东盟国家的贸易往来有着悠久的历史。新中国成立后,由于种种原因,相互间贸易发展十分缓慢。改革开放以来,双方经贸关系有了令人瞩目的发展。至1991年9月,中国与东盟所有国家建立和恢复了外交关系,中国与东盟各国的关系得到了全面发展。1991年7月,中国外长钱其琛出席了第24届东盟外长会议开幕式,这是中国首次同东盟组织进行正式接触,自此,中国外长每年都出席东盟外长会议。近年来,双方关系经历了几个标志性阶段。1996年,双方由东盟的磋商国上升为全面对话伙伴国,双方关系进入了一个新的发展阶段。1997年2月,双方确定包括5个平等机制的总体对话框架:中国—东盟科技联委会、中国—东盟高官磋商会、中国—东盟经贸联委会、中国—东盟联合合作委员会以及东盟北京委员会。1997年12月,中国与东盟领导人首次非正式会议在吉隆坡举行,双方发表了《联合声明》,宣布建立面向21世纪的睦邻互信伙伴关系。此后,双方领导人在每年"10+3"领导人会议期间定期以"10+1"形式举行会谈。1999—2000年,中国与所有东盟成员国分别签署或发表了面向21世纪的双边关系框架文件。2000年,在中国的倡议下,东盟各国同意成立专家组,就建立中国—东盟自由贸易关系等问题进行研究,在2001年11月举行的中国与东盟"10+1"领导人会议上,中国与东盟领导人批准了专家组的建议,一致同意确定今后10年内(2010年)建成中国—东盟自由贸易区,以便开展更密切的合作,促进共同繁荣和发展。2002年11月,中国和东盟签署了《中国—东盟全面经济合作框架协议》,为中国—东盟自由贸易的建立奠定了法律基础。这标志着中国—东盟自由贸易区的进程正式启动,自此,中国与东盟的关系,尤其是经贸关系,进入了一个新的发展阶段。2003年温家宝接任中国国务院总理。10月7日,温家宝出席第七次东盟与中日韩"10+3"领导人会议,签署《东南亚友好合作条约》,中国成为首个加入该条约的非东盟国家。2004年1月1日,中国—东盟自由贸易区早期收获计划实施,下调农产品的关税。到2006年,约600项农产品的关税降为零。2004年底,《货物贸易协议》和《争端解决机制协议》的签署标志自贸区建设进入实质性执行阶段。2005年7月20日,《货物贸易协议》降税计划开始实施,7000种产品降低关税。2009年8月15日,《中国—东盟自由贸易区投资协议》签署,标志主要谈判结束。2010年1月1日,拥有19亿人口、GDP接近6万亿美元、世界最大的自由贸易区——中国—东盟自由贸易区正式建立。2010年1月7日,在广西南宁举行的中国—东盟自由贸易区建成庆祝仪式上,中国—东盟18个合作项目正式签约,签约金额48.96亿美元。

20世纪90年代以来,中国和东盟国家经贸关系发展迅速。

(1) 双边贸易。1975 年双方贸易额只有 5.24 亿美元,1989 年增加到 66.5 亿美元,1993 年达 107 亿美元,1994 年增至 132.088 5,占中国对外贸易总额的 5.57%,1995 年为 200 亿美元,1996 年增至 203.95 亿美元,1997 年为 243 亿美元,1998 年受亚洲金融危机影响,下降为 235 亿美元,1999 年升至 272 亿美元,2000 年达 395.2 亿美元,2001 年达 416 亿美元,2002 年已增至 547.67 亿美元,占中国对外贸易总额的 8.82%,比上年增长 31.7%,高于中国总体对外贸易增幅近 10 个百分点。其中,中国出口 235.69 亿美元、进口 311.98 亿美元,分别比上年增长 28.30%和 34.40%。2003 年,中国与东盟双边贸易额达到了历史性的 782 亿美元。比上一年增长 42.9%。2010 年,中国和东盟双边贸易额达到 2000 亿美元。2011 年中国与东盟贸易额创历史新高,达 3629 亿美元,较上年增长 24%。其中,中方出口 1701 亿美元,是 2002 年的 7.2 倍,年均增长 24.5%;进口 1928 亿美元,是 2002 年的 6.2 倍,年均增长 22.5%;中方逆差 227 亿美元。2012 年中国—东盟贸易额突破 4 000 亿美元,同比增长 10.2%,高于同期中国对外贸易平均增幅(6.2%)。目前,中国是东盟第一大贸易伙伴,东盟是中国第三大贸易伙伴,同时保持为中国第四大出口市场和第二大进口来源地。在东盟国家中,马来西亚是中国最大的贸易伙伴,2011 年进出口贸易额达 900.227 亿美元,占东盟对华贸易额的 24.79%。

(2) 双向投资。东盟来华直接投资项目多于中国到东盟直接投资,1998 年,东盟国家对华投资项目 14 670 个,协议投资金额达 430 亿美元,实际投入达 170 亿美元;2002 年,新加坡来华投资 930 项,实际投入金额 23.39 亿美元。截至 2002 年年底,东盟国家累计来华投资 19 731 项,合同外资金额 580.86 亿美元,实际投入金额 294.33 亿美元。2002 年,中国企业在东盟国家投资项目 52 项,项目总投资 1.09 亿美元,其中,中方投资 0.664 亿美元。2011 年,中国对东盟非金融类直接投资 29.08 亿美元,同比增长 13.1%。2012 年,东盟在华直接投资额达 70.7 亿美元,仅较上年增长 1%。与之形成鲜明对比的是,中国企业在东盟投资额达 44.19 亿美元,较上年增长了 52%。在 2012 年中国与东盟 114.89 亿美元的双向投资额中,中国的占比已提高至 38.5%。中国与东盟双向投资额至此已经累计达 1 007 亿美元,是 2003 年的 3.1 倍。截至 2013 年 6 月底,中国对东盟国家直接投资累计近 300 亿美元,共在东盟设立直接投资企业近 2 500 家,东盟对华投资累计超过 800 亿美元。此外,新加坡是东盟十国中对华投资额最多、吸引中资最多的国家。截至 2012 年底,东盟国家在华直接投资前三位是:新加坡、马来西亚、泰国。另一方面,中国在东盟十国直接投资按数额排在前三位的国家是新加坡、柬埔寨、老挝;按投资增幅排在前三位的国家是越南、柬埔寨、老挝。

(3) 经济合作。随着中国与东盟经贸关系的发展,中国已经成为东盟最大贸易伙伴,东盟是中国第三大贸易伙伴,中国和东盟建成了世界上最大的发展中国家自由贸易区。东盟已取代中东地区成为中国在海外的主要工程承包市场,2002年,中国与东盟新签承包工程合同478个,合同金额16.84亿美元,完成营业额15.60亿美元;新签劳务合作合同1 998个,合同金额3.23亿美元,完成营业额6.56亿美元,新签设计咨询合同27个,合同金额983万美元,完成营业额1207万美元。2011年,中国向欧盟承包工程派出人数54 973人,与东盟承包工程完成营业额165.85亿美元。中国对欧盟劳务合作派出31671人。

近年来,中国与东盟双边经贸关系发展呈现出以下几个特点:

(1) 2012年之前中国对东盟的贸易逆差逐步扩大。近年来,中国从东盟的进口增长速度一直高于对东盟的出口增长速度。1998年以来,在中国与东盟的双边贸易中,中国一直处于贸易逆差地位,而且数额逐年增大,1999年,中国从东盟进口149亿美元,出口到东盟123亿美元,逆差26亿美元;2000年中国进口221.8亿美元,出口173.4亿美元,逆差48.4亿美元;2001年,中国进口232.3亿美元,出口183.8亿美元,逆差48.5亿美元;2002年,中国进口311.98亿美元,出口235.69亿美元,逆差进一步扩大至76.29亿美元,比上年增长57.62%。2003年中国进口473亿美元,出口309亿美元,中方逆差164亿美元。2004年中国630亿美元,出口429亿美元,中方逆差201亿美元,2005年中国进口750亿美元,出口554亿美元,中方逆差196亿美元。自2006年至2008年中国与东盟贸易中中方逆差逐渐缩小,2006年中国进口895亿美元,出口713亿美元,中方逆差182亿美元,同比下降7%。受全球金融危机的影响,2007年中国进口1 084亿美元,出口941亿美元,中方逆差142亿美元,同比下降22%。2008年中国进口1143亿美元,出口1 170亿美元,中方逆差仅为27亿美元,同比下降81%。2009年中国进口1 067亿美元,出口1 062亿美元,中方逆差仅为5亿美元,同比下降81%。2010年全球经济开始回暖,中国与东盟的贸易额也出现明显增长,全年中国进口1 546亿美元,出口1 382亿美元,逆差164亿美元。2011年中国进口1 928亿美元,出口1 701亿美元,逆差227亿美元。直至2012年,中国首次出现顺差,2012年中国进口1 958亿美元,出口2 043亿美元,中方顺差高达85亿美元。2013年1~10月,中国对东盟出口1 975亿美元,进口1 614.5亿美元,中方顺差高达360.5亿美元,同比增长324%,增速惊人。

(2) 双边贸易额在中国对外贸易总额的比重逐年上升。近20多年来,中国与东盟双边贸易年均增长20%,中国与东盟的贸易额占中国对外贸易总额的比重不断上升。1995年,中国与东盟的贸易额占我国对外贸易总额的5.3%,2000年这一比重增长至8.33%,上升31.37个百分点,2002年增长至8.82%。中国对东盟的出口总额占出口总额的比重由1995年的6.24%上升至2000年的6.96%,只上升了0.54个百分点,而自东盟的进口占我国进口总额的比重却从1995年的7.37%上升至2000年的9.85%,上升了2.48个百分点,中国占东盟贸易进出口总额的比重也由1994年的2.1%上升到2000年的3.9%。2000—2009年中国对东盟的进出口额逐年攀升,中国对东盟的进出口额在中国的对外贸易总额中所占的比重也在逐年攀升。中国对东盟的出口额在中国对外贸易出口总额中的比重自2002年到2009年分别为7.24%,7.06%,7.23%,7.27%,7.36%,7.71%,7.99%,8.84%。进口额在中国对外贸易进口总额中的比重较不稳定。自2002年到2009年该比重分别为10.57%,11.47%,11.22%,11.36%,11.31%,11.34%,10.33%,10.61%,呈现了波浪线的形状。2010年中国对东盟的出口额分别是1382亿美元,进口额1547亿美元,分别占中国总出口额和总进口额的8.76%和11%。2011年中国对东盟出口1701亿美元,进口1930亿美元,分别占中国总出口额和总进口额的8.96%和11.07%。2012年中国对东盟出口2043亿美元,进口1958亿美元,分别占中国总出口额和总进口额的9.97%和10.77%。2013年1~10月,中国对东盟出口1975亿美元,进口1614.5亿美元,分别占中国总出口额和总进口额的10.97%和10.09%。从中国与东盟双边贸易的变动可以看出,东盟在中国的对外贸易中的重要作用越来越得以体现,东盟已经成为中国第四大出口市场和第二大进口来源地。

2. 中国与东盟经贸关系中存在的主要问题

近年来,中国与东盟国家的贸易关系有了很大发展,但仍然存在一些困难和问题。

(1) 东盟内部的经济和社会发展水平差异过大,民族色彩浓厚,意见不一,各国对于合作前景的意见尚未完全一致。

(2) 东盟欠发达国家缺乏规范的市场运行机制,政策变化快,税收体系不够完善,政府对市场的调控能力较差,尤其是与中国接壤的周边国家,贸易投资环境中的不稳定因素仍然存在。外汇支付能力也较低,使中国企业与东盟国家经贸合作存在一定的市场风险和制约。

(3) 国内企业在与东盟国家经贸关系中还存在着一些短期行为。一是输出积压商品,使中国产品的声誉和市场占有率逐年下降;二是营销方式落后,缺乏全局意识和现代市场理念,单纯地通过边境贸易批发商品,漫无目标地销售,这与跨国公司在投资国培养和使用当地人才,建立专门的经销商和完备的销售网络相比,差距甚远;三是存在一些投机行为,如在东盟新四国炒作土地开发权等。

(4) 东盟国家对中国产品质量差的印象还没有完全改变。低价竞销、恶性竞争是中国企业在东南亚多年来存在的老问题,现在仍未杜绝。如20世纪90年代,中国对越南出口水泥设备和制糖设备出现恶性竞争,近年来,又出现出口摩托车散件的竞争,致使一些产品质量下降,产品形象和利益受损。中国商品在这些国家市场所占比重很小,多为低档廉价消费品,大多只能在地摊销售。

(5) 中国企业对东南亚的市场情况掌握很少,信息渠道不畅通,银行业务不通畅,结算手续不简便也是制约因素。

(6) 东盟内部在政治和经济两个方面对中国的顾虑并没有完全消除。

3. 中国与东盟经贸关系的发展前景

尽管中国与东盟经贸关系还存在一些问题和困难,但是,面对区域经济合作和经济全球化的浪潮,中国与东盟在"10+1"框架下率先启动自由贸易区进程,既是双方经济发展和经贸合作的必然趋势,又是双方长期以来形成的睦邻友好的政治关系的一种必然选择,同时,这一选择既适应了经济全球化的大潮,又应对了全球化带来的挑战,也有利于应对欧、美区域一体化所带来的贸易保护主义。

中国—东盟自由贸易区的建立将为中国和东盟带来互利双赢的局面。目前,中国—东盟自由贸易区谈判进展顺利,中国—东盟贸易谈判委员会已举行了10次会议,2003年10月在第七次"10+1"领导人会议上,东盟提出了2020年建立经济、政治、社会和文化共同体的设想。这次会议对中国与东盟关系具有里程碑意义,中国率先作为非东南亚大国正式加入《东南亚友好合作条约》,加强了双方关系的政治法律基础。同时,中国与东盟建立了战略伙伴关系,签署并发表了《中国—东盟面向和平与繁荣的战略伙伴关系联合宣言》。这是我国第一次与地区组织建立战略伙伴关系,标志着在总结双方关系巩固发展的基础上,中国与东盟关系深化的新起点、新阶段。在这次会议上,中国同东盟还签署了《中国—东盟全面经济合作框架协议》修改议定书,会议决定,2004年起每年11月在南宁举办中国—东盟博览会,推动中国与东盟国家间的经贸合作。从2004年1月1日起,自由贸易区框架下的"早期收获"计划付诸实施,双方将以建设自由贸易区为契机,进一步深化金融、服务、投资、农业、信息产业等领域的合作,积极促进经济融合。

在中国与东盟关系中,经济关系和双边贸易始终是基础和重要推动力,1997年建立睦邻互信伙伴关系以来,双方贸易年均增长20%,2003年温家宝总理提出的在2005年以前双方贸易额突破1000亿美元的目标已经实现。在贸易关系发展基础上,中国还注重与东盟的地区合作开发和科技合作。中国与东盟部分成员国启动了湄公河流域开发的全面合作,与东盟签署了《大湄公河次区域便利运输协定》和《政府间电子贸易协定》。

根据双边经济合作的特殊性,中国与东盟各个成员国进行了双边谈判,加强与经济相对落后的东盟成员在经贸领域的互利合作,中国政府决定免除柬埔寨、老挝、缅甸和越南等国对华的所有到期债务,中国将向东盟一些国家提供不附带任何条件的、真诚的援助。比如,中国和老挝就援助老挝建设昆曼公路老挝境内部分路段和经济技术合作等问题,签署了中国向老挝提供援助的《经济技术合作协定》和《中华人民共和国政府和老挝人民民主共和国政府关于建设昆曼公路老挝境内部分路段项目的议定书》。

2010年1月7日,中国—东盟自由贸易区正式建成,这为双方之间经贸关系更快发展提供了很好的平台。2013年是中国和东盟建立战略伙伴关系10周年。10年来,中国与东盟关系蓬勃发展,合作取得累累硕果。双方务实合作进展迅速,从2002年到2012年,双边贸易额年均增长23.6%,目前已达到4 000亿美元;相互投资累计超过1 000亿美元,增长3.4倍。中国已成为东盟最大贸易伙伴,而东盟是中国第三大贸易伙伴。双方已建成世界上最大的发展中国家自由贸易区,也是世界上人口最多的自由贸易区,中国和东盟都处在发展的关键时期,这是一个巨大市场,开发潜力无限。

中国和东盟的关系发展不仅将会为双方经济的发展提供动力,而且还会有助于双方由于经济结构雷同所产生的矛盾和摩擦,促进整个东亚地区经济的一体化,符合双方的根本和长远利益。温家宝总理对此作了精辟的论述:"中国与东盟都是亚太地区的重要力量,中国的发展将给东盟带来机遇,东盟的强大,符合中国的利益,将为地区和平与发展作出更大的贡献。"

(二) 中国与韩国的经贸关系

1. 中国与韩国经贸关系的现状

(1) 双边贸易。韩国是亚洲"四小龙"之一,1992年8月中韩建立后,两国贸易发展迅速,年均递增幅度高达27.2%。1991年,中韩贸易额为32.5亿美元;1992年增至50.6亿美元;2002年中韩贸易大幅增长,创历史最高纪录。据中国海关统计,2002年中韩双边贸易额为440.71亿美元,同比增长22.8%,其中中方出口154.97亿美元,进口285.74亿美元,分别同比增长23.8%和22.2%,中方逆差130.77亿美元,同比增长20.3%。2005年中韩贸易额首次突破千亿大关,达1119亿美元,同比增长24.3%,2010年又再次突破两千亿大关,同比增长32.58%,2011年两国进出口总额为2 456亿美元,同比增长18.59%。自2002年至2011年,中韩之间的贸易额年均增长率达22%。2012年中韩双边贸易额为2 563.3亿美元,同比增长4.4%。其中,中国对韩国出口876.8亿美元,同比增长5.7%,自韩国进口1 686.5亿美元,同比增长3.7%,中方逆差809.7亿美元。据韩国海关统计,2012年中韩双边贸易额占韩国外贸总额的比重为20.1%,继续保持韩国第一大贸易伙伴国、出口对象国以及进口来源国地位。2013年1～10月,中韩双边贸易额2 260.1亿美元,同比增长7.6%,其中中国对韩出口760.6亿美元,进口1 499.6亿美元,中方逆差739亿美元。

(2) 双向投资。1989年,韩国在华投资企业仅有15家,1993年底,经中国批准的投资项目已达到2 691个,协议金额22亿美元,实际使用5.5亿美元。近年来,韩国对华直接投资高速增长,我国成为韩国企业最大的海外投资对象国,对韩国企业吸引力与日俱增。据商务部统计,2002年,我国共批准韩国企业对华直接投资4 008项,协议韩资金额52.82亿美元,实际使用27.21亿美元,分别同比增长37.8%、51.5%和26.4%。2002年韩国对华投资同比增幅不仅大大高于同期全国平均水平，而且投资金额（协议金额和实际到位金额）在1997年金融危机后首次全面超过危机之前的最高水平。截至2012年8月底，韩国累计对华投资项目数54 380个，实际投资金额513.3亿美元，韩国是中国第四大外商直接投资来源国。据韩方统计，2002年韩企业对华投资项目、金额均超过对美投资，我国首次全面超过美国，成为韩国第一大海外投资对象国。韩方的多项调查显示，在今后较长时期，我国将是韩国企业海外投资的首选地区。

我国对韩国直接投资金额也成倍增长，劳务合作继续保持一定规模。据商务部统计，我国对韩国投资近年逐步形成规模，并呈快速增长的趋势。2002年，我国共批准企业对韩国直接投资7项，协议金额1.25亿美元，中方投资额0.83亿美元，分别同比增长2.5倍、8.4倍和10.3倍。2002年我国企业对韩国投资金额大大超过了此前历年对韩国累计投资的金额。此后中国对韩国投资持续增长，2009年达到高峰，2.65亿美元，同比增长174%。2010年中国对韩国投资出现7.2亿美元的负数。2011年中国对韩国直接投资恢复正常，投资净额为3.4亿美元。截至2011年，中国对韩国直接投资存量达15.8亿美元。

（3）经济合作。据商务部统计，2011年中国对韩国承保工程完成营业额2.11亿美元，同比增长113.64%，增幅明显。中国对韩国承保工程派出人数92人，对韩国劳务合作派出人数6 362人。

从以上可以看出，中韩两国贸易规模发展十分迅速，发展速度罕见。尽管规模迅速扩大，但两国贸易的商品结构仍主要集中在部分商品上，韩国对华出口的90%是化工、机械、机电产品和塑料、纤维、金属、橡胶制品及矿产品，而中国向韩国出口的80%左右是农矿、化工、机电产品和纤维、金属、音像制品。资本密集型产品仍是韩国对华出口的主要产品，在出口总额中所占比重始终保持在60%以上；但技术含量较高的电子类产品所占比重逐年上升，初级产品以及生活用品、纤维制品和杂货等劳动密集型产品所占比重持续下降。我国对韩出口仍以劳动密集型产品为主，虽然近年来电子部件对韩出口增长迅速，但是技术含量低，多为加工组装产品；农副产品及矿产品等资源密集型产品所占比重保持稳定，约占对韩出口总额的1/4，但农产品呈负增长；化工、钢铁、运输设备等资本密集型产品所占比重持续下降。

2. 中韩经贸关系中存在的主要问题

中韩双边经贸合作中存在的最突出问题就是我国对韩贸易连年逆差，而且逆差额不断扩大。自1992年中韩建交以来，我国对韩贸易连年持续逆差，且逆差规模连年不断大幅度增加，至2012年甚至达到809.7亿美元，同比增长9.89%，再创历史最高纪录。中方逆差连年大幅度增加的主要原因是：随着中国经济的快速增长和韩国企业对华投资的增加，从韩国进口迅速扩大；而韩国方面只注重向中国增加出口，对中国商品进入韩国市场却持消极态度，有时还千方百计地加以限制,阻碍了两国贸易的正常均衡发展。

3. 中韩经贸关系的发展前景

尽管中韩两国贸易关系中还存在一些尚待解决的问题,但毕竟在短时间内已有了长足的发展,且存在的问题主要是由于双方缺乏了解所造成的,从长远看,中韩两国进一步发展经贸关系有着许多有利的条件。

(1) 中韩两国经济技术水平既有相似之处,又各具特点,双方在技术合作方面有较强的互补性,中国在基础研究方面占优势,韩国在应用技术方面占优势。双方在通讯、汽车、家电、医药、化工、航空航天、机械、光学、环保等众多领域都有合作潜力。

(2) 中韩两国政府和人民都有发展经贸关系的愿望。中韩建交以来,两国高层互访不断,双方正式签署了贸易、经济合作等一系列协定,为两国经贸关系的发展提供了法律保证。中韩两国毗邻而居,长期睦邻友好,通过双边合作谋求经济共同发展是两国的共同展望和追求的目标,这为双方经贸关系的发展提供了动力。同时,从历史和文化上看,两国人民有 2000 多年的交往和联系,而且文化习俗、思维方式上有许多共同点,这也是推动双方经贸合作发展的动力。

(3) 中韩两国具有的地理交通优势为双方经贸往来创造了良好的条件。中韩两国一水之隔,交通十分便利,使两国间的经贸联系更方便、快捷。

随着中韩两国交往的不断增加,加上两国贸易关系中的天时、地利、人和等多种因素,可以预见,中韩两国贸易关系将持续向前发展。

(三) 中国与其他东亚国家的经贸关系

东亚发展中国家包括韩国、朝鲜和蒙古。

朝鲜是中国的亲密邻邦,矿产资源丰富,机械、纺织、化纤、丝织、苹果、高丽参等均可供出口。中朝贸易额 1994 年为 6.24 亿,1996 年为 5.66 亿美元,1997 年为 6.56 亿美元,1998 年为 4.13 亿美元,1999 年为 3.7 亿美元,2000 年为 4.88 亿美元,2001 年为 6.3 亿美元。随着 2002 年 7 月 1 日朝鲜"经济改善"政策的推出,朝鲜的改革实际上已经在朝着建设市场经济方向小步迈进,而且朝鲜特别重视发展与周边国家的关系,这对发展中朝经贸关系十分有利。2002 年中朝之间进出口额为 7.39 亿美元。2003 年前由于天灾等原因交易额较低,自 2003 年突破 10 亿美元后,就以高速增长,2003 年中朝双边贸易额 10.2 亿美元,2004 年为 13.8 亿美元,2005 年为 15.8 亿美元,2006 年为 17 亿美元,2007 年为 19.7 亿美元,2008 年为 27.9 亿美元,2009 年为 26.7 亿美元,2010 年为 34.7 亿美元,2011 年为 56.4 亿美元。自 2002 年至 2011 年 10 年间年均增长率高达 26.8%,除 2009 年受亚洲金融危机的影响出现 4%的负增长外,其余年份均出现稳步增长,2011 年进出口额同比增长更是高达 62.5%。在中朝贸易中长期以来朝鲜逆差严重,2008 年逆差额突破十亿美元,达到 12.7 亿美元,2009、2010 年受亚洲金融危机的影响,朝鲜贸易逆差出现小幅回落。近年来朝鲜对中国的贸易依存度也居高不下,2003—2011 年分别为 42.8%,48.5%,52.6%,56.7%,67.1%,73.0%,52.9%,83%,89.1%,除 2009 年受金融危机的影响出现小幅下降外,其余年份均呈现稳步增长的局面,可以看出朝鲜对中国的贸易依赖程度越来越高。

但是目前,朝核问题再次阻碍了中朝经贸高层次合作的进程。全球化现已成为世界发展的主要趋势,若在一个国家内部投资,外资企业就要首先考虑东道国的政治制度、政局稳定性、社会安定性、国际信誉度、政策连续性以及是否存在战争风险等方面的基本条件。目前朝鲜核问题表面看虽已基本解决,但朝美、朝韩、朝日关系一日不正常化,就随时可能再度爆发甚至引发新的危机。赴朝投资巨大的政治和经济风险已经成为中国企业赴朝投资的最大障碍。目前中方在朝鲜投资过亿元的项目仅有:大安友谊玻璃厂、国大黄金股份投资两江道"惠山铜矿"项目、中钢集团以及通化钢铁集团、延边天池等三家吉林省企业投资茂山铁矿项目以及五矿集团投资"龙登煤矿"项目等。

要进一步加强中朝合作必须做到以下几点:

(1) 正确定位中朝经贸合作。我们必须清醒地认识到,近年来朝鲜半岛局势一直动荡不安,在很大程度上是与朝鲜的经济问题紧密相关的。而一个稳定的、经济不断开放的朝鲜对于中国国家利益至关重要。一方面,朝鲜的稳定可以为我国营造一个稳定的边境环境,有助于我国市场经济建设;另一方面,一个稳定的、经济强大的朝鲜有助于牵制美国对中国的军事威胁,有助于我国节约军事经费。所以促进朝鲜的对外开放,扩大与朝鲜的经贸合作,使其尽快走出经济困境,关系到我国的国家安全利益和巨大的经济利益。尽管朝鲜的政治、经济形势具有很大的不确定性,投资风险较大,但高风险同时意味着高回报。在今后的经贸合作中,我们必须本着"政府引导,企业参与,市场运作",继续本着经济合作的方针,扩大双边贸易合作规模,提高合作水平,推动两国经贸合作不断取得新进展。

(2) 多种措施并举提升中朝贸易层次。随着朝鲜经济的复苏和对外开放的继续推进,中朝贸易前景十分可观。我国政府有关部门以及企业应从以下几个方面入手改进和提高中朝贸易的层次和水平:

其一,加强政府间的合作。发展双边互贸,关键在一个"互"字上,只有双方人员互动、货物互流、政策对应,才能使互市贸易有大的发展。双方政府应就加快互市贸易发展问题,进行进一步的沟通与交流。

其二,成立民间的或半官方的协会、商会及中介组织,以统一配置资源、信息共享、协调步伐。进出口货物的品种、数量、价格,劳务输出的数量与报酬,乃至运力、港口的安排,都可进行统一的组织协调。

其三,促进优势互补,以多种形式扩大边境贸易。东北三省与朝鲜有着较强的经济互补性和互利性,针对目前朝鲜经济发展滞后、物资和外汇短缺等状况,扩大在朝投资领域,采取补偿贸易的形式参与朝方对资源的开发。

其四,建设边境地区的自由贸易区。除了继续发展已有的自由贸易区外,还应加强新的自由贸易区建设,如建立"中朝友谊经济特区"以及设立"中朝联合保税区",争取与朝鲜设立合作机制,保障资本、技术、劳动力等要素在贸易区内自由流动,以谋求经济合作向更深层次发展。众所周知,2002年9月朝鲜将新义州确立为特别行政区,意在利用新义州与丹东一水相连的地理优势,发展对外经济,带动朝鲜的全面改革开放。尽管由于种种原因,暂时没有与中方发展投资与贸易合作,但是朝鲜始终没有间断这项工作,目前仍在将新义州特区内居民向农村外迁,为新义州特区全面开放做准备。而丹东作为全国最大的对朝贸易口岸,与新义州特区隔江相望,因此如果将丹东确立为"中朝友谊经济特区"以及设立"中朝联合保税区",可以承接应对朝鲜即将全面改革开放的大趋势,为中国企业寻找更广阔的市场和空间,增加中国在朝鲜半岛及东北亚地区的影响力及话语权,对东北亚乃至西太平洋地区的和平发展起到促进作用,其战略意义、政治意义和经济意义将是十分巨大的。同时,丹东经济特区的确立一定会像深圳特区当年带给广东的影响一样,将为振兴东北和大东北地区低迷的经济现状带来积极的影响。

蒙中两国均属于亚洲大陆国家,蒙古是一个畜牧业国家,中国是蒙古国的最大邻国。蒙古国的东、西、南三中国面和中国接壤,且中蒙两国在经济上具有一定的互补性和合作潜力,中国的服装、纺织、食品和家电等深受蒙古消费者欢迎,蒙古的皮革、矿产品也为中国所需要。在对外贸易上,蒙古进口多、出口少,出口以活牲畜、肉、乳、牛皮为主;进口以日用工业品和机械为主。从1999年开始到2012年,中国已经连续14年成为蒙古国的第一大贸易伙伴。近年来,中蒙之间贸易频繁,两国间的进出口额从2002年的3.6亿美元,增长到2011年的64.3亿美元。自2002至2011的10年间,年均增长40%,除2009年受亚洲金融危机的影响出现0.18%的负增长外,其余年份均保持高速增长,其中2006年同比增长高达83.8%,2010年同比增长64.7%,2011年同比增长60.7%。目前中国已经是蒙古国最大进出口贸易国。

双方不仅在贸易领域合作频繁,在对外直接投资上也进展迅速,目前中国已经是蒙古最大的投资国,中国在蒙古国家贸易地位不断提高。随着蒙古国的入世,蒙古贸易的发展必将进一步加强,双边贸易合作在WTO框架下,也必将更加规范。

蒙中贸易和投资之所以发展如此迅速首先是由于地理位置的优越性。众所周知,蒙古国身居内陆,出海口岸一个也没有,其交通运输工具也落后,与西方国家的经济合作都要经由第三方国家,这大大限制了蒙古国与欧美国家的贸易往来。然而,蒙中两国相邻,边境线长达4710公里,是蒙古国最长的边境线邻国。蒙古国领土东面、西面、南面均和中国接壤,尤其是中国的内蒙地区,与蒙古国拥有三千多公里的边境线。中国与蒙古国在贸易往来上,地理位置相邻,边境线较长的便利条件,促进了蒙中边境地区的交通建设,加大了蒙中两国贸易往来。早在历史时期,蒙中两国就已经有了交通运输通道,为蒙中贸易的展开奠定了良好的基础。由于地理位置接近,蒙中贸易的运输成本也得到了很大节省,从而使利润得到了提高,这也是蒙中地理优越性造就的。其次,由于蒙中双方合作具有极强的互补性。一是蒙古国具有丰富的矿产资源,然和由于缺乏技术、资金,制定一些相关的优惠政策吸引外资,而中国由于经济发展的需要,对矿产资源的需求很大,并且中国具有经济实力、先进的技术和设备,这和蒙古国形成了强烈的互补。二是在农业方面,蒙古国缺乏先进的管理经验以及科学的生产技术,导致蒙古国长期以来严重依赖粮食以及蔬菜产品等的进口,而中国是一个农业大国,具有先进的农业生产经验以及机械设备。因此,在农业方面蒙中两国也具有互补的优势。三是蒙古国虽然具有传统的畜产品和未开发的野生动植物资源,但是蒙古国缺乏先进的皮毛以及制药加工技术和先进的机械设备,而中国拥有先进的加工技术,蒙古国拥有大量的自然资源与传统文化,中国却拥有数亿的旅游市场,在这些方面二者也是互补的。

(四) 中国与西亚国家的经贸关系

本文所指的西亚国家包括沙特、伊朗、科威特、伊拉克、阿联酋、阿曼、卡塔尔、巴林、土耳其、以色列、巴勒斯坦、叙利亚、黎巴嫩、塞浦路斯、也门、巴林、约旦等国家。这一地区石油资源十分丰富,不少国家出口石油,外汇非常充裕,同时,西亚地区经济发展不平衡,经济单一化比较严重,因此,这一地区是世界上最大的进口市场和转口市场,年进口贸易额达 700 亿美元,西亚地区市场的显著特点是对外依赖性很大和支付能力较强,市场比较开放,贸易限制和外汇限制基本没有,关税也较低。所以这一地区成为各大出口国争夺的重要市场。西亚地区是中国实施市场多元化战略的重要地区和出口商品的重要市场,也是中国在本世纪能源需求的主要供应地,同时,它也是中国开展对外劳务承包最早的地区之一和吸引外资需重点做工作的地区。伊拉克战争结束后,在新的政治经济格局下,这一地区的战略地位显得更加重要。因此,发展中国与西亚国家的经贸关系,对加强中国在国际上的政治地位,促进中国自身的经济发展都具有十分重要的意义。

1. 中国与西亚国家经贸关系的现状

中国与西亚国家经贸往来历史悠久,但是正式的经贸关系是在 20 世纪 50 年代随着双方建交逐步发展起来的。1990 年,随着中国与沙特阿拉伯建交,中国与所有阿拉伯国家都建立起外交关系,与此同时,经贸关系也逐渐发展成熟起来,至今中国已与绝大多数国家签署了双边经济、贸易和技术合作协定,中国与西亚国家经贸合作形式日趋多样化,双边经贸在数量和质量上都有较大提高。

2010 年,西亚地区国家的经济从 2009 年的谷底实现了强劲复苏。西亚经济的增长,主要源于国际市场原油价格的大幅上涨。但是,由于西亚地区多数国家对国际市场的粮油食品和工业制成品有着较大需求,因此,2010年,国际市场商品价格的恢复和国内需求的提升,使得这一地区的通货膨胀形势依然严峻。一直以来,西亚地区的总体失业率都比较高,且失业人口的一多半都是25岁以下的青年失业者,这已经成为该地区经济社会发展所面临的主要挑战。2010年,尽管该地区经济有所增长,但仍不足以吸纳现有的失业人员和新进入市场的劳动力。因此,总体失业状况并未得到扭转。

(1) 双边贸易。1999年,中国与西亚地区国家的贸易额达到67.8亿美元,比1998年增长11.9%,其中出口38.9亿美元,比1998年增长了14%,进口28.9亿美元,比1998年增长了9.3%。到2002年,中国与西亚国家(此处指约旦、叙利亚、黎巴嫩、巴勒斯坦、伊拉克、以色列、也门、沙特、阿联酋、科威特、巴林、卡塔尔、阿曼13个国家)贸易额已达152.5亿美元,比2001年增长17.8%,其中出口81.21亿美元,增长30.9%;进口71.29亿美元,增长5.7%。2008年,中国与西亚国家(此处指巴林、塞浦路斯、伊朗、伊拉克、以色列、约旦、科威特、黎巴嫩、阿曼、巴勒斯坦、卡塔尔、沙特、叙利亚、阿联酋、也门等15个国家)贸易额突破千亿大关,贸易额达1398亿美元,同比增长51%。2011年中国与西亚国家贸易额已达2150亿美元,同比增长42.7%。从单个国家来看,沙特阿拉伯是中国最大的贸易伙伴,也是中国在该地区最大的进口来源国。两国间的双边贸易额2011年达643亿美元,其次为伊朗,达451亿美元,再者为阿联酋,达351亿美元,这三个国家的贸易总额占该地区总额的67%。

在与西亚国家的贸易中,中国与沙特阿拉伯、阿联酋、阿曼、科威特、卡塔尔和巴林六国组成的海湾合作委员会(以下简称"海合会")贸易量较大,中国与海合会之间的经贸关系发展相当迅速,已就中国—海合会自由贸易区进行了五轮谈判,目前双方已在货物贸易谈判大多数领域达成了共识,并启动了服务贸易谈判。2010年6月,中国与海合会还举行了首轮战略对话,并签署了谅解备忘录。

在进出口贸易不断增长的同时,中国与西亚国家贸易的商品结构也发生较大变化,主要表现在:其一,出口产品的档次不断升级,2002年中国对西亚地区出口的主要商品是机电产品、服装、纺织品、钢铁产品、计算机与通信技术产品等,其中,机电产品的出口占了重要份额,如2002年中国对伊朗机电产品出口达6.631亿美元,占当年中国对伊出口总额的47.5%。其二,在进口方面,原油及石化产品的比例不断提高,2002年,中国继续从这一地区进口原油,沙特是该地区中国最大的原油供应国,中国还从阿曼、也门、科威特、伊拉克、卡塔尔等国进口原油。2002年,中国从西亚地区进口原油2376万吨,金额达43.24亿美元,比2001年的2302万吨增长了74万吨。原油仍然是中国从该地区进口额最大的商品,继续在中国与该地区国家的经贸合作中起一定程度的主导作用。中国从该地区进口的其他主要商品有成品油、液化气、塑料、乙二醇、化肥、铝等。

2011年中国同其他西亚国家(土耳其、伊朗、卡塔尔、阿富汗4个国家)的进出口总额为699.68亿美元,同比增长39.96%,增幅明显,其中中国出口额318.04亿美元,同比增长32.5%,中国进口381.64亿美元,同比增长59.5%。

(2) 双向投资。中国与西亚地区开展双向投资合作起步较强,规模也较小。近年来,中国公司和企业在西亚地区国家建立的独资、合资工厂逐渐增多,主要集中在阿联酋。2002年,经中国政府批准在西亚地区新投资的项目共有7个,协议投资额为4838万美元,中方投资额为2470万美元。

随着我国投资环境的不断改善,西亚地区国家企业界人士对我国投资环境和政策逐渐加深了了解,表现出了在华投资的兴趣,有越来越多的企业派团来华考察和投资。截至2002年底,约旦、叙利亚、黎巴嫩、巴勒斯坦、伊拉克、以色列、也门、沙特阿拉伯、阿拉伯联合酋长国、科威特、巴林、卡塔尔、阿曼西亚13国在中国投资123个项目,外资协议金额5.81亿美元,实际投入金额5.53亿美元。

值得一提的是,以色列近年来对华投资一直呈上升之势,截至2001年12月,在华投资项目已有106个,涉及化工、食品加工、电力、农业、电子通讯、珠宝钻石等多个行业。

(3) 经济合作。2002年,我国"走出去"战略在西亚地区得到了很好的实施,工程项目和劳务领域的合作继续扩大。据统计,2002年,我国在该地区(此处指约旦、叙利亚、黎巴嫩、巴勒斯坦、伊拉克、以色列、也门以及位于海湾地区的沙特)共签订承包劳务合同432份,合同金额6.22亿美元,其中工程承包项目合同119份,合同金额4.06亿美元。年末,我国在地区13个国家共派有各类人员4.28万,其中在以色列有17 300多人,约旦近9 000人,阿联酋8 300多人,科威特3 500多人。

我国同其他西亚国家(土耳其、伊朗、塞浦路斯3个国家)新签承包工程和劳务合作合同80份,合同金额9.86亿美元,营业额4.2亿美元,派出劳务人员1 118人次。该地区为我国海外承包工程和劳务合作的重要市场。

自此,双边经济合作发展迅速。2011年我国在该地区(此处指约旦、叙利亚、黎巴嫩、伊拉克、以色列、也门以及位于海湾地区的沙特)承包工程完成营业额达68亿2 667万美元。承包工程派出人数22 679人。截至2011年年末,中国承包工程在该地区的劳务人员仍有30 238人。我国对其他西亚国家(土耳其、伊朗、塞浦路斯3个国家)承包工程完成额为30.4亿美元,承包工程派出人数3 004人。截至2011年年末,我国在该地区承包工程人数仍有4 077人。

在双边贸易蓬勃发展的同时,中国与西亚地区还在能源、交通、水电等多个领域进行了深入合作。在能源领域,中国企业以合作勘探与开发新油田、合资兴办炼油和石化企业等方式积极寻求与该地区国家进行能源方面的合作。同时,西亚地区国家,特别是海湾国家在中国的能源合作项目也取得很大进展。2010年5月,由中国石化与沙特基础工业公司(SABIC)合资组建的中沙(天津)石化有限公司的石化一体化项目正式投入商业运行,这是中国国内迄今为止最大的炼油乙烯一体化项目。项目正式投产运行后,每年可生产超过300万吨的石化产品。2010年9月,中石化与科威特合资的广东炼油化工项目,已通过环境影响评估。该项目总投资590亿人民币,建成后将以科威特原油为基础,规划炼油能力1500万吨/年,乙烯能力100万吨/年。

2. 中国与西亚国家经贸关系中存在的主要问题

(1) 双方之间的合作水平与彼此的市场能量相比,依然存在着一定的差距。就贸易而言,中国对西亚国家贸易额只占中国进出口贸易总额的3%,我国对西亚国家进口商品在当地市场所占比例仍不高,仅3%左右,中国与西亚国家贸易合作的层次和规模还有待进一步拓展。

(2) 双方进出口商品结构还存在不适应性。从西亚国家进口产品看,主要是三大类:生活耐用消费品、吃穿用品、建筑材料。近几年我国从西亚进口原油数量急剧增长。我国出口货单中,初级原料和半成品不为西亚国家所需要,耐用消费品无法与发达国家产品竞争,建筑材料在质量、规格等方面又不符合要求。

(3) 贸易渠道不太畅通,信息不灵。中国企业对西亚市场了解不够,产品宣传也不够,质量和售后服务不佳,产品的档次不高和附加值较低。仅以中国在西亚最大的机电产品市场阿联酋为例,据资料统计,阿联酋机电产品进口占其贸易总额的38%,大约135亿美元,但其高、中档机电产品进口主要来自西方国家,约占其进口总额的70%左右,而中国对阿联酋的机电产品出口仅占阿联酋机电产品进口额的4%左右,而且仍以技术含量及附加值较低的轻工类机电产品为主。因此,双方合作的层次和范围都有待提高。

3. 中国与西亚国家经贸关系的发展前景

西亚国家市场容量较大,加上伊拉克战争结束,科威特、伊拉克等国需要尽快医治战争创伤,恢复经济,进口需求日趋旺盛,承包劳务市场活跃,这为我国进一步发展经贸关系,开拓西亚市场带来良好机遇。

当前,中国与西亚经贸交往存在许多有利的条件。其一,中国与西亚国家有着良好的政治关系,加强中国与西亚国家之间的经贸合作,符合双方的长远利益和根本利益。其二,美国在伊拉克战争后中东市场影响力下降,有利于扩大中国在中东国家市场的份额,尤其是电器产品的出口。其三,中东市场规模将进一步扩大。随着经济振兴,战后中东市场规模将进一步扩大,估计在未来的10年里,海湾国家仅用于发展电力生产项目的投资将达456亿美元。发展规模最大的沙特战后用于扩建和维修的项目预算资金估计达126亿美元。政府还将继续在一些基础设施项目上投入资金,预计到2005年之前,计划投资总额达1792亿美元。

中东其他国家在战后也都推出了大批新兴发展项目,尤其是在电力、通讯、公路、港口和机场扩建等方面的项目层出不穷。如叙利亚2003年5月一下批准了25个工农业发展项目,投资总额达4.8亿美元。其四,中国与中东经济上互补性强,开展合作潜力巨大。2011年,西亚国家继续普遍实行工业化和多元化发展战略,对中国具有比较优势的机电设备、信息通讯等高新技术产品需求量较大且在一定时期保持稳定增长。在纺织品方面,该地区大部分国家,特别是经济主要依赖石油出口的中东地区,各种轻工类商品基本依靠进口。目前,中国出口到中东市场的纺织品面向中、低档市场,具有市场批量小、周期短、交货快的特点。就纺织品来说,目前中国还没有与这些国家发生过贸易摩擦,很多中东国家都希望能与中国加强在纺织业上的合作。中东贸易的中心在阿联酋迪拜,而当地进口的相当一部分纺织品又被转往中亚、东欧、西非等地。欧盟将部分环地中海国家作为服装加工地,以满足欧盟国家低级消费市场的政策也进一步刺激了当地对纺织品的需求。其五,战后中国与中东石油资源开发合作也将进一步扩大。中国是产油大国,但又是石油消费大国。1993年,中国由石油净出口国转为石油净进口国,并且这一趋势可能在未来更加突出。中东地区是中国最理想的石油来源地,目前看来,双方石油开发合作的前景良好,因为一是中东国家近年来为了打破欧美和日本等少数发达国家垄断石油生产、运输和加工的格局,提出了能源发展新战略,从以出口原油为主逐步转向建立勘探、开采、提炼和运输一体化的完整的石油工业体系,这就为中国积极拓展中东石油市场展现了广阔前景;二是中国早在20世纪90年代就积极参与中东一些油气田的开发,并成功建立了自己的海外石油基地,双方合作已经有了一个良好的开端。因此在战后中东重建新形势下,只要抓住时机,采取灵活多变、积极主动的策略,中国与中东国家在石油开发方面的合作有望取得新的突破。

(五) 中国与南亚国家的经贸关系

南亚国家包括印度、巴基斯坦、孟加拉、斯里兰卡、尼泊尔、马尔代夫、不丹、阿富汗、锡金等,大部分国家与中国接壤,有共同边界达3000多公里。历史上中国与南亚国家有着传统的经商活动与友好往来,新中国成立后,南亚许多国家与我国建交较早,并积极发展了经贸关系。20世纪50年代,朝鲜战争爆发,美国禁止橡胶生产国向我国出口橡胶,但锡兰(现斯里兰卡)政府于1952年却与我国以橡胶换大米的易货贸易,并于当年签订了中锡两国政府第一个五年米胶贸易协定,两国的米胶贸易已持续近半个世纪。目前,除锡金外,南亚国家均与中国有贸易往来。1988年,中国与南亚国家进出口贸易额为8.03亿美元,1989年为12多亿美元,1994年达30.9473亿美元,1997年达39.0333亿美元,1999年达39.4199亿美元,其中,中方出口额为20.7146亿美元,进口额为18.7023亿美元。2000年,中国与南亚八国(不含锡金)的贸易额为56.85亿美元,占中国对外贸易总额的 1.2%,其中,中国出口 37.97 亿美元,进口 18.88 亿美元。2001 年达 69.3 亿美元,2002 年,中国与南亚 7 国(印度、巴基斯坦、孟加拉国、尼泊尔、斯里兰卡、马尔代夫和不丹)的贸易总额为 83.28 亿美元,同比增长 50.5%,其中,中国出口 68.2 亿美元,进口 28.8 亿美元,分别较上年增长 62%和 24.6%。2002 年,中国与南亚国家新签承包工程和劳务合作合同 213 份,合同金额 13.95 亿美元,营业额 9.1 亿美元,派出劳务人员 3 905 人次。2003 年中国与南亚 7 国(除锡金外)的进出口总额为 120.77 亿美元,同比增长 45%,其中中国进口同比增长 69.43%,中国出口同比增长 32%,进口增速明显快于出口增速。2004 年中国达 195.93 亿美元,同比增长 62.24%,2005 年达 266.86 亿美元,同比增长 36%,其中中国出口增速明显快于进口增速。2006 年中国与南亚 7 国(除锡金外)的进出口总额为 348.21 亿美元,同比增长 30.49%,其中中国出口增幅较大,同比增长 46.57%,但中国进口同比增长仅为 6.55%。2007 年达 510.16 亿美元,同比增长 46.51%。2008 年达 658.58 亿美元,同比增长速度下滑,仅为 29%。受金融危机的影响,2009 年进出口总额仅为 570.67 亿美元,同比下降 13.35%,其中中国出口 418.62 亿美元,同比下滑 5.7%,中国进口 152.05 亿美元,同比下滑 29.18%。2010 年全球经济回暖,中国与南亚的贸易总额升幅较大,进出口总额为 805.71 亿美元,同比增长 41.19%,其中中国出口 576.08 亿美元,同比上升 37.61%,中国进口 229.63 亿美元,同比增长高达 51%。2011 年虽然中国与南亚 7 国的进出口贸易仍然持续增长,但增速放缓,进出口贸易总额达到 974.12 亿美元,同比增长 20.9%,其中中国出口 713.02 亿美元,同比增长 23.77%,中国进口 261.1 亿美元,同比增长 13.7%。中国对南亚国家出口的主要商品有机电产品、化工及医药原料、生丝、焦炭、钢材、水泥、纺织品等。中国从南亚国家进口的主要商品有铁矿砂、铬矿石、皮革和纺织原料等。2002 年以来中国与南亚国家贸易主要呈现出以下特点:一是中国与该地区国家高层互访不断,有力地促进了双边经贸关系的发展;二是我国与印度、巴基斯坦、孟加拉国三国贸易持续发展,双边贸易总额连年增长,且增速较快;三是我国向南亚国家的出口远远超过进口,长期保持着顺差,尤其是对尼泊尔、阿富汗、马尔代夫、不丹四国顺差更加显著。2011 年中国自尼泊尔进口 1 386 万美元,出口高达 11.81 亿美元,是进口额的 85 倍。同年中国自阿富汗进口 440 万美元,出口 23 001 万美元,是进口额的 52 倍。中国向马尔代夫出口 9 712 万美元,进口仅为 14 万美元。中国与不丹的贸易往来开始较晚,2002 年双边贸易额仅为 64 万美元,2011 年增长到 1 746 万美元,其中中国出口 1 738 万美元,进口仅为 8 万美元。

在南亚国家中,印度是中国最大的贸易伙伴,20 世纪 90 年代以来,随着中印两国政治外交关系的不断改善和发展,两国领导人以及人民的友好往来更加频繁,双边经贸关系得到了较大的发展,贸易额逐年增加。1990 年中印贸易额只有

2.6亿美元,占当年中国对外贸易额的0.2%,2000年两国贸易额达29.14亿美元,其中,中方出口15.61亿美元,进口13.53亿美元,占中国对外贸易总额的0.6%,2002年为49.45亿美元,占中国对外贸易总额的0.79%,其中中方出口额为26.71亿美元,进口额为22.74亿美元,在中国对外贸易中排名第21位。2004年双方之间的进出口贸易额首次突破百亿美元,达到136.14美元,自此双方之间的贸易保持着较高的增长率,其中2007年进出口额同比增长达到55%,2008年同比增长34%,2009年受亚洲金融危机的影响出现16%的同比下降,2010年同比增长42%,2011年同比增长19%,进出口额达739亿美元。长期以来,中印经贸合作水平虽然很低,但基本保持平衡,中国盈余有限。然而到2006年,印度对华贸易出现赤字,由2005年的8亿美元顺差变为逆差43亿美元。进入2007年,印度对华贸易赤字继续上升,2007—2011年双边贸易中印度对华贸易逆差分别为94亿美元、113亿美元、159亿美元、201亿美元、272亿美元,自2006年印度对华贸易出现逆差后,逆差额年均增长率高达48%。

两国贸易不平衡主要源于贸易结构不合理。从进出口结构分析,印度对中国出口的商品主要是初级产品,其中矿产品和农产品占其对中国出口总额的一半以上。印度从中国进口的产品的主要是机械制品,占印度从中国进口总额的46.9%,其次为化学制品14.7%、金属制品10.6%、纤维及纺织品4.6%。印度对中国出口的产品多为资源密集型或劳动密集型产品,而中国对印度出口的产品主要为附加值较高的工业制成品,劳动密集型和资源密集型产品所占比重较小。这种贸易结构很容易使中国对印度的贸易处于顺差,而印度对中国的贸易处于逆差的状态。

目前,印度是中国第八大贸易伙伴,但是贸易总额和规模相对于两个人口大国来讲是极其不相称的,两国应该有更广阔的合作空间。

三、中国与非洲国家的经贸关系

(一)中国与非洲国家经贸关系的现状

非洲位于亚洲的西南面,矿物资源种类丰富,且储量大。非洲有58个发展中国家和地区,大部分国家由于几百年的殖民统治,经济比较单一,出口商品构成也单一,以初级产品出口换取制成品进口;所以这些国家对国际市场的依赖性较强,对外贸易在这些国家经济中占有十分重要的地位。我国同非洲的贸易有着悠久的历史,早在明朝就开始往来。新中国成立后十分重视与非洲国家的贸易关系,1950年只有埃及、摩洛哥与我国有贸易关系,贸易额仅有1214万美元。目前,中国已同非洲国家的58个国家和地区全部建立了经贸关系,并同其中40多个国家签订了政府间的贸易协定。

2002年,中非高层往来密切,经贸合作不断加强,中国国家主席和总理相继访非,中国外经贸部也分别访问了非洲17个国家,同时,9个非洲国家部级代表团也来华访问,双方的不断交流,进一步推动了中非经贸关系的发展。

1. 中非贸易稳步增长

1988年,中国与非洲国家的贸易额达10.2亿美元;1993年达到25.3亿美元;1994年达26.43亿美元;1996年达40.31亿美元;1997年达56.71亿美元;1998年达55.37亿美元;2000年达105.98亿美元;2001年达107.9亿美元;2002年达123.88亿美元,占中国对外贸易总额的1.99%,其中,中国出口额为69.62亿美元,同比增长15.9%,进口额为54.2742亿美元,同比增长13.2%,中国对非贸易已连续三年突破百亿美元大关。2003、2004年中非贸易增长迅速,双边贸易额同比增长分别达到49.67%和58.88%。2005—2011年中非进出口总额每年均保持着30%以上的增速(其中2009年受金融危机的影响,进出口额出现15%的下滑),2011年中非进出口总额1 663.23亿美元,其中中国向非洲出口730.83亿美元,进口932.4亿美元。在中非贸易中自2004年起,中方出现18亿美元的逆差,此后2005、2006、2008年以及2010、2011年在双边贸易中中方均处于逆差,2011年逆差额更是达到201.57亿美元,同比增长182%。

在规模扩大的同时,中非贸易结构逐步优化,双方具有比较优势的产品相继进入对方市场。20世纪80年代至90年代,中国对非洲出口商品以轻工、食品、化工、土畜产等为主。2000年以来,机械设备、汽车、电子产品等机电产品出口显著增长,商品质量和技术含量大幅提高。目前,机电产品占中国对非出口的比例已超过50%。在非洲对中国出口方面,棉花、磷酸盐等初级产品曾经是主要商品。近年来,非洲的钢材、铜材、化肥、电子产品等工业制成品陆续进入中国市场。同时,非洲农产品对中国出口增长加快。埃及的柑橘、南非的葡萄酒、加纳的可可豆、乌干达的咖啡、突尼斯的橄榄油、埃塞俄比亚的芝麻等特色产品,逐渐为中国消费者熟悉和喜爱。2002年,中国对非洲出口上亿美元的主要商品共12项,出口金额62亿美元,占整个对非出口额的89.24%。其中,机电和高科技产品几乎占了整个对非出口的半壁江山,达45.2%。传统产品出口继续保持优势,增长迅速。2002年中国从非洲进口1亿美元以上的商品共7项,进口额41亿美元,占从非进口总额的75.6%。受国际金融危机影响,2009年中国从非洲进口有所下降,但农产品进口增长了25%。中非农产品贸易发展迅速。2009—2012年,中国对非洲农产品出口从15.8亿美元上升至24.9亿美元,增长了57.6%;中国自非洲农产品进口从11.6亿美元上升至28.6亿美元,增长了1.46倍,进口农产品中大部分是非食品类商品,包括棉麻丝、油籽和其他农产品。非洲农产品对华出口迅速增长的一个主要原因是,中国政府自2005年开始实行非洲国家部分输华商品零关税政策,非洲特色农产品作为主要受惠产品之一,对华出口得以快速增长。以芝麻为例,从2002年开始,中国自非洲少量进口芝麻。在零关税政策推动下,中国自非洲进口芝麻快速增长,进口额从 2005 年的 0.97 亿美元增加到 2011 年的 4.41 亿美元,年均增长率高达 28.7%,高于同期中国自非洲进口全部商品的年均增速。

多年来,中国遵循互惠互利的原则,推进贸易便利化,推动中非贸易全面综合平衡发展。中国已与 45 个非洲国家签订双边贸易协定,加强在海关、税务、检验检疫等领域的合作,为中非贸易发展创造良好条件。为支持非洲国家扩大对华出口,从 2005 年起,中国给予与中国建交的非洲最不发达国家部分对华出口商品零关税待遇。截至 2010 年 7 月,受惠商品已扩大到 4 700 多个税目,今后将逐步涵盖《中华人民共和国海关进出口税则》全部税目 95% 的商品。在零关税政策带动下,非洲受惠商品对华出口快速增长。从 2005 年至 2010 年 6 月底,中国在零关税待遇项下累计进口非洲商品 13.2 亿美元,包括农产品、皮革、石材、纺织服装、机械零部件、贱金属、木制品等。中国还通过举办非洲商品展、设立非洲产品展销中心,并提供摊位费减免等优惠便利措施,帮助非洲企业开拓中国市场。

2. 中非投资领域不断扩大

2002 年,中国在非洲新增企业 36 家,协议总投资 7 283 万美元,中方投资 6 275.5 万美元。截至 2002 年底,中国累计在非洲投资设立企业 585 家,协议总投资 11.56 亿美元,中方投资 8.18 亿美元。目前,中非经济合作规模不断扩大,领域不断拓宽,多元化格局正在形成。中国对非洲国家的投资始于 20 世纪 80 年代,初始阶段规模普遍较小。进入 90 年代后,中国对非投资规模逐步扩大,领域不断拓宽,方式日趋多样。2000 年以来,在中非合作论坛带动下,中国对非投资快速增长,逐步形成多元化的投资格局。与此同时,非洲对中国的投资也日渐活跃,一批非洲企业在中国市场中发展壮大。

近年来,中国对非投资呈现出新的特点。一是增长迅速。2003 年年底中国对非直接投资存量仅为 4.9 亿美元,2011 年中国对非直接投资存量已达 162 亿美元。二是分布广泛。中国对非投资分布在 49 个非洲国家,主要流向南非、尼日利亚、赞比亚、苏丹、阿尔及利亚、埃及等国家。三是领域丰富。主要涉及采矿、金融、制造、建筑、旅游、农林牧渔业等。四是方式多样。除独资、合资外,参股、并购以及与第三国企业合资开发资源等方式也逐渐增多。五是主体多元。国有大中型企业、民营企业和个体从业者等,均在非洲投资兴业,各有所长,相互补益。截至目前,中国已与 33 个非洲国家签署双边促进和保护投资协定,与 11 个非洲国家签订避免双重征税协定,为中非企业合作创造条件。

3. 中非经济技术合作取得进展

2002 年中国企业在非洲新签承包工程和劳务合作项目合同共 995 份,合同额 29.3 亿美元,完成营业额 20.2 亿美元,当年共派出 32 898 名劳务人员赴非。2003—2010 年中国对非洲累计承包工程完成额达到 1 178 亿美元。2011 年中国对非洲承包工程完成营业额达361.22亿美元,当年共派出承包工程人员10万名,劳务合作人员16 247人。截至2011年年末,承包工程人员在非15万人,劳务合作人员在非29 041人。

目前,中国正在赞比亚、毛里求斯、尼日利亚、埃及和埃塞俄比亚等非洲国家建设了6个经贸合作区,园区基础设施建设已投入2.5亿美元。赞比亚—中国经贸合作区是中国在非洲设立的第一个境外经贸合作区,目前已引进13家企业,涉及采矿、勘探、有色金属加工、化工、建筑等领域,完成实际投资6亿美元,为当地提供就业岗位6000多个。

中非合作论坛第四届部长会后,中方即启动了旨在推动对非技术转让、扩大共享科技成果的"中非科技伙伴计划"。"中非科技合作圆桌会"于2009年底在埃及成功举办。中方与非洲国家合作开展了115个"中非联合研究与技术示范项目"。中方共招收66位非洲博士后来华深造,并向24位完成合作研究任务后归国的非洲科研人员捐赠科研设备。

4. 中国对非援助进展顺利

多年来,中国援助非洲国家建成一大批基础设施项目。20世纪70年代,在自身经济还很困难的情况下,中国援建了1 860多公里长的坦桑尼亚—赞比亚铁路,成为中国无私援助非洲的历史见证。中国援建的埃及开罗国际会议中心,总建筑面积5.8万平方米,每年举行上百个国际会议及展览,推动了当地商贸及旅游业发展。截至2009年年底,中国在非洲援建了500多个基础设施项目,较大的项目还有索马里贝莱特温—布劳公路、毛里塔尼亚友谊港、突尼斯麦热尔德—崩角水渠、坦桑尼亚国家体育场等。

减轻非洲债务负担。中国政府一贯支持非洲国家的减债努力,帮助非洲国家减轻对华债务负担。从2000年至2009年,中国已免除35个非洲国家的312笔债务,总计189.6亿元人民币。同时,中非贸易结构得以逐步优化,中国对非出口产品的技术含量和产品质量明显提高,中国通过免关税等措施,扩大从非洲进口。上述减债举措,体现了中国帮助非洲实现发展的愿望和决心,也推动了国际社会对非减债进程。

为支持非洲国家改善基础设施条件,中国政府提供了大量优惠性质贷款,并支持中国金融机构扩大对非洲商业贷款规模。特别是中非合作论坛成立以来,中国不断加大对非融资力度。2007年至2009年,中国向非洲提供了50亿美元优惠贷款和优惠出口买方信贷。贷款主要用于支持非洲基础设施和社会发展项目。2010年至2012年,中国计划向非洲提供100亿美元优惠性质贷款。截至2012年5月,对非优惠性质贷款项下已累计批贷92个项目,批贷金额达113亿美元,提前半年完成承诺。截至2012年底,中国国家开发银行设立的"非洲中小企业发展专项贷款"已累计承诺贷款项目12.13亿美元,中非发展基金二期20亿美元资金到位。中国已免除所有同中国有外交关系的非洲重债穷国和最不发达国家截至 2009 年底到期的政府无息贷款债务。优惠性质贷款支持在建大型项目,包括毛里求斯机场、赤道几内亚马拉博住宅、加纳布维水电站等。

中非开展了卓有成效的教育合作,为非洲培养大量人才。截至 2009 年底,中国提供援助在非洲建成 107 所学校,向 29 465 人次非洲留学生提供了政府奖学金。目前,中国政府每年向非洲国家提供 5 000 个左右奖学金名额。中国还加强与非洲国家在高等教育、职业教育和远程教育等方面的合作,在非洲建立生物、计算机、分析化学、食品保鲜加工、园艺、土木工程等专业实验室。

开展管理和技术培训。中国通过多种方式帮助非洲培养管理和技术人才。截至 2010 年 6 月,中国为非洲国家培训了各类人员 3 万多人次,培训内容涵盖经济、公共行政管理、农牧渔业、医疗卫生、科技、环保等 20 多个领域。另外,中国在非企业通过建立培训中心、在职培训、选派优秀员工赴华培训等方式,为所在国培训大批熟练技术人员。

进行实用技术培训。中国在许多非洲国家开展种植业、养殖业、渔业、编织、刺绣、皮革加工等实用技术培训。如中国为利比里亚战后难民、辍学学生、贫困农民举办了多期竹藤编技术培训班,推动当地竹藤产业发展。竹藤编培训班学员通过出售自制产品,月收入可达 150 美元,有效改善了生活条件。

派遣援外专家和青年志愿者。截至 2009 年底,中国向 33 个非洲国家派遣了 104 名高级农业技术专家,帮助非洲国家制定农业发展规划、开展农业技术指导和培训等。派遣专家指导中国援建项目的生产运营,培训当地管理人员,帮助非洲国家掌握独立管理项目的能力。中国还和联合国粮农组织合作,与毛里塔尼亚、加纳、埃塞俄比亚、加蓬、塞拉利昂、马里、尼日利亚等国分别签署了《南南合作三方协议》,累计向上述国家派出 600 多名中国农业专家和技术人员。截至 2009 年底,中国向非洲派出青年志愿者 312 名,提供了汉语教学、医疗卫生、体育教学、计算机培训、国际救援等方面的志愿服务。在教育领域,2010—2012 年,中国在非洲国家援建 28 所新学校,向 42 所学校援助设备,并向非洲来华留学生提供奖学金名额 18 743 个,其中 2012 年当年奖学金生 6 717 名。"中非高校 20+20 合作计划"顺利启动,20 对中非"一对一"合作院校积极开展校际合作。中国共在非洲 26 个国家(地区)开设了 31 所孔子学院和 5 个孔子课堂。

改善非洲医疗卫生条件。援建医院、派遣医疗队、提供药品和医疗物资援助,是中国帮助非洲国家改善医疗卫生条件的主要措施。截至 2009 年底,中国在非洲援建了 54 所医院,设立 30 个疟疾防治中心,向 35 个非洲国家提供价值约 2 亿元人民币的抗疟药品。自 1963 年起,中国持续向非洲派遣医疗队,共向 46 个非洲国家派出过 1.8 万人次援外医疗队员,累计治疗患者 2 亿多人次,并为非洲培训数万名医疗技术人员。2010~2012 年,中国在加纳、津巴布韦等国援建竣工 27

所医院。中国在42个非洲国家和地区派驻有43支医疗队,累计诊治患者557万余名。中国医疗队不仅诊治常见病、多发病,还创造条件开展心脑血管疾病治疗、断肢再植、巨大肿瘤切除等高难度手术,挽救众多生命垂危病人,并填补了受援国多项医学空白。目前,有1 000多名中国医疗队队员在41个非洲国家提供医疗服务。

开展减灾救灾和人道主义援助。中国与非洲积极开展减灾、救灾领域的人员交流、技术合作以及经验共享。当非洲国家遭受自然灾害和战乱影响时,中国坚持及时向其提供人道主义援助。随着国力提升,中国对非洲的人道主义援助力度不断加大。2003年,阿尔及利亚发生6.8级地震,中国迅速向其提供紧急救援物资并派遣国际救援队,救灾援助总计536万美元。2004年,中国正式建立人道主义紧急救灾援助应急机制,援助行动更加快捷有效。近年来,中国向苏丹、马达加斯加、布隆迪、坦桑尼亚、索马里、埃塞俄比亚、莱索托、津巴布韦等国家提供了食品、帐篷等紧急物资援助,帮助这些国家增强抵御灾害以及灾后重建的能力。2011年,中国向突尼斯、埃及两国政府提供共计5 000万元人民币的紧急人道主义援助,以缓解两国与利比亚边境地区滞留难民带来的人道主义危机。在2011年非洲之角遭遇60年罕见饥荒之时,中国向有关非洲国家提供紧急粮援和现汇,总额超过4亿元人民币,成为新中国成立以来中国政府对外提供的最大一笔粮食援助。2012年,中国向萨赫勒地区有关国家提供了粮食援助。

(二)中国与非洲国家经贸关系中存在的主要问题

我国与非洲国家的贸易虽然发展较快,但在我国外贸总额中所占比重却很低,造成这种情况的主要原因:其一是非洲各国经济贸易状况恶化,初级产品价格下跌,非洲国家经济增长较低,债务负担更为严重,国外资金流入减少,使许多国家的经济发展遇到较大困难,对扩大中非贸易不利。其二是中非贸易中我方顺差较大,一直是出口大于进口,也影响了贸易的进一步发展。其三是目前中非贸易面临激烈的竞争。非洲大部分国家采取贸易自由化政策,外贸外汇管制较松,因此是各国竞争的主要市场之一,而我国在竞争中在许多方面处于劣势。首先,我国与非洲相距太远,交货期长,影响了商人的资金周转。其次,非洲国家的主要贸易伙伴是西方国家,已形成广泛的贸易网络,而且中间环节少、货款周转快,我国与非洲国家贸易往来不多,贸易网点尚不普及,许多商品要经中国香港转到非洲,加大了商品成本。再次,在对非洲贸易中,我国的付款方式不够灵活,坚持使用信用证付款,而非洲许多国家银行业不发达,再加上贸易对象大多为中小商人,一般本钱不大,很难接受我国坚持的这种缓慢的付款方式。

(三)中国与非洲国家经贸关系的发展前景

随着世界经济一体化、经济全球化进程的加速,南北差距持续扩大,贫富分化加剧,发展中国家,特别是广大非洲国家维护经济安全,实现可持续发展的任务更加艰巨。非洲大部分国家与我国有着良好的政治关系,各国政府都有与我国发展贸易关系的愿望,我国许多商品,尤其是轻工、纺织、土特产品在非洲很有市场,另外,我国出口的小型机械、化工产品、家用电器也很适应非洲国家的生产技术水平和消费水平,特别是目前非洲许多国家重视发展农业,需要大量的农机产品,这为扩大对非出口非常有利。同时,非洲国家拥有丰富的矿产资源及其他产品,正积极寻求出口市场,也希望我国购买。

2003年12月15日,中非合作论坛第二届部长级会议在亚的斯亚贝巴开幕,会上,温家宝总理提出了中非关系发展的四项原则:相互支持,推进传统友好关系继续发展;加强磋商,促进国际关系民主化;协调立场,共同应对全球化挑战;深化合作,开创中非友好关系新局面。2003年后,中国政府将在中非合作框架内逐步增加对非援助;进一步开放市场,对非洲最不发达国家部分商品进入中国市场给予免关税待遇;对"非洲人力资源开发基金"增加33%的资金投入,今后三年为非洲培养、培训一万多名各类人才;鼓励和推动中非企业间开展互利合作,支持中国企业赴非投资;加强对非方旅游合作,新增加8个非洲国家为"中国公民自费出国旅游目的地"国家;中国政府还倡议2004年在中国举办"中非青年联欢节"和以非洲为主题的大型文化交流活动;同时,积极开展与非洲国家的艾滋病、疟疾、肺结核等传染病防治和预防自然灾害、环境保护等领域的合作。在2006年中非合作论坛北京峰会和第三届部长级会议上,中方宣布了旨在加强中非务实合作、支持非洲发展的8项举措,包括扩大援助规模、提供优惠性质贷款、援建非洲联盟会议中心、扩大免关税受惠商品范围、设立中非发展基金、建设境外经贸合作区、设立农业技术示范中心和疟疾防治中心等。在2009年举行的中非合作论坛第四届部长级会议上,中方又宣布了8项新举措,涉及农业、环境保护、促进投资、减免债务、扩大市场准入、教育、医疗卫生等领域,进一步突出改善非洲民生、加强农业合作、加大人力资源开发合作、提高非洲自主发展能力等内容。这些措施的实施,将进一步扩大中非经贸合作,开创中非经贸关系的新局面。

四、中国与拉丁美洲国家的经贸关系

拉丁美洲国家指美国以南的所有美洲国家和地区,包括墨西哥、中美洲、西印度洋和南美洲,有墨西哥、古巴、巴西、阿根廷、智利等33个独立国家和13个地区,这一地区多数国家战后经济发展较快,开放程度也较高,对国际市场的依赖性较强,部分国家被定为新兴工业化国家,属于发展中国家中比较发达的地区。迄今为止,我国同这些国家和地区都有贸易往来。

(一) 中国与拉丁美洲国家经贸关系的现状

1. 双边贸易

1980年中拉贸易额为13.3亿美元,1993年为37.072亿美元;1994年增至47.02亿美元,1996年增至67.29亿美元;1997年拉美国家经济增长率达4%以上,1998年中国与拉美国家的贸易额为83.1216亿美元,2000年达125.9亿美元,占中国对外贸易总额的2.7%;其中,我国对拉美出口71.8亿美元,进口54.1亿美元,2002年,受阿根廷经济危机辐射、巴西大选引发市场信心危机以及欧美经济低迷的综合因素影响,拉美和加勒比国家经济进一步下滑,地区经济出现0.5%负增长。然而2002年中拉双边贸易却逆势上升,在上年基础上继续保持两位数增长,并再创历史新高。根据中国海关统计,全年中拉双边贸易总额达178.26亿美元,占中国对外贸易总额的2.78%,其中中国对拉美和加勒比出口94.89亿美元,从拉美和加勒比进口83.36亿美元(中方顺差11亿美元),同比分别增长19.3%、15.2%和22.4%。据中国海关统计,2003年1~11月,中拉双边贸易额达242.8亿美元,同比增长49.2%,预计全年可超过250亿美元。

在拉美国家中,巴西是中国的最大贸易伙伴,2002年,双边贸易额为44.69亿美元。2002年我对南共市国家出口有所下降,但与此同时对中美洲和加勒比部分国家的出口有较大的增幅。2002年我国对拉美和加勒比出口的大宗商品有机电产品(36.6亿美元)、服装和纺织品(28亿美元)、高新技术产品(11.4亿美元)等。2002年我国从拉美和加勒比进口的主要商品有大豆(15.2亿美元)、机电产品(13.7亿美元)、铜材(9.3亿美元)等。2003—2010年中拉贸易持续增长,2011年首次突破千亿美元大关,进出口总额为2 413.87亿美元,2012年,中拉贸易额已达2 612亿美元,同比增长8.16%,中方对拉美出口1352.17亿美元,进口1 260.26亿美元。目前,中国已成为拉美第二大贸易伙伴国和主要投资来源国。中拉贸易仍保持着较高国别集中度,但多元化的趋势已有所显露。此外,中拉贸易的产品结构虽然失衡,但积极变化已显现。

2. 双边投资

根据商务部业务统计,截至2002年,经国家授权部门批准并在商务部备案的中国在拉美和加勒比地区投资企业共有362家,双方协议投资总额为7.97亿美元,中方投资总额6.58亿美元。其中2002年新批境外企业46家,双方协议投资总额5141万美元,中方投资总额3 697万美元。投资对象包括巴西、墨西哥、委内瑞拉、秘鲁和古巴等国家,投资的行业涉及资源开发、加工装配和贸易等。同期,拉美和加勒比国家在华投资继续保持良好的发展势头。截至2002年,拉美和加勒比国家在华投资项目共计9 158个,合同外资金额625亿美元,实际投资金额295.8亿美元。其中2002年拉美和加勒比在华投资项目达2366个,合同外资金额153.2亿美元,实际投资金额75.5亿美元。

据统计,2011年,中国对拉美直接投资流量119.36亿美元,其中流向开曼群岛和维尔京群岛分别为49.37亿美元和62.08亿美元,共111.45亿美元;拉美对华投资125.05亿美元,占当年吸引外商直接投资的10.78%;其中,开曼群岛和维尔京群岛的对华直接投资分别为22.42亿美元和97.25亿美元,共119.67亿美元,占拉美对华直接投资的95.70%。截至2011年底,中国对拉美地区的投资存量达到552亿美元,占中国对外总投资存量的13%,其中对开曼群岛和维尔京群岛的投资存量分别是216.92亿美元和292.61亿美元,共509.93亿美元。拉美已是仅次于亚洲的中国对外直接投资存量最为集中的第二大地区。而根据拉美经委会统计,2010年,中国继美国(17%)和荷兰(13%)之后,已经成为拉美地区第三大投资来源国(9%)。尽管仍有90%的投资集中在油气、矿业等资源开采领域,但是随着华为和中兴通讯进入电信行业,比亚迪汽车、奇瑞汽车和江淮汽车进入汽车行业,中国在拉美的投资多元化战略逐渐形成,制造业、基础设施建筑和服务业也将被纳入。未来中拉贸易关系的发展可获得贸易结构优化和投资多元的"双引擎"驱动。

3. 经济合作

2002年我国在拉美和加勒比开拓工程和劳务承包市场方面取得一定的进展,项目规模和业务范围都有较大的突破,技术水平也不断提高,合作领域日益拓展。截至2002年,中国企业共在拉美和加勒比地区签订承包工程和劳务合作合同2 346份,合同总金额31.2亿美元,完成营业额16.3亿美元。2002年,我国还对拉美和加勒比国家提供了各类经济技术援助。

随着中拉贸易和投资的快速增长,对金融合作深入发展的需求也水到渠成,而国际金融危机在客观上也促使中拉加快金融合作。例如,2009年1月12日中国正式成为美洲开发银行第48个成员国;中国和阿根廷签署双边货币互换协议;中国与巴西、委内瑞拉和厄瓜多尔签署"贷款换石油"协议;智利央行在研究把人民币纳入其外汇储备投资组合等。

(二)中国与拉丁美洲国家经贸关系中存在的主要问题

(1)从结构上看,进出口商品结构不相适应,中国商品竞争能力较弱。拉美国家资源丰富,有许多出口商品是我国传统进口的大宗商品,而我国向拉美国家出口的商品品种比较单一。此外,我国对拉美国家出口资源不足,拉美国家每年进口化工产品和医药原料100亿、机电产品120亿美元,我国因供货能力有限或产品质量不符合要求,价格缺乏竞争力而失去不少成交机会。

(2)外汇短缺,支付能力差,影响了双方贸易的进一步发展。20世纪80年代以来拉美国家出现了债务危机,影响了拉美国家从我国的进口。

(三)中国与拉丁美洲国家经贸关系的发展前景

中国与拉丁美洲国家发展经贸关系具有一些有利条件,主要表现在:首先,中国与拉美国家都是发展中国家,有着相似的历史遭遇,都面临着如何加快经济和社会发展的艰巨任务,不仅,没有利益冲突,而且还在许多重大国际问题上有着相同或相似的看法。其次,中国和拉美国家都十分重视发展双边经贸合作,双方在资源和产品上互补性强,各有优势,相互间各具合作潜力。近年来,中国改革开放不断深入,拉美一些国家也宣布了贸易开放政策,降低关税,简化进口手续,为扩大双边经贸关系提供了良好的机会。再者,中拉双方各自的比较优势将继续成为双边贸易关系的动力。中国的比较优势是丰富的劳动力资源及强大的制造能力,拉美的比较优势是地大物博。拉美的生物燃料产量占世界总产量的31%,石油产量占13%,铜产量占47%,锌产量占23%,大豆产量占48%,牛肉产量占31%,牛奶产量占23%,玉米产量占16%。在可预见的将来,中国和拉美的上述比较优势将继续主导双边经贸关系。

中国与拉丁美洲国家发展经济关系也具有一些不利条件,主要表现在:首先,双边贸易额不大,特别是美洲自由贸易区将于2006年1月建立,届时将成为世界最大的自由贸易区。美洲自由贸易区组建之后,更多的贸易将在区内进行,使我国对拉美市场的出口面临更多困难。再者,拉美国家贸易保护主义抬头,1989年,巴西成为第一个对中国出口产品实施反倾销的拉美国家。自那时以来,拉美的大多数国家都对中国出口产品实施过反倾销。WTO的数据表明,拉美是中国出口产品实施反倾销手段最多的贸易伙伴之一。

我国与拉美国家经济发展水平相近,相互间有着良好的国家关系,我国应抓住当前拉美各国新的对我开放契机,制定正确的策略,进一步推动对拉美贸易的向前发展。

中拉贸易关系的前景是美好的。据中拉贸易规划,未来5年中拉贸易额突破4000亿美元,未来3年中智贸易额达到600亿美元,与"南共市"国家的贸易额于2016年达到2000亿美元。在贸易保障机制方面,2012年5月9日,中国与哥伦比亚签署了两国自贸协定可行性研究的谅解备忘录,同年9月,中智两国签署了自贸协定的补充协定。

第4节 中国与独联体东欧国家的经贸关系

1991年,苏联解体后,原苏联的15个加盟共和国独立为15个主权国家,1991年12月,11个国家在平等互利基础上组成独立国家联合体。1993年,格鲁吉亚也宣布参加独联体。2005年8月土库曼斯坦宣布推出独联体,2008年8月,格鲁吉亚宣布突出独联体,2009年8月正式退出。东欧国家包括波兰、匈牙利、罗马尼亚、保加利亚、捷克、斯洛伐克、前南斯拉夫等。独联体与东欧国家是我国的传统贸易伙伴,目前,这些国家正处于向市场经济转轨过渡的发展阶段,我国发展与这些国家的经贸关系,既具有新的机遇,也面临挑战。

一、中国与俄罗斯的经贸关系

俄罗斯是中国最重要的邻国之一,两国经济互补性强,双边贸易潜在市场巨大。近年来,随着两国"面向未来的战略合作伙伴关系"的建立和睦邻友好条约的签署,使双边贸易关系稳步发展。

(一)中俄经贸关系的现状

1992年至今,中俄两国贸易的发展大致经历了四个阶段:

第一阶段(1992—1993年),这一阶段因为苏联解体后,俄罗斯商品十分缺乏,企业生产滑坡,急需从我国进口商品,我国对易货贸易也实行了一系列优惠政策,所以发展很快,1993年双边贸易额达到76.6亿美元的高峰。

第二阶段(1994—1996年)1993年俄方大幅度提高进口关税,降低出口关税,鼓励出口,所以使我国出口商品盈利下降,抑制了出口,我国对俄的进口额有所回升。同时,这时期贸易方式由易货贸易逐步向现汇贸易过渡,双方企业均缺乏资金,所以在一时期双边贸易下降,1994年双边贸易额为50.8亿美元,比上年降幅达33.8%。

第三阶段(1997—1998年)由于上述原因的持续,这一时期双方贸易额仍然下降,1997年贸易额为61.2亿美元,与上年同比下降10.5%,1998年贸易额为54.8亿美元,同比又下降10.5%,但是这一时期两国边境地方贸易发展较快,1998年边地贸易额比1997年增长20%以上,约占两国贸易总额的1/3。

第四阶段(1999年至今),1999年两国贸易止跌回升,2000年中俄签署了《中俄政府间2001—2005年贸易协定》,2001年7月又签署了《中俄睦邻友好合作条约》,2000—2001年,中俄贸易增长速度超过了我国对外贸易总额增长速度。2000年我国对外贸易总额同比增长31.5%,而中俄贸易增长速度更快,同比增长39.98%,双边贸易额突破了1993年的历史最高纪录,为80亿美元。2001年,中俄贸易额约达106亿美元,同比增长33.38%,再创新高。2002年中俄贸易总额达119.27亿美元,比上年增长11.8%,连续第四年保持增长,其中,中国出口额为35.4亿美元,进口额为84.07亿美元。2003年,中俄双边贸易额为157.6亿美元。2003—2005年中俄贸易额均保持着30%以上的增长速度,2006年增长稍微放缓,进出口额同比增长14.73%。2007年中俄双边贸易额增长迅速,同比增长44.23%。2008年双边贸易额569亿美元,同比增长18.18%。2009年受金融危机影响,中俄双边贸易回落至387.5亿美元,同比下降32%。2010年中俄贸易总额已经达到555.53亿美元,2011年又达到792.7亿美元。自2002—2011年,中俄贸易年均增长26%,高于同期中国对外贸易总额年均20%的增长率。从名次来看,2000年,俄罗斯是中国第11大贸易伙伴,2002年则上升到第10大贸易伙伴，2007—2012 年俄罗斯一直是中国第 8 大贸易伙伴，而中国已经成为俄罗斯的最大贸易伙伴。中俄贸易占中国对外贸易总额的比重一直维持在 1.6%～2.2% 之间，没有出现大幅波动。而中国与前三大贸易伙伴日本、美国和中国香港双边贸易比重大多超过 10%，甚至接近 20%，也就是说与这些国家相比中俄贸易仍有很大的发展空间。

（二）中俄经贸关系存在的主要问题

（1）中方的贸易逆差进一步扩大。中俄贸易长期处于不平衡状态，2002—2011 的十年间，除 2007、2008、2010 年中方顺差之外，其余年份中方均处于贸易逆差地位。2009 年中方贸易逆差高达 37 亿美元。

（2）双边贸易在中国的对外贸易总额中所占比重不高，始终维持在 2% 左右。2011 年中俄进出口贸易占中国对外贸易总额的 2.18%。

（3）商品结构单一，双边的贸易结构有待进一步调整。目前中俄两国的贸易结构以初级产品为主，中方以出口食品、轻工品、日用消费品为主，俄方向中方出口的商品以天然气、木材、钢材、化肥、鱼类产品等原材料性产品为主，双方进出口商品的附加价值低，高科技含量的商品较少。单一的商品结构易受市场需求变化及两国相关产业政策调整的影响，成为双边贸易发展的制约因素。

（4）中俄双边的贸易体系不够完善。中俄双方在贸易服务体系方面，如：金融、保险、仲裁等领域的合作还处于起步阶段，特别是在金融领域的合作较少，两国企业之间的贸易无法采用国际贸易正常的结算方式，如：信用证结算、支付预付款等等，这对企业的贸易活动产生了一定的影响，也限制了贸易额的扩大。

（5）经贸合作领域摩擦加剧，能源合作等大型项目久拖不决。2003 年中俄双方出现了自中俄战略协作伙伴关系建立以来少有的摩擦，而这些摩擦主要集中于经贸合作领域。中石油公司投标俄罗斯"斯拉夫石油公司"拍卖遭遇封杀。俄当局突然叫停论证多年的安加尔斯克至大庆输油管线（简称"安大线"）建设方案，从伊尔库茨克州经中国到韩国的天然气管道工程也被迫推迟开工。"现代级"驱逐舰和"苏-30MKK"飞机采购因俄罗斯内部利益集团争斗而一再延期，一系列经贸领域的摩擦与分歧纷至沓来。

（6）俄罗斯经贸法律法规不健全，经济环境有待改善。法律不完善、政策随意性强、缺乏透明度、经营风险高，已成为中方企业在俄投资和经营中最头疼的难题。最近几年，俄执法部门多次以"灰色清关、来源不明、非法走私"为名查抄中国商人的货物。2004 年 2 月 12 日，俄警方就查抄了莫斯科"艾米拉"市场中国商人的大量货物，使中国商人蒙受了巨大的经济损失。俄罗斯国内的经济秩序、经营环境混乱，社会治安差，使正常的经营活动难以顺利进行。中方在俄从事经营活动的人员受到勒索、敲诈，人身和财产安全及权益得不到保障。与此同时，俄执法机关有法不依、收受贿赂的现象十分普遍，加剧了经营秩序的混乱，也加大了经营成本，影响了中国企业家开拓俄罗斯市场的信心和积极性。

(三) 中俄经贸关系的发展前景

中俄两国互为最大邻国，双方有着4300多公里的共同边界，发展边贸有着得天独厚的地缘优势。近年来，随着两国人员往来和商贸活动的增多，越来越多的俄罗斯人抛弃了对中国的偏见，开始重新认识中国。目前，两国加强经贸合作具备了天时、地利、人和等优势。2003年5月，胡锦涛主席对俄罗斯进行访问，两国提出在近年内将双边贸易提高到200亿美元的目标。2003年9月，中俄总理第八次定期会晤期间，两国领导人又提出下一步发展双边经贸合作的主要方向是：扩大双边投资合作，加快能源合作步伐；改善贸易商品结构，提高机电产品在双边贸易中的比重；加强两国地区与企业间的合作，特别是我与俄远东地区合作和俄参与中国西部开发和东北老工业基地改造的合作。中俄两国政府2011年签署了关于经济现代化领域合作的备忘录。目前正在制定具体的合作清单，包括宽体远程客机、新能源、纳米技术等将近70个合作项目。中国商务部发布的资料显示，截至2012年年底，中国对俄累计非金融类直接投资44.2亿美元，近十年来平均增长40%以上，俄罗斯已成为中国海外投资增长最快的国家之一，然而双方在这一领域的合作仍有待实质性的突破。

随着俄罗斯经济的好转，其经济秩序逐步理顺，各项经济立法日趋完善，经济环境逐步改善，为两国间贸易的发展创造了良好条件。俄罗斯入世后，关税下调，其国内市场更加开放，贸易和投资自由化进程加快等其他变化，有利于促进俄中进出口。虽然在短期内对中俄两国的经贸影响并不大，但中长期来看将有利于扩大双边经贸往来，但是俄罗斯国内贸易环境的新变化必然导致中俄贸易关系产生一些新问题。中俄经贸合作在提升数量的同时，更应着力于合作质量和效益的提高。为此，双方应努力推动两国企业在贸易和投资领域大型互利项目的实施，鼓励两国银行和金融机构在出口信贷保险、贸易融资等领域加强合作，支持两国中小企业、产业协会和地区之间建立更密切的横向联系，充分挖掘中俄贸易投资合作潜力，加大在创新、经济现代化和高技术领域的合作力度。

二、中国和其他独联体国家的经贸关系

(一) 中国与其他独联体国家经贸关系的现状

苏联解体后，中国积极发展与独联体国家的经贸关系，到目前为止，我国同绝大多数独联体国家都正式签署了政府经贸协定，我国与哈萨克斯坦和乌兹别克斯坦分别签订了中方提供商品贷款协定和成立政府经贸和科技合作委员会的协议。我国还与乌兹别克斯坦签订了投资保护协定以及有关铁路、公路、海运、民航、边境口岸以及银行合作等方面的协定和议定书。我国与中亚五国共建的"上海五

国"机制成为保障中亚地区安全的有效机制。这些为今后双边经贸关系的发展奠定了坚实的基础。

1. 中国与独联体内中亚五国的经贸关系

独联体内中亚五国(哈萨克、乌兹别克、塔吉克、吉尔吉斯、土库曼)与我国西北地区毗邻,是我国开展与周边国家经贸合作的重点地区。苏联解体后,中亚五国刚一独立,中国即与其建立正式外交关系,并签订了政府间的经济贸易协定,除塔吉克外,与其他几国还签订了商品贷款协定和互相保护投资协定。1993年中国与中亚五国的贸易额达6亿多美元,1999年增加到17.35亿美元,在6年中翻了两番。2002年双边贸易额为23.88亿美元,比上年增长58.5%,其中,我国出口9.44亿美元,增长92.3%;进口14.44亿美元,增长42.1%;中方逆差5亿美元。2003年中国与中亚五国进出口贸易额40.75亿美元,同比增长70.62%。其中中国出口20.63亿美元,同比增长118.6%,中国进口20.11亿美元,同比增长39.26%。2004—2008年中国与中亚五国进出口贸易额保持着年均50%的增长率。受金融危机的影响,2009、2010年中国与中亚五国进出口贸易额出现负增长,分别为-25.54%和-1.75%。2011年中国与中亚五国进出口贸易额185.85亿美元,同比增长12.43%。

在中亚五国中,哈萨克斯坦是中国最大的贸易伙伴。自哈萨克斯坦1991年宣布独立并与我国正式建交以来,通过中哈双方政府部门和企业界的共同努力,我国与哈萨克斯坦的贸易合作一只保持较快发展。虽然2008年金融危机、2009年俄白哈关税同盟的建立,对双方的贸易产生了一些负面影响,但在双方的共同努力下,经过2009年的下跌后,2010年得到了恢复性增长,2011年继续保持增长发展态势。2011年中国与哈萨克斯坦双边贸易额为249.6亿美元,达到历史最高水平,比2010年增长22%。随着我国与哈国贸易的不断增长,两国贸易结构失衡现象夜日益突出,已成为制约两国贸易可持续发展主要障碍,如何解决中哈贸易结构不平衡,提升两国贸易水平已成为当务之急。

从贸易结构上看,中国对中亚五国出口的主要商品是:机电产品、纺织品和服装、鞋帽等。中国自中亚五国进口的主要商品是:钢材、铜及铜材、铝及铝材、原油等。

中国与中亚五国经济技术合作规模逐年扩大。截至2002年年底,中国在该地区投资近7亿美元,投资项目主要涉及油气勘探开发及管线建设、化工、造纸、农产品加工、贸易等诸多领域。五国在华投资约900多万美元。2002年另与中亚国家新签劳务、工程承包合同47份,合同金额4.56亿美元,完成营业额3.39美元(累计)。2003—2008年中国对中亚五国的对外承包工程完成营业额均保持着快速增长。2009年对外承包工程完成营业额达到一个顶峰,35.2亿美元,2010年下滑到31.2亿美元,2011年对外承包工程完成营业额29.9亿美元。截至2011年年底,在外承包工程人数7008人,在外劳务人数1193人。

2. 中国与其他独联体国家的经贸关系

2002年,中国与独联体国家的贸易总额为157.51亿美元,比上年增长20.0%。其中,中国出口51.14亿美元,增长47.0%;进口106.37亿美元,增长10.31%;中方逆差55.23亿美元。2002年中国与独联体、波罗的海国家新签劳务合作、工程承包合同344项,2002年新批准独联体、波罗的海国家在华投资项目138个,合同金额5 504万美元,实际使用4 380万美元。截至2002年年底,共批准其在华投资项目1 598个,合同金额82 541万美元,实际使用32 480万美元。

(二)中国与其他独联体国家经贸关系存在的主要问题

(1)商品结构单一。中国出口商品仍以传统的轻纺产品和食品为主,进口以原材料性商品为主。双边贸易中高科技含量和高附加值的商品所占比重较小。商品结构单一导致双边贸易额易受市场需求变化及相关产业政策调整的影响。

(2)缺乏相互了解。双方企业对对方国家优势行业和产品缺乏了解,各自优势尚未在双边经贸合作中得以体现,从而限制了双边贸易规模的扩大和进出口商品的多样化。

(3)双方经贸合作形式缺乏多样性。双方经贸合作另一问题变现在相互投资项目少、规模小,传统的工程承包和劳务合作项目不断减少。哈萨克斯坦等中亚国家同中国虽然签署了多个有关在石油和天然气、建筑、冶金、纺织和电子等不同领域的经济协定和合作意向书,但有效的合作并未真正开展起来。

(4)合作主体实力有限。独联体国家经济水平普遍不高,购买力相对较低。企业缺乏资金,技术和管理经验滞后,信誉不高,竞争力有限。中国企业在独联体、波罗的海国家涉足不深,大型项目不多。

(5)对方国家投资经营环境欠佳。一些独联体国家法规多变,执法过程中人为因素比较明显。加之社会治安不好,中国企业及经贸人员财产、人身安全和合法权益得不到保障,开拓当地市场风险较大。

(6)双边贸易秩序问题突出。许多独联体国家灰色清关盛行,对我国产品进入其市场构成极大障碍。而在不规范贸易的背景下,一些中国假冒伪劣商品流入独联体市场,严重损害了中国商品的声誉。

(7)有关贸易法规定及安全保障机制未完善。有关贸易法律及安全保障机制迟迟未能完全建立和运作起来,银行结算、信用保险和贸易仲裁仍是制约双方经贸合作规范发展的三大"瓶颈"。独联体各国正由计划经济体制转向市场机制,各种经贸法规尚不健全,政策多变,政出多门,有法不依,有令不行的现象十分严重;各类企业同时涌向国际市场,由于信息不灵,国际贸易知识缺乏,法律观念淡薄,内部关系失控,屡屡发生贸易纠纷和欺骗案件。

(三)中国与其他独联体国家经贸关系的发展前景

尽管中国与其他独联体国家的经贸关系还存在许多问题,面临一些挑战,但从独联体各国情况看,近年来经济形势渐趋好转,从长远看,中国与其他独联体国家发展经贸关系具有广阔的前景。

(1)我国与独联体国家都具有发展双边贸易合作的积极性。独联体各国经济仍较困难,消费品市场商品极度匮乏,因此,迫切希望发展与我国的经贸关系,而我国出口市场过一集中,不利于全方位对外开放,不利于冲破贸易保护主义,因此,我国也需要调整市场格局,积极发展与独联体国家的贸易关系。

(2)独联体国家市场容量大,与我国贸易合作互补性强。独联体国家在科技领域,如海上运输、连续炼钢、宇宙开发、电站建设、和平利用原子能、航空工业等方面具有较强优势,可为我国提供大量的先进技术与设备。此外,独联体国家地大物博,在一些生产用的原材料和燃料供应上具有一定优势;我国市场繁荣,轻纺、家电、食品资源充足,双方在贸易商品结构上互补性强,有利于双边贸易的发展。

(3)我国与独联体国家具有地缘优势,发展经贸合作很有潜力。地缘优势在改革开放以来中国与独联体国家的经贸关系中发挥着极为重要的作用,中国与俄、哈、吉、塔4国有2万多公里的共同边境线,铁路、公路、河流、航线相连,交通便利,有利于经贸开展。

三、中国与东欧国家的经贸关系

(一)中国与东欧国家经贸关系的现状

东欧国家是中国的传统贸易伙伴,早在20世纪50年代初,中国就先后与东欧国家签订了长期贸易协定,开展贸易合作。60年代后,随着中苏关系的变化,中国与东欧国家的经贸关系也受到了影响。80年代后,中国与东欧国家的经贸关系又有了明显的恢复和改善。1985年,中国与东欧国家签订了长期经济技术合作协定和关于成立经济贸易、科技合作委员会议定书,并就东欧国家参加中国现有企业的技术改造,共计约100个项目达成初步协议,这标志着双方的经贸合作进入一个新的发展阶段。1988年中国与东欧各国的贸易额达35亿美元,6年间增加了4.6倍。

1990年以来,东欧国家的经济普遍下滑,受此影响,我国与东欧国家的经贸关系,一直处于徘徊状态。1993年双方贸易额为17.21亿美元,其中,中方出口为6.44亿美元,进口为10.72亿美元;1994年贸易额为15.24亿美元,其中,中方出口为9.15亿美元,进口为6.09亿美元;1996年贸易额为13.93亿美元,其中,中方出口为11.22亿美元,进口为2.71亿美元;1997年贸易额为17.02亿美元;

1998年贸易额为18.24亿美元,其中,中方出口额为17.07亿美元,进口额为1.17亿美元。2002年中国与东欧进出口总额约为49亿美元,2011年已达到440亿美元,年均增长30%。其中波兰已于2005年替代匈牙利成为我国在该地区最大的贸易伙伴,2011年中国与波兰进出口总额约为130亿美元,约占我国与东欧贸易总额的29%。

国际金融危机以来,不仅双方贸易逆势而上,双向投资也日趋活跃。中国企业在东欧地区投资已涵盖化工、机械、家电、电信、汽车和新能源等行业,并向农业、金融、科技等领域拓展,对当地经济增长和就业的贡献与日俱增。双方基础设施建设合作初见成效。双方发展潜力巨大,合作态度积极。

(二) 中国与东欧国家经贸关系中存在的主要问题

(1) 东欧国家经济尚未完全恢复,其出口商品多属中等技术水平,而且价格较高,我国用户对其产品一般不感兴趣。

(2) 贸易方式的改变影响了双边贸易的发展。进入90年代,我国与东欧国家的贸易由记账贸易改为现汇贸易,但双方企业的经营观念和经营方式未能及时适应这种转变。加之双方外汇支付能力有限,从而导致双边贸易额下降。

(3) 西方资本主义国家已通过技术、投资、援助、考察等进入东欧市场,加剧了市场竞争,对我国商品是一种挑战。加上近年来,东欧市场受我国假冒伪劣商品影响,使我们名誉受损,增加了出口困难。近年来,东欧国家普遍向西方国家靠拢,其贸易重点也由原苏联等社会主义国家向西方资本主义国家转移。

(4) 双方企业缺少新的合作伙伴。近几年,由于双方国家经济政策的调整,以及经济形势的变化,不仅市场需求发生了较大变化,而且原有的合作伙伴也发生较大的变化。特别是东欧许多国家实行私有化以后,一些旧的合作伙伴已不复存在,大批新的经济组织和企业又不被我国企业所了解,这在很大程度上影响了双边贸易的积极开展。

(三) 中国与东欧国家经贸关系展望

从上述情况看,中国同东欧国家发展经贸关系是机遇与挑战并存,既有困难,又有机遇。

(1) 中国与东欧国家都有发展互利合作关系的要求和愿望。1989年后,我国尊重东欧地区各国人民的选择,在和平共处五项原则的基础上建立超越社会制度、意识形态和价值观念的新型国家关系。应该采取多种形式扩展双方的经贸合作,可针对其私有化的动向,利用其搞企业私有化、股份化、廉价出售的时机,有选择地收买或委托收买一部分有发展前途的商业、服务业、小型企业和一些大型企业的股份。

随着中国改革开放进程稳步向前,中国道路和发展经验在国际金融危机背景下表现独特的美丽,东欧多数国家对中国刮目相看。开始有意在经济、人文交往以及外交关系等方面拉近与中国的距离,寻求密切合作关系。

多年来,我国国家领导积极发展同东欧各国的经贸关系,取得了不错的成果。2013年11月,李克强总理在罗马尼亚布加勒斯特出席中国—中东欧国家第三届经贸论坛开幕式并致辞,出席中国—中东欧国家领导人会晤,并会见中东欧国家总理。在致辞中,李克强总理认为:"只要我们本着平等相待、互相尊重、互利共赢、共同发展的原则,相向而行,共同努力,中国与中东欧国家互利共赢之路一定会越走越宽广,务实合作的成果一定会越来越丰硕,共同发展的前景一定会越来越美好。"

(2) 东欧国家的经济大都已开始复苏,主要国家国民经济已有不同程度增长,这就为发展双方经贸关系提供了物质基础。据商务部网站统计,保加利亚、捷克、匈牙利、波兰、罗马尼亚、斯洛伐克和斯洛文尼亚已建成中东欧自由贸易区(Central European Free Trade Agreement,简称 CEFTA),该贸易区的建成为中东欧国家的经济发展提供了更为广阔的平台,随着东欧各国经济的进一步发展,其与我国之间的经贸往来也将越来越频繁。

第5节 内地与港、澳、台地区的经贸关系

香港、澳门和台湾都是中国的神圣土地,长期以来,香港和澳门与中国内地有着非常密切的经济贸易关系,港、澳地区不仅是内地主要的出口及转口市场,而且也是收取外汇的主要来源地。台湾省与内地的贸易关系近年来发展非常迅速,成为内地的主要贸易地区之一。

一、内地与香港地区的经贸关系

香港地区包括香港、九龙和新界三部分,总面积1 066平方公里,总人口620人,其中98%是中国同胞,外籍居民只占总人数的2%。香港地区地少人多,自然资源匮乏,长期以来,进料加工和来料加工工业较发达,加上交通十分便利,战后几十年经济发展非常迅速,成为亚洲"四小龙"之一,目前,香港已从一个转口贸易港发展成为国际性的贸易、金融、信息、交通运输和旅游中心。

1840年鸦片战争后,香港被英国长期占领。1984年12月19日,中英两国关于香港问题的联合声明在北京正式签字,确认了我国将在1997年7月1日恢复对香港行使主权。1997年7月1日,香港正式回归祖国。内地与香港的贸易关系是中国主体同单独关税区之间的贸易关系。

(一) 内地与香港地区经贸关系的现状

内地与香港的经贸关系由来已久,新中国成立后,经贸关系越来越密切,20世纪50年代,内地与香港的贸易额只有2亿美元,60年代为6亿美元,70年代发

展到近30亿美元,进入80年代以后,随着中国改革开放的发展,内地与香港的贸易关系取得了飞速的发展,香港在我国内地经贸发展中占有十分重要的地位。

1. 内地与香港双边贸易快速发展

据中国海关统计,1991年内地与香港贸易额达496亿美元;1992年猛增到580亿美元,比70年代增长近20倍,1992年,两地贸易额在中国大陆对外贸总额中的比重上升到35%,在香港外贸总额中的比重上升到24%,大大超过了1970年的12%和8.8%,1993年下降为325.4亿美元,1995年又增至445.8亿美元,1996年又降为407.4亿美元,1997年又增至507.7亿美元,1998年又降为454.1亿美元,1999年为437.8亿美元,2000年升至539.5亿美元,比上年增长23.3%,占当年内地进出口总额的11.37%,其中内地对香港出口445.20亿美元,比上年增长20.8%,占当年内地出口总额的17.86%,自香港进口94.29亿美元,比上年增长36.8%,占当年内地进口总额的4.19%。2001年,内地与香港进出口贸易总额为559.7亿美元,比上年增长3.7%,其中内地对港出口465.5亿美元,比上年增长4.6%,自港出口94.2亿美元,比上年下降0.4%。2002年,香港经济在结构调整中缓慢复苏,全年GDP增长2.3%,双边贸易总额升至692.1亿美元,比上年增长23.7%;其中内地对港出口584.7亿美元,比上年增长25.6%,自港进口107.4亿美元,比上年增长14%;两地外贸总额占2002年内地对外贸总额的11.2%。2003年双边贸易额873.9亿美元。2004年中国与香港之间的进出口额首次突破千亿美元大关,达到1 126.6亿美元,同比增长28.9%。2005、2006年内地与香港进出口额均保持21%的高速增长,2007年增幅放缓,2008年同比增长仅为3%。2009年香港经济受金融危机的影响较大,内地与香港的贸易也出现了14%的负增长。2010年香港经济开始复苏,双边贸易也恢复正常水平,进出口额2 305.6亿美元,同比增长31.8%。2011年内地与香港之间的进出口额达2 834.7亿美元,同比增长22.9%,其中内地出口2 679.83亿美元,同比增长22.8%,自香港进口154.92亿美元,同比增长26.4%。2012年内地与香港之间的进出口额达3 414.9亿美元,其中内地出口3 235.3亿美元,进口179.6亿美元。2013年1~10月内地与香港地区的进出口总额为3 250.3亿美元,同比增长22.1%,其中内地出口3 111.8亿美元,同比增长23.2%,进口138.4亿美元,同比增长1.5%,香港地区逆差高达2 973.4亿美元。截至2013年10月,香港是内地第三大贸易伙伴,内地却是香港最大的贸易伙伴,居香港出口目的地和进口来源地的第一位。

2002年以来内地与香港进出口贸易有以下特点:两地进出口贸易实现了"跳跃式发展",多个年份保持着20%以上的增速,不考虑2010年的同比增长,2011年较2010年,增长额高达529亿美元,创下自1978年以来的最高纪录;内地对香港地区出口增幅高于进口增幅,贸易顺差不断扩大,2013年1~10月顺差高达2 973.4亿美元;产业内贸易集中,内地与香港地区进出口的首位商品均为机电产品,2013年1~9月香港地区对内地机电产品出口1628亿美元,占香港对内地出口总额的66%,增长10%,同年,香港自内地进口机电产品1358.3亿美元,占自内地进口总额的61.7%,增长12.8%。

2. 内地吸收港商投资大幅增长

内地吸引港资(实际使用金额)在1995年达到200.6亿美元之后,在1996、1997年两年维持在206亿美元的高位,但随后三年因亚洲金融危机的影响,港商投资持续微幅下降。2000年内地吸收香港在接投资项目7058个(占同期内地总数的31.32%),合同港资金额174.38亿美元(占同期内地总数的27.83%),实际使用港资162.16亿美元(占同期内地总数的39.77%),分别比上年增长20.12%、33.65%和2.35%。港商投资在2001年、2002年实现恢复性回升,2001年内地吸收香港直接投资项目7976个(占同期内地总数的30.5%),合同港资金额205.98亿美元(占同期内地总数的29.8%),实际使用港资168.63亿美元(占内地同期总数的35.9%),分别比上年同期增长13.0%、18.1%和4.0%。2002年,内地吸收港商投资大幅增长,吸收直接投资项目10845个,合同港资金额252亿美元,实际使用港资178.6亿美元,分别比上年增长35.43%、21.83%和6.84%。

从2002年港资领域和行业分布来看,58.5%投资于制造业,33%投资于服务业,只有约2%投资于农林渔业,就港资分布地区来说,84%的港资投向东部地区,中部为12%,西部地区仅为4%。港商在制造业的投资大部分涉及加工贸易生产,以投资为主体,加工贸易生产为主线的运作方式成为两地经贸合作中的主要特点。

1997年以来,内地接收香港直接投资一直占据内地外商投资榜首。1997年至2005年,内地接收香港直接投资总值平稳保持在155至185亿美元之间,但其占内地接收外商直接投资的比重却逐年下降,从1998年的41%一度回落到2005年的30%。2005年起,CEPA作用开始显现,加之人民币汇改影响,香港对内地的直接投资迅速攀升,据商务部资料显示,2010年,香港对内地投资总额为674.74亿美元,2011年为770.11亿美元,2012年为712.89亿美元,2013年1~9月,香港对内地实际投资金额为578.95亿美元,香港始终保持着内地吸收外资的主要来源地的地位。

3. 转口贸易在两地贸易中地位突出

据香港特区政府统计,内地仍为香港最大的转口的来源地和转口市场,转口贸易在内地与香港的贸易往来中扮演十分重要的角色。按主要来源地/主要目的地标准统计,2000年内地经香港转口运往海外商品8495.17亿港元,较上年增长17.7%,为当年香港转口货值的61.04%;海外经港转口运往内地商品4888.23亿美元,较上年增长22.5%,占当年香港转口货值的35.12%。2001年,内地经香港转口运往海外商品 1 036 亿美元,较上年减少 4.8%,占当年香港转口货值的 60.9%;海外经港转口运往内地商品 637 亿美元,较上年增长 1.6%,占当年香港转口货值的 37.4%。自 1988 年以来,香港转口贸易中有 80%以上是和内地有关的,或作为转口的供应来源地,或作为转口市场。

中国内地与中国香港的转口贸易结构也发生了明显的变化。早在 1986 年时,中国内地与中国香港的转口贸易额为 806.5 亿港元,到 2007 年已增长至 12677.22 亿港元,如今转口贸易额已经超过了 13300 亿港元,香港已成为世界最大的贸易转口港之一。中国内地与中国香港的贸易关系日益密切,2003 年 CEPA 的签署更是将两地贸易关系推向了新的台阶。中国香港近几年一直是中国内地五大贸易伙伴之一,研究中国内地与中国香港的贸易往来对两地贸易的进一步发展具有深远意义。

(二)内地与香港经贸关系中存在的主要问题

(1) 随着中国加入 WTO,香港的中转作用会逐步减弱。目前,内地有 40%的对外贸易是由香港转口的。据统计,香港出口占 GDP 的比例在 90 年代以来超过了 100%,香港是内地商品出入境的跳板,海峡两岸贸易和台商投资以及许多外资企业都通过香港进入内地。随着中国入世,按照 WTO 协议的规范要求,许多贸易投资不必通过香港中转,必然会影响到内地和香港的经贸关系。

(2) 内地与香港的进出口商品结构还不完全适应双方进出口需求变化。从今后香港进口商品结构变化的趋势看,对机械设备、原料、半成品、能源、高技术产品、高档耐用消费品的需求将有较大的增长。从内地发展需要看,先进技术和设备的进口也将日益占有重要的地位,对这些需求日益急切的商品,双方短期内难以供应。

(3) 内地与香港贸易起落较大。1992 年以前,两地贸易占我国对外贸易总额 35%,1993 年骤降至 16.6%,几年来又有回升、跌落,这种大起大落不利于两地贸易的稳定发展。

(4) 近年来水货冲击香港市场严重,影响了内地对香港的出口,造成价格下跌,出口收汇减少,同时还影响了商品的信誉,破坏了正常的贸易渠道。

(三)内地与香港经贸关系的发展前景

内地与香港的经贸关系是互补互利,共存共荣,唇齿相依,密不可分的。香港是中国进入国际市场同世界联系的桥梁,是海峡两岸实现"三通"和祖国统一的纽带,是我国出口创汇的重要基地和吸收外资的主要来源,香港的地位是无法取代的。香港已回归祖国,要继续保持其经济的繁荣和稳定,充分发挥其国际贸易中心、金融中心、交通运输中心、信息中心及旅游中心的地位,因此,进一步扩大内地与香港的经贸关系意义重大。随着香港外围经济的逐渐好转,尤其是美国经济的逐步复苏,香港自身经济结构的调整以及加入 WTO 后中国内地经济的持续蓬勃发展和对外开放领域的进一步扩大,内地与香港相互间贸易投资增长速度将会加快。

2001 年年底,香港特区行政长官董建华来京述职时提出建立内地与香港自由贸易区的有关建议,其后,澳门特区行政长官何厚铧也提出相关建议。对此,中央政府给予了积极回应,2002 年,按照"一国两制"方针,在符合 WTO 原则的基础上,内地与香港特区"更紧密经贸关系安排"的磋商正式启动。2003 年 6 月 29 日,中央政府和香港特区政府签署了《内地与香港关于建立更紧密经贸关系的安排》(CEPA),2004 年 1 月 1 日正式启动。CEPA 主要包括货物贸易、服务贸易及贸易投资便利化等三个方面的内容,在货物贸易方面,内地将对原产香港的进口金额较大的 273 个税目的产品实行零关税,这对香港制造业及相关行业的发展和解决就业问题相当有利;在服务贸易方面,提早在法律服务业、银行业、证券业、保险业等 17 个领域进一步向香港开放服务业市场,香港服务进入内地,更能凸现香港国际金融贸易服务中心的地位。CEPA 的实施,将进一步优化和提升内地和香港的产业合作。基于内地与香港在自然资源、资本供给、信息、技术水平与构成、管理、人口数量与素质等要素上的差异,在新的两地经贸关系支持下,两地经贸合作的领域将会更加广阔。

经国务院批准,2007 年 7 月 2 日,商务部副部长廖晓淇与澳门特区政府经济财政司长谭伯源在澳门签署了《〈内地与澳门关于建立更紧密经贸关系的安排〉补充协议四》(以下简称"《〈安排〉补充协议四》"),该协议将于 2008 年 1 月 1 日起正式实施。根据《〈安排〉补充协议四》,内地对澳门的开放进一步扩大。在服务贸易方面,内地在 28 个领域采取了 40 项开放措施,其中 11 个领域为本次新增领域,分别是计算机及其相关服务、市场调研、与管理咨询相关服务、公用事业、建筑物清洁、摄影、印刷和出版、笔译和口译、环境、社会服务、体育。在法律、医疗、房地产、人才中介、会展、电信、视听、分销、保险、银行、证券、旅游、文娱、海运、航空运输、公路运输、个体工商户 17 个领域,在原有开放承诺的基础上,分别采取了取消股权限制,降低注册资本和资质条件等门槛,放宽经营范围和经营地域限制等进一步开放措施。此外,还增加了金融合作和促进贸易投资便利化的内容。截至目前,内地对澳门服务贸易的开放领域达到 38 个,开放措施 182 项。

2008 年 7 月 30 日,《〈内地与澳门关于建立更紧密经贸关系的安排〉补充协议五》在澳门特区政府总部签署。该协议将于 2009 年 1 月 1 日起正式实施。新签署的《内地与澳门关于建立更紧密经贸关系的安排〉补充协议五》包括服务贸易和贸易投资便利化两方面的内容,共有 28 项具体措施。

在服务贸易方面,内地将对原有已开放的 16 个服务贸易领域作进一步深化开放,包括会计、建筑、医疗、计算机及其相关服务、人员提供与安排、印刷、会展、分销、环境、银行、社会服务、旅游、海运、航空运输、公路运输以及个体工商户等。同时,新增加与采矿相关服务、与科学技术相关的咨询服务2个领域,使服务贸易总开放领域达到40个。

贸易投资便利化方面,内地在原有的8个合作领域外,新增了1项"品牌合作",并同意在4个方面加强合作,包括:加强两地在品牌领域的交流与沟通;在品牌保护的法律法规制定和执行方面交换信息;加强在培训、考察、出版刊物等方面的合作;通过网站宣传、展会推介、举办研讨会等多种方式加强两地品牌的推广促进活动,使累计合作领域增加至9个。

为进一步加强粤澳经贸合作,并强化广东省作为《内地与澳门关于建立更紧密经贸关系的安排》的先行先试作用,"安排"补充协议五将在医疗、人才中介、环境、社会福利机构、旅行社、船务、道路运输和个体工商户8个领域内,进一步扩大澳门服务提供者在广东省内的可经营或试点经营领域,进一步降低在广东省内相关行业的门槛和授予广东一些审批权,以促进粤澳两地的经贸交流与合作。

二、内地与澳门的经贸关系

澳门原属广东省珠海县,面积15.51平方公里,人口约50万,其中95%以上是中国人。澳门开埠已400余年。1887年被葡萄牙侵占,1999年12月30日澳门重新回归祖国,成为中国的特别行政区。20世纪80年代以来,澳门经济发展迅速,目前已逐步建立起一个以出口加工业、旅游业、博彩业、建筑业、金融业为支柱的外向型经济体系。

内地与澳门地区的经贸关系有悠久的历史。澳门一直是我国内地出口商品的传统市场和收取外汇的重要地区之一,其生活必需品,特别是粮食、副食品以至食用水,全部靠内地供应,内地供货占澳门首位。1950年内地对澳门的出口总额仅为1246万美元,到2002年已增至8.8亿美元。内地与澳门的进出口贸易总额1996年为6.9亿美元,1997年增至7.6亿美元,1998年增至8.7亿美元,1999年降至7.37亿美元,2000年又有所回升,达8.05亿美元,其中内地对澳出口7.10亿美元,自港进口0.95亿美元,分别比上年同期上升9.6%、11.3%和下降2.0%。2001年增至8.6亿美元,其中内地对澳出口7.43亿美元,自澳进口1.19亿美元。2002年突破10亿美元,达10.2亿美元。其中,内地对澳出口8.8亿美元,自澳进口1.4亿美元。2003年内地对澳门进出口总额14.66亿美元,同比增长高达43.92%。2004年进出口总额18.33亿美元,同比增长25.1%,其中内地出口16.17亿美元,同比增长26.37%,内地进口2.16亿美元,同比增长16.35%。2005年双边贸易放缓,进出口总额18.7亿美元,同比增长仅为1.97%,其中内地向澳门出口16亿美元,同比下降0.77%,内地自澳门进口2.7亿美元,同比上升22.54%。2006年内地与澳门双边贸易出现反向增长,内地出口21.85亿美元,同比增长36.16%,自澳门进口2.57亿美元,同比下降2.84%。2007年进出口总额、内地出口额、内地进口额均保持平稳增长。受金融危机的影响,2008、2009年内地与澳门双边贸易额下降,降幅分别为0.46%和27.91%。2010年双边贸易恢复正常,进出口总额同比增长8%,但内地自澳门进口却出现了高达50%的下降幅度。2011年双边贸易增长较为平稳,进出口总额25.17亿美元,同比增长11.18%,内地向澳门出口23.55亿美元,同比增长10.02%,内地自澳门进口1.62亿美元,同比增长31.34%。在内地与澳门的双边贸易中,中方长期保持着顺差,自2002—2011年顺差额除2005、2008、2009年出现下降外,其余年份均保持着较高的增长速度,年均增速30%。

自2003年起,内地实际使用澳资逐年递增,2008年出现8%的下降,2009年达到一个高峰,8.15亿美元,同比增长40%,2011年内地实际使用澳资6.8亿美元,同年对澳门直接投资仅为2亿美元,承包工程完成营业额5亿美元,派出人数54人,劳务合作派出人数34 242人。

澳门作为一个国际化城市,是中国南大门仅次于香港的最主要出口地。在西方经济不景气、澳门产品出口困难时,内地增加从澳门进口,对稳定澳门经济起雪中送炭作用,并成为推动澳门对外贸易发展的强大动力。为进一步推动内地与澳门经贸关系向前发展,2003年10月17日,中央政府与澳门特别行政区政府正式签署了《内地与澳门关于建立更紧密经贸关系的安排》(CEPA)及其六个附件文本,CEPA是中国国家主体与其单独关税区澳门之间建立自由贸易区的经贸安排。CEPA将于2004年1月1日实施,主要包括货物贸易和服务贸易的自由化以及贸易投资便利化三个方面。在货物贸易方面,内地将于2004年1月1日起对273个税目的澳门产品(包括部分化工产品、纸制品、纺织服装、首饰制品、电子电器产品、药品和食品等)实行零关税,并不迟于2006年1月1日,对273种以外的澳门产品实行零关税。在服务贸易方面,内地向澳门进一步开放管理咨询、会议展览、广告、会计、法律、医疗及牙医、物流、货代、仓储、分销、运输、旅游、建筑、视听、电信、银行、保险、证券等18个服务行业,对澳门提前实施对世贸组织成员的部分开放承诺,许多行业对澳门公司取消股权限制,允许独资经营,降低对注册资本、资质条件等要求,放宽地域和经济范围限制。在贸易投资便利化方面,双方合作将在贸易投资促进、通关便利化、商品检验、动植物检验检疫、食品安全、卫生检疫、认证认可及质量标准化管理、电子商务、法律法规透明度、中小企业合作、产业合作等7个领域加强合作。同时双方还明确了金融和旅游领域的合作内容,同意加快关于专业人员资格相互承认的磋商。

CEPA的实施,是"一国两制"方针的具体体现,符合世贸组织规则。它的实施,将减少和消除两地投资贸易方面的制度性障碍,为两地企业发展提供更大的机遇和空间,提高两地经贸合作的层次和水平,促进两地经济融合,实现共同发展。

经国务院批准,2007年7月2日,商务部副部长廖晓淇与澳门特区政府经济财政司长谭伯源在澳门签署了《〈内地与澳门关于建立更紧密经贸关系的安排〉补充协议四》(以下简称"《〈安排〉补充协议四》"),该协议将于2008年1月1日起正式实施。根据《〈安排〉补充协议四》,内地对澳门的开放进一步扩大。在服务贸易方面,内地在28个领域采取了40项开放措施,其中11个领域为本次新增领域,分别是计算机及其相关服务、市场调研、与管理咨询相关服务、公用事业、建筑物清洁、摄影、印刷和出版、笔译和口译、环境、社会服务、体育。在法律、医疗、房地产、人才中介、会展、电信、视听、分销、保险、银行、证券、旅游、文娱、海运、航空运输、公路运输、个体工商户17个领域,在原有开放承诺的基础上,分别采取了取消股权限制,降低注册资本和资质条件等门槛,放宽经营范围和经营地域限制等进一步开放措施。此外,还增加了金融合作和促进贸易投资便利化的内容。截至目前,内地对澳门服务贸易的开放领域达到38个,开放措施182项。

2008年7月30日,《〈内地与澳门关于建立更紧密经贸关系的安排〉补充协议五》在澳门特区政府总部签署。该协议将于2009年1月1日起正式实施。新签署的《〈内地与澳门关于建立更紧密经贸关系的安排〉补充协议五》包括服务贸易和贸易投资便利化两方面的内容,共有28项具体措施。

在服务贸易方面,内地将对原有已开放的16个服务贸易领域作进一步深化开放,包括会计、建筑、医疗、计算机及其相关服务、人员提供与安排、印刷、会展、分销、环境、银行、社会服务、旅游、海运、航空运输、公路运输以及个体工商户等。同时,新增加与采矿相关服务、与科学技术相关的咨询服务2个领域,使服务贸易总开放领域达到40个。

贸易投资便利化方面,内地在原有的8个合作领域外,新增了1项"品牌合作",并同意在4个方面加强合作,包括:加强两地在品牌领域的交流与沟通;在品牌保护的法律法规制定和执行方面交换信息;加强在培训、考察、出版刊物等方面的合作;通过网站宣传、展会推介、举办研讨会等多种方式加强两地品牌的推广促进活动,使累计合作领域增加至9个。

为进一步加强粤澳经贸合作,并强化广东省作为《内地与澳门关于建立更紧密经贸关系的安排》的先行先试作用,"安排"补充协议五将在医疗、人才中介、环境、社会福利机构、旅行社、船务、道路运输和个体工商户等8个领域内,进一步扩大澳门服务提供者在广东省内的可经营或试点经营领域、进一步降低在广东省内相关行业的门槛和授予广东一些审批权,以促进粤澳两地的经贸交流与合作。

三、内地与台湾的经贸关系

台湾省位于福建省东南,包括台湾岛、澎湖列岛、乌龟山岛、火烧岛、钓鱼岛等岛屿,面积35 780平方公里,人口2054万。台湾是中国第一大岛,自古以来就是中国领土。1985年被日本侵占,1945年抗日战争胜利后旧还中国。1949年新中国成立前夕,国民党政权席卷大批资产逃往台湾,在美国援助下,依靠上述资产发展了台湾经济。20世纪70年代以后,台湾经济发展非常迅速,成为有名的"亚洲四小龙"之一。

(一) 内地与台湾经贸关系的现状

内地与台湾的经贸关系发展是曲折渐进的,而且受政治因素干扰。1949年新中国成立到1978年,内地和台湾省没有任何政治、经济或其他通邮、通航的联系。1979年,全国人大常委会发表《告台湾同胞书》,郑重宣示了争取祖国和平统一的大政方针以及对台通商基本方针,两岸间接贸易得以进行。《告台湾同胞书》发表以来,在两岸同胞和各界人士共同努力下,两岸关系发生重大变化。1979年至1983年是两岸贸易的初级阶段,经香港间接贸易分别为:1979年为385万美元,1980年为1 595万美元,1981年为2 608万美元,1982年为1 810万美元,1983年为1 925万美元。1984年至1986年,在台湾工商界要求改善两岸关系和通商的呼声日益高涨的情况下,两岸贸易加快,尤其是台湾对内地出口贸易量迅速增长。1986年台湾对内地出口达7.28亿美元,进口为1.55亿美元,总额为8.83亿美元。1987年以后,台湾当局进一步放宽政策,如开放27种内地商品与50种内地工农业原料的间接进口,开放台湾同胞赴内地探亲、赴内地间接投资等,两岸贸易迅速发展。1992年,两岸达成"九二共识",双方在此基础上举行首次"汪辜会谈"。2005年4月,国共两党领导人实现历史性会谈,达成"两岸和平发展共同愿景",明确提出"促进两岸经济全面交流,建立两岸经济合作机制"。但由于台湾长期对两岸经贸交流与合作的方针采取限制性政策,使两岸经贸关系一度呈现出单向、民间、极不平衡的发展格局。台商来内地投资主要以间接方式进行,即投资必须经第三地注册公司转投资于内地,只有100万美元以下的投资案可直接以台湾公司的名义投资,但是资金仍要经过第三地汇入中国内地。由于台湾拒绝两岸直接通商,两岸贸易也只能通过第三地间接进行。由于台湾严格禁止中国内地的资金进入岛内从事任何的投资活动,这就形成了单向性的不正常局面,同时也造成两岸贸易不平衡。直至2008年3月,台湾局势发生积极变化,国民党在岛内重新获得执政权,开放和发展两岸经贸关系成为民意主流和执政者的政策导向。在"建立互信、搁置争议、求同存异、共创双赢"的倡议下,两岸协商在"九二共识"的基础上得到恢复并取得重要成果,两岸全面直接双向"三通"迈出历史性步伐。双方妥善处理一系列问题,保持两岸关系改善和发展势头,推动两岸关系展现出和平发展的前景。中断近十年的海协会(海峡两岸关系协会)与海基会(海峡交流基金会)恢复协商,"两会"协商机制的确立,开启了两岸准官方的制度性协商渠道。

2008年12月15日,两岸空中海上直航、直接通邮正式启动。两岸实现了全面直接双向"三通",为两岸关系和平发展创造了有利条件。在通航方面,两岸空运航班、航点不断增加。目前,两岸直航航点已达64个,每周客运航班的总数为670班,货运航班总数已达68班。自2009年8月31日开通定期客货运航班以来,截至2013年9月底,两岸航空公司累计运送旅客2 889万人次;执行货运航班9 866班,运载货物54.5万吨。目前两岸海运直航的港口已经达到85个,直航船公司增加到120家,直航船舶增加到280多艘。两岸海运客运量和集装箱运量每年的平均增幅都在12%以上。新开辟6条内地至台湾客运航线,现在海上最短航程仅需两个半小时就可以抵达。两岸游轮运输从无到有,成为两岸直航新亮点。在通邮方面,两岸函件、包裹、快递、汇兑业务都运行顺畅,稳步发展。

2008年底胡锦涛主席在纪念《告台湾同胞书》发表30周年座谈会上,明确提出"两岸可以签订综合性经济合作协议"。2009年12月,海协会、海基会领导人在台中举行第四次会谈,同意将这份协议纳入第五次"两会"协商重点推进议题。2010年1月,关于ECFA(Economic Cooperation Framework Agreement,海峡两岸经济合作框架协议,台湾方面的繁体版本称为"海峡两岸经济合作架构协议")的海协会、海基会首次专家工作商谈,逐渐敲定协议文本组成、早期收获计划等重要内容。可以说,ECFA是在两岸同胞的共同努力下达成的,它的正式签署,给两岸为时两年的艰苦谈判画上了一个圆满的句号。ECFA的签订是两岸共同采取的具有战略意义的重大举措,是建立具有两岸特色的经济合作机制的关键性一步,是两岸经贸关系正常化、制度化、自由话的一个里程碑,是继"三通"之后两岸经贸关系发展中的又一个具有历史性转折意义的事。

今天,两岸同胞往来之频繁、经济联系之密切、文化交流之活跃、共同利益之广泛是前所未有的。中国人民维护台海和平、推动两岸关系发展、实现祖国和平统一的事业日益赢得国际社会理解和支持,世界各国普遍承认一个中国的格局不断巩固和发展。

1. 双边贸易继续增长

从1990年至今,内地与台湾的进出口贸易总额持续增长,据中国海关统计,1990年总额为52.47亿美元,1992年增至126.17亿美元,1993年增至143.94亿美元,1994年增至163.26亿美元,1995年增至178.82亿美元,1996年增至189.84亿美元,1997年增至198.38亿美元,1998年增至204.99亿美元,1999年增至234.8亿美元,2000年增至305.3亿美元,首次突破300亿美元,再创历史新高,同比增长30.1%,是两岸贸易开始恢复的1979年贸易额的396.5倍,其中,大陆对台出口50.4亿美元,同比增长27.6%,大陆自台进口254.94亿美元,同比增长30.6%。2001年,两岸贸易额达323.4亿美元,同比增长5.9%,其中大陆对台湾出口50亿美元,同比下降0.8%,大陆自台湾进口273.4亿美元,同比增长6.3%,2002年,两岸贸易额首次突破400亿美元大关,达到446.7亿美元,其中大陆对台湾出口 65.9 亿美元,自台湾进口 380.6 亿美元。2003—2005 年两岸贸易额持续高速增长,2006 年两岸贸易额突破千亿美元大关,达 1078 亿美元,同比增长 18.2%,其中内地出口 207 亿美元,进口 871 亿美元。受金融危机的影响,2008 年两岸进出口贸易放缓,同比增长仅为 3.8%,2009 年甚至出现 18% 的下滑,内地出口下滑 21%,进口下滑 17%。2010 年两岸经济恢复正常,进出口额 1 454 亿美元,同比增长 36.9%,其中内地出口 297 亿美元,同比增长 44.74%,进口 1157 亿美元,同比增长 35%。2011 年两岸进出口额 1600 亿美元,同比增长 10%,其中内地出口 351 亿美元,同比增长 18.31%,进口 1 249 亿美元,同比增长 7.92%。在两岸贸易中内地一直处于逆差地位,2010 年逆差额高达 860.64 亿美元,同比增长 31.96%,2011 年内地逆差 898 亿美元。截至 2013 年 10 月,内地是台湾最大的贸易伙伴、第一大出口目的地和第二大进口来源地。

从贸易结构看,台湾向内地出口的主要商品是机电产品、光学钟表医疗设备、化工产品和塑料橡胶。据台湾关税总局统计,2012 年台湾出口额分别为 288.2 亿美元、161 亿美元、104.4 亿美元和 83.4 亿美元,占对内地出口总额的 37.9%、21.2%、13.7%、11%,机电产品微增 0.4%,光学钟表医疗设备、化工产品和塑料橡胶下降 2.1%、10.7% 和 3.1%。台湾自内地进口的主要商品有机电产品、化工产品、贱金属及制品、光学钟表医疗设备和贵金属及制品。其中机电产品 2012 年台湾进口 221.8 亿美元,占自内地进口总额的 54.3%,下降 2%。中国内地是台湾机电产品的最大来源地,占该产品进口份额的 27.4%,高出日本 4.3 个百分点。化工产品位居第二,进口额 41.7 亿美元,占自内地进口总额的 10.2%,下降 14.3%。

2. 台商投资大幅上升

20 世纪 80 年代初期,台商开始以外商名义中转前来内地投资经商,80 年代形成投资的第一次高潮,1992 年内地掀起新一轮改革发展浪潮,台商加快对内地投资,又形成第二次高潮。据中国内地统计,1992—1994 年三年间,台湾对内地投资项目计 2.3 万家,协议金额 200 多亿美元,实际投资额 75.8 亿美元,协议金额当年仅次于香港,居内地吸引境外投资的第二位。1995 年以后,两岸关系危机不断,特别是李登辉 1996 年提出"戒急用忍"口号,限制对内地投资,加上亚洲金融危机的影响,台商对内地投资在 90 年代后期出现徘徊局面。

进入 21 世纪,中国于 2001 年 12 月正式加入 WTO,标志着内地经济进入一个新的发展时期,台商抓住这一重要历史机遇,开始扩大在内地的投资布局。2000 年开始,台商对内地投资出现第三次高潮。依中国内地统计,2000 年到 2002 年,内地批准台商投资项目合计 12 131 个,协议台资金额 176.3 亿美元,实际投资金额 94.9 亿美元,分别占历年台商投资总数的 21.8%、28.6% 与 28.5%;依台统计,这三年台商对内地实际投资金额达 92.5 亿美元,占累计实际投资总额的 238.6 亿美元的 38.8%。2003 年以来,台商对内地投资持续保持高速增长,2008 年出现稍许下降。2009 年台湾对内地投资 65.63 亿美元,一跃成为对内地投资第二大地区。2010、2011 年台湾对内地投资分别为 67.01 亿美元、67.27 亿美元。2012 年台湾对内地投资 61.83 亿美元,出现 8% 的下滑,在对华投资排名中也下滑为第四位。2013 年 1~9 月台商对内地直接投资 40.88 亿美元。

台湾对内地地区的投资虽然连年增长,但内地地区实际利用台商投资却很不理想,自 2002 年以来内地实际利用台商投资逐年减少,从 2002 年的 39.7 亿美元,到 2007 年仅为 17.7 亿美元,2008 年稍有上涨,2009 年又出现下滑。2010 年内地实际利用台商直接投资 24.76 亿美元,2011 年下降到 21.83 亿美元,同比下降 11.8%。据商务部统计,2012 年,内地共批准台商投资项目 2 229 个,同比虽然下降了 15.5%,但实际使用台资金额达到 28.5 亿美元,同比上升 30.4%。2013 年 1~10 月内地共批准台商投资项目 1 640 个,同比下降 7.2%,内地实际使用台资金额 17.1 亿美元,同比下降 24.4%。截至 2013 年 10 月,内地累计批准台资项目 89 641 个,实际使用台资 588.1 亿美元。按实际使用外资统计,台资占内地累计实际吸收境外投资总额的 4.3%。

近年来,台商投资内地的格局发生全方位变化,呈现以下几个特点:

第一,投资逐渐多元化,投资领域不断扩大,投资产业层次不断提高。初期以制鞋、塑胶、纺织、基本金属等传统产业与劳动密集型产业为主;第二波投资则以消费性电子产品、化工、运输工具、建材水泥、玻璃、食品饮料等产业为主;第三波投资则以电脑、电子信息、半导体、精密机械等资本与技术密集行业为主导。台商投资的产业领域不断扩大,日趋多元化,产业集中度在降低。依台湾统计,2003 年 1~10 月,台商投资的产业分布为:电子电器产品制造业占 27.3%,基本金属制造业占 9.9%,化学制品制造业占 7.8%,精密仪器机械制造业占 6.21%,非金属制造业占 6.16%,这几种产业合计占投资总额的 57.3%;而传统产业如塑胶制品与食品饮料等产业在上半年还排在第四五位,目前已被挤出前五名。制造业仍是台湾对内地投资的主要领域。2012 年台湾对内地制造业投资项目数为 847 个,占台湾对内地投资项目总数的 38%,同比下降 24.1%;实际投资金额为 21.7 亿美元,占比 76.3%,同比增长 41.5%。从 2002 年开始,台湾对内地制造业实际投资额一直占其对内地投资总额的 70% 以上。然而,台商投资也开始迅速向房地产及土地开发、商业、金融、保险、证券、风险投资、旅游、专业服务、信息广告、医疗、教育、媒体等领域发展,并成为台商新的投资方向。

第二,台商投资规模进一步大型化,投资主体由中小企业主导发展为大企业主导。大企业或上市企业成为投资的主导,数千万美元甚至数亿美元的投资项目明显增多,以高科技产业为主体的技术密集型的投资取代劳动密集型的投资成为主流趋势。

第三，投资形态逐渐向市场扩大型转变，内销市场成为台商积极争取的新目标。近年来，随着中国内地经济持续快速发展，内销市场不断扩大，以拓展内地市场为主的投资增多，台商正进行市场布局，扩充生产规模，以期在两岸加入WTO后抢占新的商机和市场。

第四，投资区域布局发生变化。总体上来讲，台商对内地投资呈现从南向北、从东向西、从沿海向内地的逐渐转移过程，只是转移的程度与速度各地有所不同。具体而言，20世纪80年代，台商投资以地缘、文化更接近的福建省为主；90年代后对距香港较近的珠江三角洲地区投资大幅增加，台商对广东省的投资金额于1992年开始超过福建省，跃居对内地投资最多的地区；此后，以上海为中心的长江三角洲地区经济发展迅速，台商投资重点又转向这一地区。1994年起，台商对上海与江苏省的投资金额连续三年超过对广东省的投资。于是"珠三角"与"长三角"成为台商投资两大重点地区。随后，台商对广东省投资又出现一次高潮。投资金额一度超过上海与江苏省，但2000年起台商对长江三角洲地区的投资重新出现大幅增长势头，再度超过广东省，成为台商在内地投资最多的地区，尤其是2001年以后，台商对上海与江苏省的投资金额超过对内地投资金额的一半以上。依台湾最新统计，2003年1～10月，台商对江苏（包括上海市）、广东与浙江投资金额分别占投资总额的64.4%、27.4%与7.9%，三者合计占了对内地投资总额的81.8%。2012年台商投资东部地区占其在内地实际投资总额的88.4%。然而随着"西部大开发"和"中部崛起"战略的实施，内地开放程度不断加深，投资环境不断改善，内地独特而厚重的文化氛围、优雅的人文环境使得这一阶段的投资区位逐渐从珠江三角洲发展到长江三角洲、环渤海产业区和中西部地区。山东半岛、京津唐以及安徽、湖北、重庆、四川等中西部省份日益成为台商投资的新热点。2012年台湾投资中部地区和西部地区占其大陆实际投资总额的9.5%和2.1%。

从实际使用外资金额看，2012年使用台资较多的省份分别为江苏、上海、附件、辽宁，其中江苏占52.8%，上海占11.2%，福建占7%，辽宁占5.1%。与2011年相比，2012年上海和湖南实际使用台资增幅显著，增速分别为270%和358.1%，而福建和辽宁使用台资数额有所下降。

从项目数看，台湾在内地的投资项目仍然集中在东部沿海地带。2012年，台资项目最多的四个省市共占台湾在内地投资项目总数的比重为70.5%，分别是江苏省29.2%、福建省16.1%、上海市14.7%和广东省10.5%。

（二）内地与台湾经贸关系的发展前景

加入世贸组织后，中国内地逐步开放金融、保险、电信、旅游、商业等领域的投资，加之西部大开发的展开，这将为台资进入内地提供广阔的市场空间。中国内地还大幅度降低了关税，目前我国关税总水平已经下降到9.8%，远低于发展中国家46.6%的平均关税水平，同时还逐步取消了大部分非关税壁垒，这均为台湾地区的商品进入内地提供良好的机遇。

随着国际经济景气逐渐由落底转为回稳,尤其是美国经济逐步好转,带动了台湾出口增长,而台湾出口的增长将使台湾对内地元器件、零部件需求增加,从而有利于内地对台出口的增长。此外,内地在充分利用自身市场和劳动力资源等优势的前提下,通过实施进一步扩大内需和对外开放的政策,始终保持较高的经济增长率,并逐步成为全球重要的制造业基地,对台商投资具有磁吸作用。

为了更好地遵循 ECFA,内地方面应改革现行经贸体制,使其进一步与国际接轨。并根据生产与技术条件的变化,发展具有比较优势的资本和技术密集工业,提高出口产品的技术含量,改变不合理的对台出口结构。同时,内地还致力于投资环境的改善和提高,优化服务政策,提高管理、服务部门人员的素质,各地有关职能部门紧密配合,提高办事效率,强化项目管理和项目服务,加大对基础设施方面的投资。另外,内地还加强引入台资的产业结构导向,重点鼓励台资投向农业、高新技术和基础产业,积极引导台资投向中西部薄弱地区,加快全国产业结构升级的进程,促进中部崛起、西部大开发战略的实施。

在世界经济区域化、全球化的今天,加强两岸经贸文化的交流合作,增进两岸同胞福祉,促进中华民族的伟大复兴,是人心所向,大势所趋。多年来两岸经贸关系发展的实践证明,两岸经济合则两利,通则双赢。

思考与练习

1. 我国对外贸易关系的主要原则是什么?
2. 简述中美贸易关系的现状和发展前景。
3. 中日贸易的发展前景如何?
4. 我国同欧盟发展贸易关系有哪些有利因素和不利因素?
5. 我国同东盟贸易中有哪些互补性和竞争性?

参考文献

[1] 陈忠培,等. 国际技术贸易实务教程. 北京:中国海关出版社,2003.
[2] 冯玉军. 中俄经贸在磨擦中增长. 世界知识,2004(3).
[3] 黄晓玲. 中国对外贸易概论. 北京:对外经济贸易大学出版社,2003.
[4] 江小涓,等. 中国对外经贸理论前沿 II. 北京:社会科学文献出版社,2001.
[5] 江小涓,等. 中国对外经贸理论前沿 III. 北京:社会科学文献出版社,2003.
[6] 李善同,侯永志. 加入 WTO 与中国服务贸易. 北京:商务印书馆,2003.
[7] 李诗. 中国对外贸易概论(2002 年新编本). 北京:中国对外经济贸易出版社,2002.
[8] 李左东. 中国对外贸易教程. 北京:北京大学出版社,2003.
[9] 廖庆薪,廖力平. 现代中国对外贸易概论. 广州:中山大学出版社,2003.
[10] 龙永图. 世界贸易组织问题解答. 北京:中国对外经济贸易出版社,2000.
[11] 卢进勇,等. 中际服务贸易与跨国公司. 北京:对外经济贸易大学出版社,2002.
[12] 卢新德,王爱华,时英,王培志. WTO 与中国对外贸易. 济南:山东人民出版社,2004.
[13] 罗振兴. 知识产权:美国紧紧咬住. 世界知识,2004(2).
[14] 梅新育. 两岸四地经济整合大跨越. 世界知识,2003(15).
[15] 苗迎春. 中美经贸关系分析与展望. 世界经济与政治论坛,2002(5).
[16] 苗迎春. 2002 年中美经贸关系评估与展望. 世界经济研究,2003(5).
[17] 欧新黔. 中国服务业发展报告. 北京:中国经济出版社,2004.
[18] 欧阳欢子. 建立中国—东盟自由贸易区的思考. 世界经济研究,2003(8).
[19] 潘锐. 中美经贸关系:发展与挑战. 世界经济研究,2003(12).
[20] 秦法萍. 中日经贸中存在的问题与解决途径. 平原大学学报,2003(10).
[21] 饶友玲. 国际技术贸易(第 2 版). 天津:南开大学出版社,2003.
[22] 石广生. 世纪之交的中国对外经济贸易. 北京:人民出版社,2003.
[23] 孙林,李岳云. 中国与东盟主要国家农产品的贸易竞争关系分析. 世界经济研究,2003(8).
[24] 孙晓郁. 面向未来的中俄经贸关系. 北京:中国发展出版社,2003.
[25] 唐海燕. 中国对外贸易概论. 上海:立信会计出版社,2002.
[26] 王绍熙,王寿椿. 中国对外贸易概论. 北京:对外经济贸易大学出版社,1998.
[27] 王绍熙. 中国对外贸易概论. 北京:对外经济贸易大学出版社,2003.
[28] 王绍媛,姜文学. 中国对外贸易. 大连:东北财经大学出版社,2002.
[29] 王粤. 服务贸易——自由化与竞争力. 北京:中国人民大学出版社,2002.
[30] 温耀庆,徐海宁,陈爱平,田春华. 中国对外贸易. 广州:世界图书出版公司,2002.
[31] 吴建功,刘佳刚. 中国对外贸易学. 北京:国防科技大学出版社,2006.
[32] 徐长文. 中日经贸关系将迎来全面发展的新时期. 和平与发展,2003(3).

[33] 徐复.中国对外贸易概论.天津:南开大学出版社,1999.
[34] 薛荣久.世界贸易组织教程.北京:对外经济贸易大学出版社,2003.
[35] 杨圣明.中国对外经贸理论前沿.北京:社会科学文献出版社,1999.
[36] 张建民.中国服务贸易市场准入研究.北京:中国财政经济出版社,1998.
[37] 张曙宵.中国对外贸易结构论.北京:中国经济出版社,2003.
[38] 赵霞,黄国祥.国际技术贸易发展下的中国技术贸易.社会科学,1999(10).
[39] 庄芮.当前中美经贸关系的两大"悖论".世界经济与政治论坛,2003(1).
[40] 国务院法制办财政金融法制司.中华人民共和国货物与技术进出口法律手册.北京:中信出版社,2002.
[41] 张二震,马野青.国际贸易学(第四版).南京:南京大学出版社,2009.
[42] 国彦兵.西方国际贸易理论历史与发展.杭州:浙江大学出版社,2004.
[43] 王亚平."十五"期间中国对外贸易发展战略.经济前沿,2000(1).
[44] 曹震.中国对外贸易政策的演变与新时期外贸政策的调整.行政事业资产与财务,2013(1).
[45] 李坤望.改革开放三十年来中国对外贸易发展评述.经济社会体制比较,2008(4).
[46] 张慧颖.中国—东盟自由贸易区.天津财经大学硕士论文,2006.
[47] 尚琳琳.出口商品结构调整的实证分析.国际贸易问题,2000(8).
[48] 王峰,盛少钦.中国与东盟的贸易逆差:结构、原因与对策.经济问题探索,2012(3).
[49] 刘璐.中国与东盟双边贸易的发展及影响因素研究.湖南大学硕士论文,2007.
[50] 刘作雨.中国对华投资现状与特征.江苏商论,2004(6).
[51] 金世源,马永飞.关于建立中韩自贸区的若干思考.中国市场,2013(39).
[52] 王纪孔.中韩贸易结构变化及发展趋势展望.经济纵横,2009(11).
[53] 徐长文.韩经贸发展现状与两国自由贸易区的展望.国际贸易,2008(4).
[54] 李伟楠.文化输出中的中日差异.边疆经济与文化,2013(9).
[55] 周立人.中日贸易的现状及存在的问题.国际商务研究,2008(1).
[56] 徐美光,王卫.中日产业内贸易及对策研究.统计科学与实践,2009(8).
[57] 刘迪,刘红.中美贸易摩擦的新趋势及原因分析——基于中美贸易商品结构的视角.辽宁工业大学学报,2008(2).
[58] 王欣,王荣涛.基于技术含量角度分析中国出口贸易结构.黑龙江对外经贸,2009(1).
[59] 胡晓,王涛生.欧盟在华直接投资与中国对欧盟出口商品结构.商业研究,2011(1).
[60] 刘红.中美贸易摩擦的新趋势及原因分析——基于中美贸易商品结构的视角.对外经贸实务,2013(8).
[61] 胡锦涛.携手推动两岸关系和平发展 同心实现中华民族伟大复兴.在纪念《告台湾同胞书》发表30周年座谈会上的讲话.
[62] 李克强.让互利共赢之路越走越宽广.在第三届中国—中东欧国家经贸论坛上的致辞,2013-11-26.
[63] 雷拉.中国与欧盟贸易关系研究.
[64] 中国对外贸易白皮书(2011)翻译报告.
[65] 中华人民共和国商务部相关资料.
[66] 中国国家统计局相关资料.

后　记

关于中国对外贸易的研究和探讨是在我国改革开放以后,随着对外贸易事业的蓬勃发展而新建立起来的一门经济学科。这门学科主要是适应中国经济的发展需要,对中国对外贸易的发展进行理论指导和实践总结,是理论与实践相结合的综合性的国际经济与贸易专业基础课程。

为了适应我国深化改革、扩大开放的新形势的发展,在以往所编教材的基础上,吸收了近年来国际贸易发展的新内容和我国对外经贸研究中的新成果,采用了《中华人民共和国对外贸易法》(2004年修订)、《中华人民共和国进出口关税条例》(2003年修订)以及最新的研究资料进行编著。中国对外贸易的数据采用到2012年。

本书由赵玉阁担任主编,梁晶、梅锦萍担任副主编,全书最后由赵玉阁负责统稿。

本教材适用于高等院校国际经济与贸易专业本科生以及其他经济类专业学生使用。在编写过程中,编者学习和参考了近年来国内出版的有关著作、教材,并引用了其中许多观点和资料,限于篇幅,未能一一注明出处,在此一并表示感谢。由于编者水平有限,难免有疏漏和错误之处,敬请读者批评指正。

编　者

2013年12月